プリント形式のリアル過去問で本番の臨場感！

東京都 都立

桜修館中等教育学校

2025年春 受験用

解答集

本書は，実物をなるべくそのままに，プリント形式で年度ごとに収録しています。
問題用紙を教科別に分けて使うことができるので，本番さながらの演習ができます。

■ 収録内容

・解答集(この冊子です)

書籍ＩＤ番号，この問題集の使い方，最新年度実物データ，リアル過去問の活用，
解答例と解説，ご使用にあたってのお願い・ご注意，お問い合わせ

・2024(令和６)年度 ～ 2018(平成30)年度　学力検査問題

○は収録あり	年度	'24	'23	'22	'21	'20	'19
■ 問題(適性検査Ⅰ・Ⅱ)		○	○	○	○	○	○
■ 解答用紙		○	○	○	○	○	○
■ 配点※		○	○	○	○	○	○

全分野に解説があります

上記に2018年度を加えた7年分を収録しています
※Ⅰの評価基準は非公表
注)問題文等非掲載:2024年度Ⅰ，2022年度Ⅱの2

問題文などの非掲載につきまして

著作権上の都合により，本書に収録している過去入試問題の本文や図表の一部を掲載しておりません。ご不便をおかけし，誠に申し訳ございません。

教英出版

■　書籍ＩＤ番号

入試に役立つダウンロード付録や学校情報などを随時更新して掲載しています。
教英出版ウェブサイトの「ご購入者様のページ」画面で，書籍ＩＤ番号を入力してご利用ください。

書籍ＩＤ番号　103213  

（有効期限：2025年9月30日まで）

【入試に役立つダウンロード付録】
「要点のまとめ(国語／算数)」
「課題作文演習」ほか

■　この問題集の使い方

年度ごとにプリント形式で収録しています。針を外して教科ごとに分けて使用します。①片側，②中央のどちらかでとじてありますので，下図を参考に，問題用紙と解答用紙に分けて準備をしましょう（解答用紙がない場合もあります）。

針を外すときは，けがをしないように十分注意してください。また，針を外すと紛失しやすくなりますので気をつけましょう。

① 片側でとじてあるもの

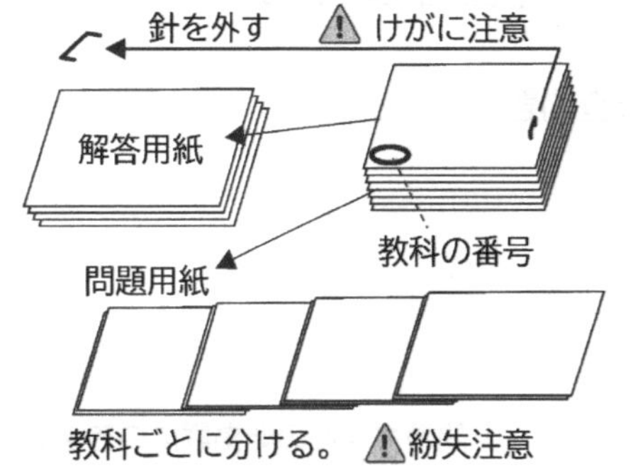

② 中央でとじてあるもの

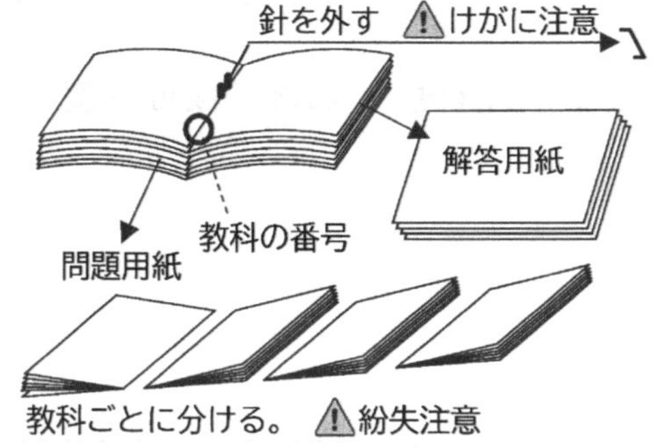

※教科数が上図と異なる場合があります。
　解答用紙がない場合や，問題と一体になっている場合があります。
　教科の番号は，教科ごとに分けるときの参考にしてください。

■　最新年度 実物データ

実物をなるべくそのままに編集していますが，収録の都合上，実際の試験問題とは異なる場合があります。実物のサイズ，様式は右表で確認してください。

問題用紙	Ａ４冊子(二つ折り)
解答用紙	Ａ３プリント

リアル過去問の活用

～リアル過去問なら入試本番で力を発揮することができる～

本番を体験しよう！

問題用紙の形式（縦向き / 横向き），問題の配置や余白など，実物に近い紙面構成なので本番の臨場感が味わえます。まずはパラパラとめくって眺めてみてください。「これが志望校の入試問題なんだ！」と思えば入試に向けて気持ちが高まることでしょう。

入試を知ろう！

同じ教科の過去数年分の問題紙面を並べて，見比べてみましょう。

① 問題の量

毎年同じ大問数か，年によって違うのか，また全体の問題量はどのくらいか知っておきましょう。どのくらいのスピードで解けば時間内に終わるのか，大問ひとつにかけられる時間を計算してみましょう。

② 出題分野

よく出題されている分野とそうでない分野を見つけましょう。同じような問題が過去にも出題されていることに気がつくはずです。

③ 出題順序

得意な分野が毎年同じ大問番号で出題されていると分かれば，本番で取りこぼさないように先回りして解答することができるでしょう。

④ 解答方法

記述式か選択式か（マークシートか），見ておきましょう。記述式なら，単位まで書く必要があるかどうか，文字数はどのくらいかなど，細かいところまでチェックしておきましょう。計算過程を書く必要があるかどうかも重要です。

⑤ 問題の難易度

必ず正解したい基本問題，条件や指示の読み間違いといったケアレスミスに気をつけたい問題，後回しにしたほうがいい問題などをチェックしておきましょう。

問題を解こう！

志望校の入試傾向をつかんだら，問題を何度も解いていきましょう。ほかにも問題文の独特な言いまわしや，その学校独自の答え方を発見できることもあるでしょう。オリンピックや環境問題など，話題になった出来事を毎年出題する学校だと分かれば，日頃のニュースの見かたも変わってきます。

こうして志望校の入試傾向を知り対策を立てることこそが，過去問を解く最大の理由なのです。

実力を知ろう！

過去問を解くにあたって，得点はそれほど重要ではありません。大切なのは，志望校の過去問演習を通して，苦手な教科，苦手な分野を知ることです。苦手な教科，分野が分かったら，教科書や参考書に戻って重点的に学習する時間をつくりましょう。今の自分の実力を知れば，入試本番までの勉強の道すじが見えてきます。

試験に慣れよう！

入試では時間配分も重要です。本番で時間が足りなくなってあわてないように，リアル過去問で実戦演習をして，時間配分や出題パターンに慣れておきましょう。教科ごとに気持ちを切り替える練習もしておきましょう。

心を整えよう！

入試は誰でも緊張するものです。入試前日になったら，演習をやり尽くしたリアル過去問の表紙を眺めてみましょう。問題の内容を見る必要はもうありません。どんな形式だったかな？受験番号や氏名はどこに書くのかな？…ほんの少し見ておくだけでも，志望校の入試に向けて心の準備が整うことでしょう。

そして入試本番では，見慣れた問題紙面が緊張した心を落ち着かせてくれるはずです。

※まれに入試形式を変更する学校もありますが，条件はほかの受験生も同じです。心を整えてあせらずに問題に取りかかりましょう。

桜修館中等教育学校　2024 令和6 年度　適性検査Ⅰ

《解答例》

〔問題１〕人は言葉を覚えることで人間になり、言葉をつかい自分のものにしてゆくことで、他者とのつながりを認め自分の位置を確かめてゆく

〔問題２〕異質な他者に対して、話し手の感覚を相手の知っている言語で伝え、両者のわかりあえなさをつなげようとするコミュニケーションのひとつである。

〔問題３〕　〈作文のポイント〉

・最初に自分の主張、立場を明確に決め、その内容に沿って書いていく。

・わかりやすい表現を心がける。自信のない表現や漢字は使わない。

さらにくわしい作文の書き方・作文例はこちら！→https://kyoei-syuppan.net/mobile/files/sakupo.html

《解　説》

〔問題１〕　第４段落の「言葉というものを～自分から覚えることによって，人は大人になってゆく，あるいは，人間になってゆく」が，「人は言葉でできている」と近い表現になっていることに着目し，これ以降の内容を中心にまとめるとよい。

〔問題２〕　筆者は，第２段落で「言葉を吐くという何気ない些細なコミュニケーションのひとつひとつが翻訳行為なのだと思えるようになった」と述べている。よって，翻訳は人と人のコミュニケーションである，という視点でまとめるとよい。

《解答例》

1 〔問題1〕たたみの短い辺と長い辺の長さの比は1：2なので，長い辺の長さは92.5×2＝185 cm

たたみ1まい分の面積は92.5×185＝17112.5 cm²

たたみ6まい分の面積は17112.5×6＝102675 cm²

1 m²＝10000 cm²なので，102675÷10000＝10.2675 m²

たたみをしけるスペースは $9\times7\times\frac{1}{3}=21$ m²

たたみ6まい分の面積は，たたみをしけるスペースよりも小さいことが分かるから。

〔問題2〕右図

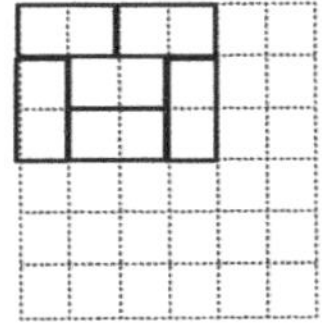

※〔問題3〕右表

〔対戦表〕

	おさむ	さくら	みやこ	ひとし	合計ポイント
おさむ		0	1	4	5
さくら	2		2	1	5
みやこ	0	0		4	4
ひとし	0	0	0		0

〔集計表〕

おさむさんの集計表

	さくら	みやこ	ひとし	合計
残り札数	×	5	17	22

さくらさんの集計表

	おさむ	みやこ	ひとし	合計
残り札数	8	7	5	20

2 〔問題1〕AからC／航空機と鉄道の利用わり合は，AからBはほぼ同じであるのに対して，AからCは航空機の方が高い。その理由としては，AからCの航空機と鉄道の料金は，ほぼ変わらないが，航空機の所要時間が約半分だからと考えられる。　〔問題2〕「ふれあいタクシー」の取り組みが必要になった理由…人口が減少し，路線バスの本数が減少したE町が，移動することにこまっている人を対象とした交通手だんを用意するため。

「ふれあいタクシー」導入の効果…75 さい以上の人の多くが，利用者証を得て，「ふれあいタクシー」を利用して買い物や病院へ行くことができるようになった。

3 〔問題1〕750 gの金属をのせて調べたときも 1000 gの金属をのせて調べたときも，おもりの数は手順6の板のときが最大であった。そして，手順6の板のみぞの方向に対して糸の引く方向はすい直であり，キャップのみぞの方向に対して手で回す方向もすい直であるから。　〔問題2〕組み合わせ…2号と5号　理由…実験2では同じでなかった条件のうち実験3では同じにした条件は，重さである。1号と3号のすべり下りる時間が同じなのに，1号と6号のすべり下りる時間は同じではなかった。だから，すべり下りる時間が同じになるのは，一番下の板の素材が同じ場合だと考えられるから。

※の別解は解説を参照してください。

《解　説》

1 **〔問題1〕**　1 m²＝1 m×1 m＝100 cm×100 cm＝10000 cm²であることに注意して，計算していけばよい。

〔問題2〕　解答用紙の1ますの面積を1とすると，たたみ6枚の面積は2×6＝12である。長い辺と短い辺の差をなるべく小さくしたいので，12を，なるべく差が小さい2つの整数の積で表すと，12＝3×4となる。したがって，縦3ます，横4ますの長方形ができるように，さらに，4枚のたたみの角が1か所に集まらないようにすると，解答例のようになる。

〔問題3〕　あたえられた条件から，右の図Ⅰの内容は確定である。さくらさんの合計ポイントは，最多で，2＋2＋2＝6(ポイント)，最少で2＋1＋1＝4(ポイント)なので，さくらさんの合計ポイントで場合分けをし

図Ⅰ

〔対戦表〕

	おさむ	さくら	みやこ	ひとし	合計ポイント
おさむ		0			
さくら	勝ち		勝ち	勝ち	
みやこ		0		4	4
ひとし		0	0		

て考える。

さくらさんが合計６ポイントの場合，おさむさんも合計６ポイントになり，みやこさんとひとしさんはおさむさんに負けたことになるから，６ポイントの次に多い合計ポイントがみやこさんの４ポイントになり，条件に合わない。

さくらさんが合計５ポイントの場合，おさむさんも合計５ポイントになり，みやこさんとひとしさんはおさむさんに負けたことになる。したがって，合計ポイントは最多が５，その次が４となり，条件に合う。あとはさくらさんが２位となればよいので，残り札数の合計がおさむさんよりさくらさんの方が少なくなるように，〔集計表〕をうめればよい。様々なパターンが考えられ，解答例はその一例である。

さくらさんが合計４ポイントの場合，おさむさんも合計４ポイントになる。ひとしさんの合計ポイントは０，１，２，４のいずれかだから，みやこさんの合計ポイントが５ポイントでなければならない。このような結果になるのは，〔対戦表〕が図Ⅱのようなときである（さくらさんが２ポイントもらえる相手は，おさむさん，みやこさん，ひとしさんのいずれでもよい）。この場合，残り札数の合計はおさむさんよりさくらさんの方が多くなければならず，残り札数の合計はおさむさんが17，さくらさんが18の１通りしかありえない（さくらさんの残り札数の内訳(うちわけ)はいくつか考えられる）。

図Ⅱ

〔対戦表〕

	おさむ	さくら	みやこ	ひとし	合計ポイント
おさむ		0	0	4	4
さくら	2		1	1	4
みやこ	1	0		4	5
ひとし	0	0	0		0

〔集計表〕

おさむさんの集計表

	さくら	みやこ	ひとし	合計
残り札数	×	×	17	17

さくらさんの集計表

	おさむ	みやこ	ひとし	合計
残り札数	8	5	5	18

2 〔問題１〕　ＡからＤを選んだ場合の解答は，「航空機と鉄道の利用わり合は，ＡからＢはほぼ同じであるのに対して，ＡからＤは鉄道の方が高い。その理由としては，ＡからＤの航空機と鉄道の所要時間は，ほぼ変わらないが，鉄道の料金が航空機の料金の約３分の２だからと考えられる。」となる。移動手段を考える場合，所要時間と料金のどちらを重視するかで選択が変わってくる。所要時間が同じなら料金の安い方，料金が同じなら所要時間の短い方を選択するのが，一般的な消費者の行動と言える。数値が比較しにくいときは，(料金)÷(所要時間)から，単位時間あたりの料金を求めるか，(所要時間)÷(料金)から，単位料金あたりの所要時間を求めるかして比べてみればよい。

〔問題２〕　表２からＥ町における路線バスの平日一日あたりの運行本数が減っていることを読み取り，図２からＥ町の人口が減っていることを読み取る。次に，路線バスの運行本数が減って困る人がどのような人かを，図３から読み取る。そうすれば「ふれあいタクシー」の取り組みが必要になった理由を考えることができる。また，表３から，利用者証新規交付数が減少するなか，利用者証累計交付数が，Ｅ町の 75 歳以上の人口の数値に近づいていて，75 歳以上の人の多くが利用者証の交付を受けていることを読み取る。

3 〔問題１〕　手でつかむ力が大きいときを1000ｇの金属をのせたとき，手でつかむ力が小さいときを750ｇの金属をのせたときとして考える。また，結果では，プラスチックの板が動いたときのおもりの数が多いほど，すべりにくいと考えればよい。なお，実験でプラスチックの板が動くときが，キャップが開くときではない。

〔問題２〕　組み合わせについては，解答例の他に「４号と６号」でもよい。このときの理由は，「２号と５号」のときと同じで，実験３では重さを同じにしたこと，一番下の板の素材が同じであればすべり下りる時間が同じになると考えられることについてまとめてあればよい。

《解答例》

〔問題１〕(例文)場面…展示会で沢山の模型を見るよりも、自分で作った方が面白い。　理由…見ただけではわからなかった「面白さ」を感じたから。

〔問題２〕「割り算」という同じ演算について、「分ける」という捉え方より「１あたり」という捉え方をする「知識」の方が、より広範に捉えて柔軟に使えるというように、「知識」がアウトプットの質に関係すると述べている。

〔問題３〕(例文)

私は、学校には、考え方の土台となる知識を得た上で、それを実際に行ってみるという学びがあると考えた。

たとえば、家庭科の調理実習がそのような学びだと言える。栄養や作り方などの知識を得た上で、実際に調理をして技術を身に付ける。調理に関する知識がなければ上手に作ることができないし、食材の性質を知らなければ後で応用することもできない。また、自分で実際にやってみなければ技術が身に付かないし、料理の楽しさや難しさもわからない。理科の実験についても同じような学びがあると言える。教科書に書かれていることを自分たちで再現してみることで、事実や理論についての理解を深めることや、興味関心を高めることができる。学校でのこのような学びは、文章Ａで「あらゆる技は、すべて自分でやってみないとわからない。」、文章Ｂで「知識」は思考の質に関係すると述べていることを合わせて実行したものだと言える。

私は、今後の学校生活において、質の良い知識を得ることと、それをアウトプットすることの両方をバランス良くできるように心がけたいと思う。知識と経験によって真の理解を得られるように、学びに向き合いたい。

《解　説》

〔問題１〕　本文では，「『面白さ』の本質」について，「『面白い』とは，本来アウトプットすることで感じられるものであり，それが本物の『面白さ』なのだ」と述べている。よって，インプットすることよりもアウトプットする「面白さ」を感じられる場面を具体的に書く。その理由は，本文で「自分でやってみて，初めて『面白い』ことが本当にわかる。見ただけでは，『面白そう』としかわからない」と述べていることをふまえてまとめるとよい。

〔問題２〕　――②のある一文から，「知識」が「アウトプットの質に」関係すると述べていることを読みとる。それがどういうことかをわかりやすく説明するために，本文では「割り算」の例を取り上げている。具体的な説明をふまえて，「『割り算』という同じ演算についての知識ですが，『１あたり』という捉え方の方が，『分ける』という捉え方より，より広範にものごとを捉えられる～知識として質が良い」「『１あたり』の『知識』の方が，『分ける』に比較して柔軟に使える」ということを述べ，「知識」は「思考の質に関係」するのだとまとめている。

〔問題３〕　文章Ａでは，「アウトプットする『面白さ』」，つまり，見たり聞いたりするだけではなく自分で実際にやってみることの価値について述べている。文章Ｂの筆者は，「知識」を軽視したり「知識」の質を気にかけなかったりすることへの危惧を抱き，「知識」が「アウトプットの質」「思考の質」に関係するのだと述べている。二つの文章からは，知識と経験，その両方の必要性が読みとれる。このことを，学校での学びの場面に重ねて考えてみよう。

《解答例》

図〔活動内容と時間〕

(図の2，6は3，5でもよい)

1 〔問題1〕活動内容と時間…右図　料金の合計…2500

〔問題2〕(12, 36, 00)，(12, 42, 00)，(12, 48, 00) のうち1つ

〔問題3〕「大」「中」「小」のすべてが同時に10秒間出ている時間はない。5秒間あたりの「大」の水量は，「中」の水量と「小」の水量の和よりも多いため，水量が最も多くなる時間は「大」が10秒間出ていなければならない。そのとき，5秒間あたりの「中」の水量は，10秒間あたりの「小」の水量より多いため，「中」のふん水が出ている時間に，水量が最も多くなる。よって，「大」と「中」が同時に10秒間出ている時間があるので，そのときに最も多くの水が出ていることになる。以上より，求める時刻は13時7分30秒である。また，水の総量は36×1×2＋8×3×2＝120(L)である。(下線部は13時17分30秒でもよい)

2 〔問題1〕第2次産業／しゅう業数者は，1960年と比べて1990年は増加し，1990年と比べて2020年は減少している。しゅう業者数の最も多い年れいそうは，1960年は15～24さい，1990年は35～44さい，2020年は45～54さいと変化している。

〔問題2〕図2…①　図3…⑤　農家の人たちの立場…共通する利点は，カフェ事業を始めたり，新しい観光ルートを提案したりして，来客数が増えて，売り上げが増加したことである。　農家以外の人たちの立場…消費者にとって共通する利点は，新しくできたカフェをおとずれたり，加工工場見学などの新しい観光ルートを体験したりして，新たなサービスを受けられるようになったことである。

3 〔問題1〕(1)ウ　(2)葉の面積を同じにしたときの葉についたままの水の量が多いか少ないかを比べ，水てきが葉とくっついている部分の大きさが大きいか小さいかを比べることによって判断した。

〔問題2〕(1)図3から黒色のインクがついた部分がより少ないので，すき間がより広いと考えられ，図4からおもりをのせるとよりちぢむので，厚みがある方向にもすき間がより広いと考えられる。つまり，あらゆる方向に，水が入ることができるすき間がより多いから。　(2)じょう発した水の量は，箱とシャツの合計の重さが軽くなった量からTシャツの重さが重くなった量を引くことによって求められる。キは，Tシャツによってきゅうしゅうされた水の量とじょう発した水の量のどちらも最も多いから。

《解　説》

1 **〔問題1〕**　まずは使える時間や金額を整理する。8時30分にAエリアを出発し，11時30分にAエリアに戻ってくるので，移動や準備をふくめ，使える時間は3時間＝180分である。また，40%引きの料金が1500円となるときのもとの金額は1500÷(1－0.4)＝2500(円)である。

まず，工作の時間を決めると，9時開始ではAエリアを出発せずに30分待つことになる。また，11時開始では11時40分に工作が終わるので，時間に間に合わない。よって，10時にAエリアで工作を開始するように計画を立てる。

最初にCエリアに行く場合，8時40分にCエリアに着き，9時50分にAエリアに向かうことになるので，アスレチックの体験活動時間は最大70分となる。

最初にBエリアに行く場合，10時40分にAエリアで工作が終わり，Cエリアに着くのは10時50分だから，11時20分までにCエリアを出なければならないので，アスレチックの体験活動時間は最大30分となる。

よって，アスレチックの時間をできるだけ長くするため，Cエリア→Aエリア→Bエリアの順に回ることを考える。このとき，Bエリアには10時50分に着き，30分の体験活動後にAエリアに戻るとちょうど11時30分に着くことができる。最後に金額について，アスレチックを70分体験したとき200×７＝1400(円)かかるので，AエリアとBエリアで合わせて2500－1400＝1100(円)使えば記念品をもらえる最低金額の2500円とすることができる。よって，２番と６番(または３番と５番)を選べばよい。

〔問題２〕　「大」「中」「小」３つのふん水から水が出始める間かくは一定であり，「大」は１分30秒＝90秒ごと，「中」は24秒ごと，「小」は36秒ごとである。よって，同時に水が出始める間かくは90秒，24秒，36秒の最小公倍数である。３つ以上の数の最小公倍数を求めるときは，右のような筆算を利用する。３つの数のうち２つ以上を割り切れる素数で次々に割っていき(割れない数はそのまま下におろす)，割った数と割られた結果残った数をすべてかけあわせれば，最小公倍数となる。よって，求める最小公倍数は，２×２×３×３×５×２×１＝360である。

```
2) 90  24  36
2) 45  12  18
3) 45   6   9
3) 15   2   3
    5   2   1
```

したがって，12時30分から６分ごとに３種類のふん水から同時に水が出始めるので，求める時間は12時36分(12時42分，12時48分でもよい)である。

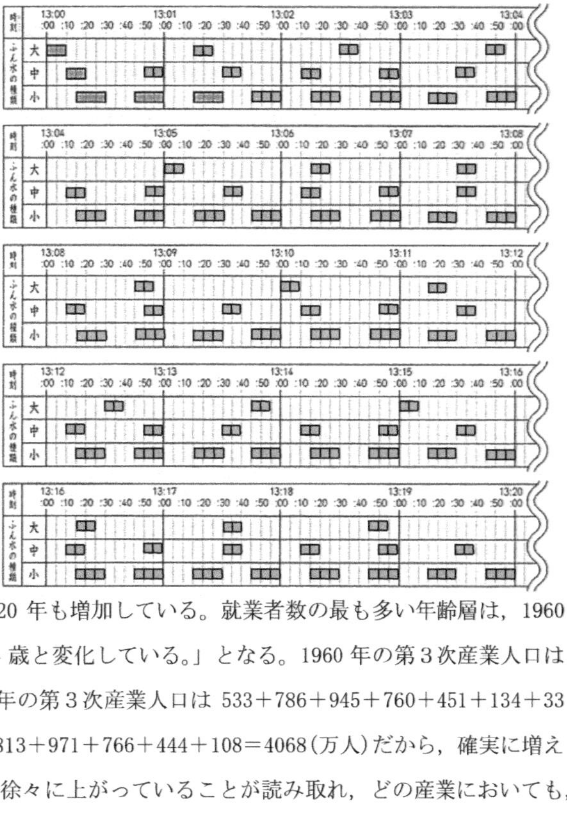

〔問題３〕　図３にスケジュールをすべて反映させると右図のようになる。スケジュールを見ると，10秒間３種類のふん水から水が出続ける時間はないとわかる。また，５秒間あたりに３種類のふん水から出る水の量の合計は「大」が36L，「中」が８×３＝24(L)，「小」が1.5×６＝９(L)だから，24＋９＝33(L)より，「中」と「小」を合わせても「大」の方が水の量が多い。また，「小」は10秒間で９×２＝18(L)であり，「中」の５秒間の方が水の量が多い。よって，求める時刻は13時７分30秒(13時17分30秒でもよい)である。

2 **〔問題１〕**　第３次産業を選んだ場合，「就業者数は，1960年と比べて1990年は増加し，1990年と比べて2020年も増加している。就業者数の最も多い年齢層は，1960年は25～34歳，1990年は35～44歳，2020年は45～54歳と変化している。」となる。1960年の第３次産業人口は453＋474＋319＋248＋130＋39＋６＝1669(万人)，1990年の第３次産業人口は533＋786＋945＋760＋451＋134＋33＝3642(万人)，2020年の第３次産業人口は321＋645＋813＋971＋766＋444＋108＝4068(万人)だから，確実に増えている。また，産業別の就業者数の最も多い年齢層は，徐々に上がっていることが読み取れ，どの産業においても，就業者の高齢化が進んでいることがわかる。

〔問題２〕　＜具体的な取り組み＞の利点をまとめてみよう。

	農家の人たちの立場	農家以外の人たちの立場
①	来客数が増加する。	新鮮な卵を使ったメニューが食べられる。
②	卵や肉などの売り上げが増える。	宿泊と地元の料理が楽しめる。
③	体験をする観光客が増える。	都会では味わえない体験ができる。
④	捨てていたしいたけを出荷できる。	新たなメニューを楽しめる。
⑤	観光客が増える。	工場見学ができる。
⑥	販売品目が増える。	新たな商品を購入できる。

例えば③と⑤を選べば，農家の人たちの立場から共通する利点は，「家族連れの観光客の数が増える。」，農家以外の人たちの立場から共通する利点は，「飼育体

験や工場見学など都会ではできないような体験ができる。」などが考えられる。農家の人たちの立場からの利点は，「売り上げが増えるための工夫」を読み取ろう。農家以外の人たちの立場からの利点は，「商品や体験から得られる価値」を考えよう。

3 〔問題１〕 太郎さんと花子さんの会話より，水滴(すいてき)が転がりやすいかどうかを判断するときには，表２の結果だけに着目するのではなく，表１でそれぞれの葉の面積が異なることにも着目しなければならないことがわかる。表２の10枚の葉についたままの水の量を表１の葉の面積で割った値が小さいものほど，同じ面積についたままの水の量が少ない，つまり水滴が転がりやすいと考えればよい。よって，その値が約0.1のアとイとエは水滴が転がりにくい葉，約0.02のウとオは水滴が転がりやすい葉と判断できる。

〔問題２〕(1) 水を多く吸収できるということは，吸収した水をたくわえておくことができるすき間が多くあるということである。粒(つぶ)が小さいどろがたい積した層ではすき間がほとんどないため水を通しにくいのに対し，粒が大きい砂がたい積した層ではすき間が大きいため水を通しやすいことと同様に考えればよい。 (2) カでは，箱とシャツの合計の重さが1648.3－1611＝37.3(ｇ)軽くなっているが，これがすべて蒸発した水の量ではない。Ｔシャツの重さに着目すると，189.8－177.4＝12.4(ｇ)重くなっている。つまり，Ｔシャツが吸収した37.3ｇのうち，12.4ｇはＴシャツに残っているから，蒸発した水の量は37.3－12.4＝24.9(ｇ)と求められる。キについても同様に考えると，Ｔシャツが吸収した水が45.9ｇ，Ｔシャツに残っている水が18.8ｇ，蒸発した水が45.9－18.8＝27.1(ｇ)である。また，クについては変化した23.1ｇが蒸発した水の量である。以上のことから，蒸発した水の量が多い順に，キ＞カ＞クとなる。よって，ポリエステルは木綿よりも水を吸収しやすく，かわきやすい素材だと考えられる。

《解答例》

〔問題1〕クマノミがイソギンチャクに安全なすみかを提供してもらったり、イソギンチャクがクマノミに、自分を食べにくる魚を追い払ってもらったり、寄生虫である可能性の高い小さなエビやカニなどを食べてもらったりしているように、異なる種類の生物が、たがいに利益を受け合いながら一緒に生活すること。

〔問題2〕生物多様性が失われると、生態系が不安定になり、もし生態系がなくなれば、私たちは生きていけないから。

〔問題3〕(例文)

筆者は、生物はともに生きることで利益を受け合っていて、私たちも日々、生物たちのお世話になっていること、生態系が私たちに与えてくれる恵みは生物多様性によるものであり、生物多様性を守っていくことが大事だということを言おうとしていると考える。

私たち人間は、生物多様性を守りながら生きていかなくてはならない。東南アジアや南米では、農地にしたり木材を手に入れたりするために、熱帯雨林が破かいされ、多くの生物が絶滅している。また、地球温暖化がもたらすかん境の変化によって、多くの生物が絶滅している。

こうした状きょうを変えるためには、私たちの生活を変える必要がある。たとえば、食品ロスを減らし、紙のむだづかいをなくすことは、熱帯雨林の減少を食い止めることにつながる。また、地産地消を進めることや、電気のむだづかいをなくすことは、温室効果ガスのはい出量を減らすことにつながる。このように、身近なことから生活を変え、生態系の中の生物の一員として、他の生物のくらしをおびやかさないようにしていくべきだと考える。

《解　説》

〔問題1〕 文章Aの最後に「クマノミとイソギンチャクは，両方ともに利益を得る，相利(そうり)共生の関係なのです」とある。「相利」とは，「両方ともに利益を得る」こと，「共生」とは，異なる種類の生物が共に生活すること。「一緒に棲(す)む」クマノミとイソギンチャクが，たがいにどのような利益を得ているかを具体的に説明しながらまとめる。

〔問題2〕 最後の段落に「生態系(せいたいけい)の中で私たちは生きています～自分の生きている生態系がなくなったら，私たちは生きてはいけません。そして，その生態系が安定して存在(そんざい)するには，生物多様性が大切です」とある。生物多様性が生態系を安定させていること，自分の生きている生態系がなくなったら，私たちは生きていけないことを中心にまとめる。

〔問題3〕 文章Aでは，共に生活しながらたがいに利益を得る，「相利共生」の関係について説明している。文章Bでは，多くの生物が絶滅(ぜつめつ)する可能性にふれながら，私たちは，生物多様性によって支えられた生態系の中で生きていることや，その大切さについて述べている。これらをふまえて，自分の考えをまとめる。

《解答例》

1 〔問題1〕交かんする前の○や▲の個数の合計は 47 個，Ｉの記号とａの記号を交かんすることで３個減り，ｈの記号とｎの記号を交かんすることで１個減るから合計４個減ることになる。４÷47×100＝8.51…となり，小数第１位で四しゃ五入すると約９％減ることになる。

〔問題2〕ふさいだパイプの記号…⑦　容器A…$\frac{2}{16}$　容器B…$\frac{3}{16}$　容器C…$\frac{6}{16}$　容器D…$\frac{4}{16}$　容器E…$\frac{1}{16}$

〔問題3〕正六角形もＹの形も１だん増えるごとに１個ずつ個数が増えていく。

10 だん目まで正六角形を重ねると，１＋２＋３＋４＋５＋６＋７＋８＋９＋10＝55

よって，正六角形は 55 個ある。

10 だん目まで正六角形を重ねると，辺が重なるＹの形は，１＋２＋３＋４＋５＋６＋７＋８＋９＝45

よって，辺が重なるＹの形は 45 個ある。

10 だん目の下２本のパイプを外すから，２×10＝20　よって，20 本のパイプを外す。

したがって，６×55－３×45－20＝175　最初に球が通るパイプをふくめると，175＋１＝176

よって，176 本のパイプが必要となる。　必要なパイプの数…176

2 〔問題1〕サケのルイベ…サケのルイベに「雪にうめて，こおらせる」という保存方法が用いられているのは，小樽市の冬の平均気温が０度以下だから。　マアジのひもの…マアジのひものに「日光に当てて干す」という保存方法が用いられているのは，小田原市の冬の降水量が夏に比べて少なく，日光に当てることができたから。

ブリのかぶらずし…ブリのかぶらずしに「甘酒につけて，発酵をうながす」という保存方法が用いられているのは，金沢市の冬は降水量が多く，空気がしめっており，発酵が進む気温だから。

〔問題2〕(米と小麦の例文)米がとれる地域と小麦がとれる地域の年平均気温と年間降水量をそれぞれ比べると，米がとれる地域の年平均気温は高く，年間降水量は多いが，小麦がとれる地域の年平均気温は低く，年間降水量は少ない。

3 〔問題1〕⑴選んだもの…ウ　理由…実験１から，色がついているよごれを最もよく落とすのは，アとウであることが分かる。そして，実験２から，アとウを比べると，ウの方がより多くでんぷんのつぶを減少させることが分かるから。　⑵５分後のつぶの数をもとにした，減少したつぶの数のわり合は，水だけの場合よりも液体ウの場合の方が大きいから。

〔問題2〕⑴せんざいの量を 28 てきより多くしても，かんそうさせた後のふきんの重さは減少しないので，落とすことができる油の量は増加していないと分かるから。

⑵サラダ油が見えなくなるもの…Ａ，Ｂ，Ｃ，Ｄ　洗剤…４

《解　説》

1　〔問題１〕　Ｉを○○に，ａを○に交かんすることで，○が（１×１＋２×４）－（２×１＋１×４）＝３（個）減り，ｈを▲▲に，ｎを▲に交かんすることで，▲が（１×２＋２×３）－（２×２＋１×３）＝１（個）減る。よって，解答例のように減った割合を求めることができる。

〔問題２〕　図３について，最初に球を16個入れて平均通りに球が落ちた場合の各パイプに入った球の個数をまとめると，右図のようになる。

パイプをふさぐ前の個数の平均の割合は，ＡとＥが$\frac{1}{16}$，ＢとＤが$\frac{4}{16}$，Ｃが$\frac{6}{16}$だから，１か所のパイプをふさぐことで，ＡまたはＥの$\frac{1}{16}$が$\frac{2}{16}$，ＢまたはＤの$\frac{4}{16}$が$\frac{3}{16}$になるようなパイプの記号を考えると，⑦，⑫が見つかる。

⑫をふさいだ場合は，容器Ａ…$\frac{1}{16}$　容器Ｂ…$\frac{4}{16}$　容器Ｃ…$\frac{6}{16}$　容器Ｄ…$\frac{3}{16}$　容器Ｅ…$\frac{2}{16}$となる。

〔問題３〕　（最初に球が通るパイプ〔１本〕）＋６×（正六角形の数）－３×（Ｙの形の個数）－（10段目の正六角形の下２本のパイプの個数）で求める。

正六角形の個数は，１段目までが１個，２段目までが１＋２＝３（個），３段目までが１＋２＋３＝６（個），…となるから，10段目までは，１＋２＋３＋…＋10＝55（個）

Ｙの形の個数は，２段目までが１個，３段目までが１＋２＝３（個），４段目までが１＋２＋３＝６（個），…となるから，10段目までは，１＋２＋３＋…＋９＝45（個）

10段目の正六角形は10個あるから，下２本のパイプは２×10＝20（個）ある。

よって，求める本数は，１＋６×55－３×45－20＝176（本）

2　〔問題１〕　図１の保存方法から地域の気候の特徴を読み取り，図２の都市の冬（12月１月）の降水量や気温と関連付ける。　〔サケのルイベ〕　図１で雪にうめてこおらせていることから，冬にまとまった雪が降ると考えられる。それを踏まえて図２を見ると，北海道小樽市の冬の気温がマイナスなので，寒さが厳しいことが読み取れる。

〔マアジのひもの〕　図１で空気がかわいた時期に天日干ししていることから，冬にかんそうした晴れの日が多いと考えられる。それを踏まえて図２を見ると，神奈川県小田原市の冬の降水量が100㎜以下で少ないことが読み取れる。　〔ブリのかぶらずし〕　図１で空気がしめっている時期に発酵させていることから，冬の降水量が多いと考えられる。それを踏まえて図２を見ると，石川県金沢市の冬の降水量が250～300㎜で多いことが読み取れる。

また，冬の気温が５度以上であることに着目すれば，発酵に適した温度だと導ける。

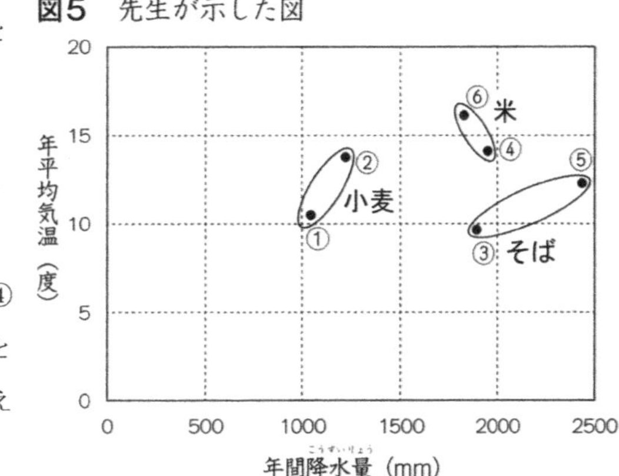

図５　先生が示した図

〔問題２〕　図４より，①と②は小麦，③と⑤はそば，④と⑥は米が材料である（右図参照）。解答例の他，「そばがとれる地域の年平均気温は低く，年間降水量は多い。」も考えられる。

3　〔問１〕(1)　ここでは５分間液体につけておくときのよごれの落ち方を考える必要があるので，表１と２では，５分後の結果に着目し，表１からは色がついているよごれの落ち方，表２からはでんぷんのよごれの落ち方を読み取る。５分間では，色のついているよごれはアとウで最も落ちやすく，でんぷんのよごれはウで最も落ちやすい。よって，どちらのよごれも落ちやすいウが適切である。　(2)　表２より，水だけのときの５分後の粒の数は804，60分後の粒の数は484だから，55分間で804－484＝320減っている。５分後の粒の数をもとにした，減少した粒の割合は320÷804×100＝39.8…(%)である。ウについても同様にして求めると，(476－166)÷476×100＝65.1…(%)となるから，ウの方がでんぷんのよごれの程度をより変化させたといえる。

〔問２〕(1)　表３の乾燥させた後のふきんの重さから最初のふきんの重さ20.6ｇを引いたものが，ふきんに残っているサラダ油の重さだと考えられる。24滴までは，洗剤の量を多くすると，残っている油の重さが軽くなっていくが，28滴のときには24滴のときよりも多くの油が残っていて，28滴より多くしても残っている油の重さが軽くならないから，太郎さんの予想は正しくないといえる。　(2)　サラダ油100滴の重さが2.5ｇだから，サラダ油0.4ｇは$100\times\frac{0.4}{2.5}=16$(滴)である。よって，表４で，加えたサラダ油の量が16滴より多いＡ～Ｄでは，液体の上部にサラダ油が見えなくなる。また，実験４から考えられる，サラダ油0.4ｇを落とすことができる最低限の洗剤の重さは，サラダ油の量が17滴のときに上部にサラダ油が見えた(16滴のサラダ油は落とすことができる)Ｄに入っている洗剤の重さと同じである。入っている洗剤の重さは，Ａが１ｇの半分，ＢがＡの半分，ＣがＢの半分，ＤがＣの半分だから，Ｄに入っている洗剤の重さは$1\div\overset{A}{2}\div\overset{B}{2}\div\overset{C}{2}\div\overset{D}{2}=0.0625$(ｇ)である。よって，洗剤100滴の重さが２ｇだから，洗剤0.0625ｇは$100\times\frac{0.0625}{2}=3.125$(滴)であり，最低４滴の洗剤が必要である。

《解答例》

〔問題1〕日常生活では使わないような単語でも、それらを語彙として多く持っていることで、言いたいことに一番合う言葉を選んで、的確な表現や、こまやかで美しい表現ができること。

〔問題2〕他者の言葉をうのみにしたり先入観にとらわれたりせずに、常に自分の頭で考えることを大切にし、それを表現する言葉を自在に操って、世界を広げていく力を持っていること。

〔問題3〕(例文)

語彙が豊富であることが、その人の感受性を豊かにし、思考力を高めるのだと考えた。

グルメ番組の食レポを見ていると、あまいという言葉を連発していることに、表現の単調さを感じる。また、ニュース番組で街の人の意見が報じられると、ありきたりで同じようなものが多いと感じる。二つの文章を読んで、それらの原因は、使える言葉が足りないことにあるのだろうと考えた。安易な言葉で片付けるのではなく、言いたいことを伝えるために、何とかふさわしい言葉を探して使おうとする姿勢が大切だ。一人一人のその努力が、多様性や活気を生み出すのだと思う。

小説や詩を読んでいると、知らなかった素敵な言葉に出会ったり、思いがけない言葉の組み合わせに心を動かされたりする。また、自分が言葉にできなかった思いを、うまく表現している文に出会い、自分の心の中にあるものが何だったのかを改めて認識することがある。語彙力をつけるには、たくさん本を読み、良い文章にふれることが必要だと思う。

使える言葉をたくさん持っていれば、それらをもとに、感じたり考えたりすることができる。心豊かに生きるために、高い語彙力を身につけたいと思う。

《解　説》

〔問題1〕　まず，「どれだけ語彙(ごい)をもっているかが問題になる」と述べていることをおさえる。これを中心として，どのような語彙をもつべきだと述べているのか，語彙が豊富であることによって何ができるようになると述べているのかを読み取ろう。「よい言語生活が営める」ためには，「三〇〇〇(基本語。生活していく上で間にあう数)では間にあわない」のであり，「一年に一度，一生に一度しか出あわないような単語」「一生で一度も使わないかもしれない」単語を蓄(たくわ)えていて，「ここというときに適切に使える」ことが必要である。また，それによって「なにかの時に～ピタッと決まる」ような使い方ができる，「一度使った単語や言い回しを二度繰(く)り返(かえ)さない～別の言い回しが必要」になった時に対応できるということが書かれている。ここから読み取ったことを，「自分の言葉で」表現しよう。

〔問題2〕　直接的には──線部②の直前の「いつでも頭の中をすぐに組み換(か)えが出来ること」，すなわち「自分の中の言葉を，いつも柔(やわ)らかく，いつも軽くさせて」おくことである。これが意味することを，文章B全体から読み取り，「自分の言葉で」表現しよう。具体的には，「思考の限界を作り出したり，思考をそこで停止させてしまったりする」ような言葉(考えを縛(しば)るような言葉)を，「無批判(むひはん)に取り入れ」ないようにするということである。つまり，自分で「言葉を使って，いろいろ感じたり，考えたり」することをなまけないで，「想像力を形成し，飛躍(ひやく)させる」言葉の働きを十分に生かせることが必要だということ。

〔問題3〕　二つの文章では，語彙の豊富さが言語生活をよりよいものにするということ(〔問題1〕参照)，他者の言葉を無批判に取り入れたりせずに，言葉を使って考えることが大切だということ(〔問題2〕参照)を述べている。これらの内容を受けて，自分がふだんの生活の中で，言葉に対してどのような意識を持っているか，具体的にふり返ってみよう。言葉が足りないと感じたことや，きちんと考えて言葉を選ぶことをしていないと感じたことはないだろうか。使う言葉がおざなりなのは，「言語の行為(こうい)」である「考えるということ」をおろそかにしている証拠(しょうこ)である。この危機感をもって，言葉の大切さについて考えてみよう。

《解答例》

1 〔問題1〕［大，小］…［5，1］，［3，4］，［ ，8］のうち1つ

〔問題2〕（2，3），（2，5），（3，4），（4，5）のうち1つ

〔問題3〕（4、11），（5、8），（8、5），（11、4）のうち1つ

〔問題4〕赤／67，青／73，緑／81 のうち1つ

〔問題5〕大きいさいころ…2　小さいさいころ…3

〔問題6〕おさむ／まなぶ／ひとし／まなぶさんが負ける〔別解〕引き分ける

2 〔問題1〕図1より，主ばつに適した林齢は，50年以上であることが分かる。図2の2017年の林齢構成をみると，主ばつに適した林齢 50 年を経過した人工林の面積は大きいが，林齢 30 年よりもわかい人工林の面積は小さい。1976年，1995年，2017年の変化から，林齢50年以上の人工林が主ばつされると，しょう来，主ばつに適した人工林は少なくなっていくことが予想される。よって，利用することのできる木材の量が減ることが課題である。

〔問題2〕（図3と図4を選んだときの例文）図3のように商品を生産する立場の人たちが，間ばつ材を使った商品を開発したり，利用方法を考えたりすることで，さまざまな商品が生まれる。また，商品を買う立場の人たちも，図4のような間ばつ材を知ってもらう活動を通じて，間ばつや，間ばつ材を使った商品に関心をもつ。これらの活動から，商品を売ったり買ったりする機会が生まれ，間ばつ材の利用が促進される。

3 〔問題1〕⑴右図　⑵右図　理由…図6から，㋓は㋐に対して，つつの右側のじ石の極は変わらないが，左側のじ石の極は反対である。図7のイより，鉄板に置く4個のじ石のうち，右側の2個のじ石の上側の極は変えずに，左側の2個のじ石の上側をN極からS極に変えるとよいから。

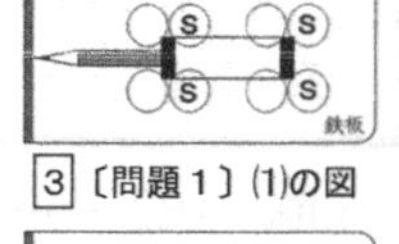

3〔問題1〕⑴の図

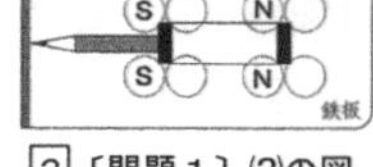

3〔問題1〕⑵の図

〔問題2〕⑴2　⑵大きい場合…②　理由…①はA方向がそろっていないので，N極とS極が引き合う部分と，N極どうしやS極どうしがしりぞけ合う部分がある。それに対して，②はA方向がそろっているので，ほとんどの部分でN極とS極が引き合う。そのため，①より②のほうが引き合う部分が大きいから。

《解　説》

1 〔問題1〕　立方体は面が6個あるので，40個の立方体全ての面に赤のシールをはると，4cm×4cmのシールが全部で6×40＝240(枚分)必要になる。

4cm×4cmのシールをできるだけ多く作ろうとすると，大のシールからは縦に25÷4＝6余り1より6枚，横に30÷4＝7余り2より7枚作れるから全部で6×7＝42(枚分)作れ，小のシールからは縦に20÷4＝5(枚)，横に25÷4＝6余り1より6枚作れるから全部で5×6＝30(枚分)作れる。

42×5＋30＝240，30×8＝240なので，(大のシール，小のシール)を(5枚，1枚)(0枚，8枚)にすると，できたシールを余りなくつかえるので，条件に合う。

他にも，(3枚，4枚)のときは42×3＋30×4＝246より4cm×4cmのシールが6枚(立方体1個分)余るから条件に合う。

〔問題2〕　展開図を山折りで組み立てると，右図のようになる(数字の向きは考えない)。1の面と向かい合う6の面は青のシールをはる。よって，残りの赤のシール2枚の組み合わせは，2，3，4，5の面のうち，隣(とな)り合う(向かい合わない)2組と

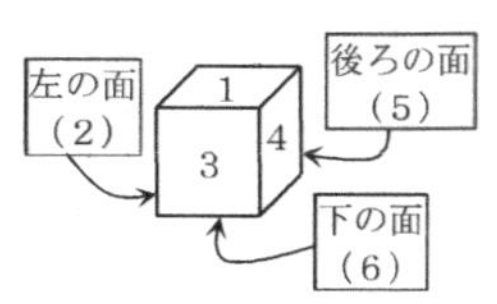

なればよいので，（２，３）（２，５）（３，４）（４，５）の４通りある。

〔問題３〕　直線Ａ－Ｅを対角線とする長方形（または正方形）の縦を（４×Ｐ）㎝，横を（４×Ｑ）㎝とすると，Ｅは Ａから右にＰ，上にＱ移動した点だから，Ｅ（２＋Ｐ、２＋Ｑ）と表せる。

（４×Ｐ）×（４×Ｑ）＝288より，Ｐ×Ｑ＝288÷４÷４＝18である。

図４より，長方形（または正方形）は最大で，縦，横ともに４×10＝40（㎝）までのばすことができるから，

Ｐ，Ｑはともに最大で40÷４＝10だとわかる。

以上より，ＰとＱがともに10以下の整数で，Ｐ×Ｑ＝18を満たす（Ｐ，Ｑ）を探すと，（２，９）（３，６）（６，３）（９，２）が見つかる。このときのＥの位置はそれぞれ，Ｅ（４、11），Ｅ（５、８），Ｅ（８、５），Ｅ（11、４）である。

〔問題４〕　赤の立方体について，縦の列が（Ａ＋３）列，横の列がＡ列あるとする。

縦の列で左から順に並べていくと，右図の斜線部分で３個足りなくなる。

縦を１列少なくすることで，右図の色付き部分の４個だけ余る。

よって，Ａ＝４＋３＝７，Ａ＋３＝７＋３＝10だから，赤の立方体の個数は，

７×10－３＝67（個）

同様に，青の立方体は縦の列が８＋２＝10（列），横の列が１＋７＝８（列）だから，個数は８×10－７＝73（個）

緑の立方体は縦の列が６＋８＝14（列），横の列が３＋３＝６（列）だから，個数は６×14－３＝81（個）

〔問題５〕　大きいさいころで出た数字と約数は，表１のようにまとめられる。よって，２個のさいころを同時にふったとき，青の面の数をまとめると，表２のようになるので，条件に合うのは，表２の○印の16通りある。解答は，このうちの１通りを答えればよい。

表１

数字	1	2	3	4	5	6
約数	1	1，2	1，3	1，2，4	1，5	1，2，3，6

表２		小					
		1	2	3	4	5	6
大	1	0	2	2	2	2	2
	2	1	1	③	③	③	③
	3	1	③	1	③	③	③
	4	2	2	4	2	4	4
	5	1	③	③	③	1	③
	6	③	③	③	5	5	③

〔問題６〕　４人とも得点が異なり，まなぶさんとひとしさんの得点の差が３点だから，まなぶさん，おさむさん，さくらさん，ひとしさんの順で得点が１点ずつ低くなっていることがわかる。つまり，考えられる得点の組み合わせは，（まなぶさん，おさむさん，さくらさん，ひとしさん）＝（６点，５点，４点，３点），（５点，４点，３点，２点），（４点，３点，２点，１点）だが，２人と対戦をした時点で５点になるような対戦結果はない。よって，得点の組み合わせは，（４点，３点，２点，１点）である。このことから，それぞれの対戦結果は，まなぶさんが１勝１引き分け，おさむさんが１勝１敗，さくらさんが２引き分け，ひとしさんが１敗１引き分けということがわかる。この結果でわかることをまとめると右表のようになる（△は引き分け）。残りの対戦は，さくらさんはおさむさんと対戦するから，もう１つの対戦は，まなぶさんとひとしさんとなる。

	まなぶ	おさむ	さくら	ひとし	結果
まなぶ	＼		△		1勝1引き分け
おさむ		＼			1勝1敗
さくら	△		＼	△	2引き分け
ひとし			△	＼	1敗1引き分け

よって，さくらさんが勝てば得点が２＋３＝５（点），おさむさんは３点のままになる。

まなぶさんが負ければ４点のまま，ひとしさんは１＋３＝４（点）となり，さくらさんが１位になる。

また，まなぶさんとひとしさんが引き分ければ，まなぶさんが４＋１＝５(点)，ひとしさんが１＋１＝２(点)となり，さくらさんとまなぶさんが同点で１位になる。

よって，まなぶさんが負ける(ひとしさんが勝つ)か，引き分ければよい。

2 〔問題１〕 図１より，木材として利用するために林齢 50 年以上の木々を切っていること，図２より，人工林の高齢化が進んでおり，2017年では林齢50年以下の人工林は若くなるほど面積が小さくなっていることが読み取れる。また，花子さんが「人工林の総面積は，1995 年から 2017 年にかけて少し減っています」，先生が「都市化が進んでいることなどから，これ以上，人工林の面積を増やすことは難しい」と言っていることから，今後，人工林の面積はさらに減っていき，主ばつして利用できる木材の量が不足してしまうことが予測できる。

〔問題２〕 図の取り組みについて，会話中の言葉を手がかりにしよう。図３について，花子さんが「間ばつ材も，重要な木材資源として活用することが，資源の限られた日本にとって大切なこと」と言っている。図４について，太郎さんが「間ばつ材マークは…間ばつ材利用の重要性などを広く知ってもらうためにも利用される」と言っている。図５を選択する場合は，「図５のように実際に林業にたずさわる人たちが，高性能の林業機械を使ってばっ採したり，大型トラックで大量に木材を運んだりすることで，効率的に作業できる。」を，図３の間ばつ材を使った商品の開発や利用に関連付けてまとめるとよい。

3 〔問題１〕(1) ㋐のつつの磁石のＮ極の真下の鉄板には上側がＮ極の磁石を２個，Ｓ極の真下の鉄板には上側がＳ極の磁石を２個置く。解答例の他に，右図のように磁石を置いてもよい。 (2) 解答例の他に下図のように磁石を置いてもよい。

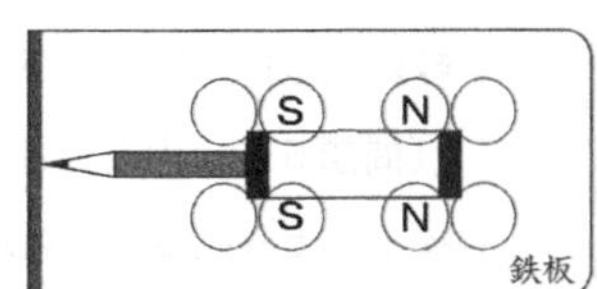

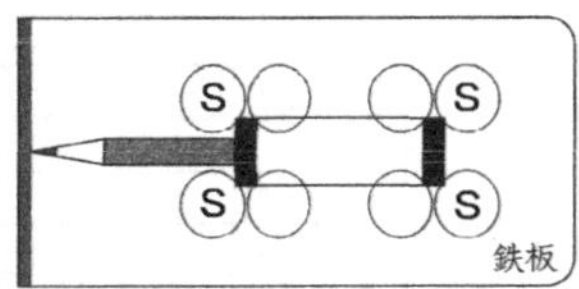

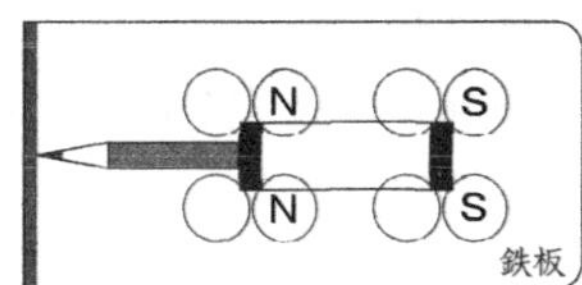

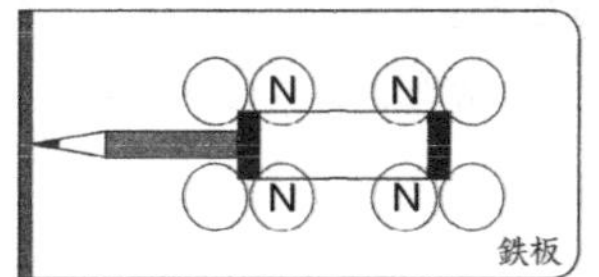

〔問題２〕(1) 表１のＡ方向が地面に平行なときの記録に着目する。１辺が１cm の正方形のシートの面積は１×１＝１(㎠)で，このときの記録は０個(０ｇ)，１辺が２cm の正方形のシートの面積は２×２＝４(㎠)で，このときの記録は２個(20ｇ)，１辺が３cm の正方形のシートの面積は３×３＝９(㎠)で，このときの記録は５個(50ｇ)である。１辺が３cm以下の正方形では，つりさげることができる最大の重さはシートの面積に比例するので，１辺が２cmの正方形のシートと比べると 20÷４＝５(ｇ)，１辺が３cm の正方形のシートと比べると 50÷９＝5.5…(ｇ)までつりさげることができる。したがって，１辺が１cm の正方形について，２ｇのおもりでの記録は２個と考えられる。

(2) ①(表２の１番下の記録)よりも②(表２の真ん中の記録)の方が記録が大きい。このように記録の大きさにちがいが出るのは，シートのＮ極とＳ極が図 10 のように並んでおり，２枚のシートのＡ方向がそろっていると，ほとんどの部分でＮ極とＳ極が引き合うが，２枚のシートのＡ方向がそろっていないと，引き合う部分としりぞけ合う部分ができるからである。なお，表２の１番上の記録よりも②の方が記録が大きいのは，②では，おもりをつけたシートが下にずれようとするとき，それぞれの極が，黒板に貼りつけたシートから上向きの引きつける力と上向きのしりぞける力を受けるためである。

《解答例》

解答らん① 教養とは、多くの知識やその広がりというだけでなく、自分の行動や判断のよりどころとなる考え方を自分で決め、それに従って行動できる力をつけること、つまり揺るがない自分を造り上げることに必要なものである。

解答らん② 教養を身につけるとは、広い知識や広い体験を材料にして、きちんとした人間として、正しいと思う方向に向かって自分を造り上げていくことである。しかし、それは自分というものを固定化することではなく、むしろいつも開かれていて、それを自分であると見なす作業を永遠に続けることである。

解答らん③ (例文)

私は、自分を造り上げるためには、知識や体験を材料にして身につけた教養をもとに、考える力・行動する力、つまり自ら問題解決できる力が必要だと考える。

五年生の時、私は親友とけんかをした。それまでに、友達とけんかをした主人公がその後仲直りをするというストーリーの小説を何冊も読んでいた。友達同士のけんかを仲裁する体験もしてきた。しかし、私は、それを自分のことに置きかえて考えることができなかった。ましてや、自分から謝り、親友と話し合うという前向きな行動などできるはずもなかった。その後、親友の方から私に歩み寄って来てくれて、それぞれの思いを話し合い、仲直りすることができた。私はこの経験を通して、かたくなだった自分自身を反省した。身につけてきたつもりの知識や体験から得た教養を、問題解決する力にまで高めることができていなかったと気づいた。

人は成長とともに価値観も考え方も変わると思う。人それぞれ直面する問題もちがうだろう。しかし、そのつどそれまでに身につけてきた教養をもとに、自らの頭で考えて行動し、問題解決する経験を積み上げて、自分を造り上げていきたいと思う。

《解　説》

① 文章Aとその前の部分では、「教養」に含(ふく)まれている「要素」を二つ説明している。一つ目の「要素」は、「多くの知識やその広がり」である。もう一つの「要素」は、「自らを立てることに必要な」ものであることである。この「自らを立てること」について、文章Aでは、「揺(ゆ)るがない自分を造り上げる」ことだと説明している。また、これを言い換(か)えると「自分に対して則(のり)を課し、その則の下(もと)で行動できるだけの力をつける」ことだと述べている。

② 文章Bでは、「教養を身につけるとは、きちんとした人間として、正しいと思う方向に向かって自分を造り上げること」だという筆者の考えを受けて、自分を造り上げるとはどういうことかについて述べている。自分を造り上げるとは、「何かがちがちに作り上げた完成品ができてしまう」ということではないとある。そして、「自分というものを固定化するのではなく、むしろいつも『開かれて』いて、それを『自分』であると見なす作業～永遠に、死ぬまで続く」と述べている。つまり、「自分」をどんどん変化させ、その結果でき上がった「自分」を「自分」だと認め続けるというのが「教養を身につける」ことだと、筆者は考えている。

桜修館中等教育学校　2020 令和2年度　適性検査Ⅱ

《解答例》

1 〔問題1〕下表

三角定規	①	②	③	④	⑤
枚数	12枚	枚	枚	枚	枚

三角定規	①	②	③	④	⑤
枚数	8枚	1枚	枚	枚	枚

〔別解〕

三角定規	①	②	③	④	⑤
枚数	4枚	2枚	枚	枚	枚

〔別解〕

〔問題2〕円の中心から三角形のちょう点に半径を引くと，三角形の内側に二つの二等辺三角形ができる。この二つの二等辺三角形には同じ大きさの角が二つずつあるから，その四つの角を合計して２でわると90度になる。

〔問題3〕

1列め		■			
2列め		■			
3列め					■

アを選んだ場合の図

1列め			■		
2列め				■	
3列め			■	■	

イを選んだ場合の図

1列め				■	
2列め					■
3列め		■	■	■	■

ウを選んだ場合の図

〔問題4〕 き き き い え ／ あ う お か く　などから１つ

〔問題5〕アを選んだ場合…628　イを選んだ場合…714　ウを選んだ場合…1028

2 〔問題1〕選んだ図…図２　あなたの考え…2001年度に国の制度が改められたことで，新しくバスの営業を開始しやすくなり，2000年度ごろまでにみられた減少が止まり，2001年度から2015年度にかけて実際に走行したきょりは，大きく減少することなく増加している。　〔問題2〕設計の工夫…出入口の高さ／固定ベルトの設置

期待されている役割…ベビーカーを利用する人にとって，出入口の高さが低くつくられていることと，車内に固定ベルトが設置されていることにより，乗りおりのときや乗車中に，ベビーカーを安全に利用できる。

〔問題3〕課題…バス以外の自動車で混み合う道路がうまれる可能性がある。　あなたの考え…時こく表に対するバスの運行状きょうが向上していることをせん伝して，バス以外の自動車を使う人にバスを利用してもらい，混み合う道路が少なくなるように働きかける。

3 〔問題1〕選んだプロペラ…A　示す値のちがい…13.3　〔問題2〕(1)モーター…ウ　プロペラ…H

(2)選んだ予想…①　予想が正しくなる場合…ありません　理由…E，F，G，Hのどのプロペラのときでも，アとイのモーターの結果を比べると，アのモーターの方が軽いのに，かかった時間が長くなっているから。

〔問題3〕(1)×　(2)車が前に動く条件は，㋐が50°から80°までのときで，さらに，㋐と㋑の和が100°か110°のときである。

《解　説》

1 〔問題1〕　図３の①～⑤の直角三角形はすべて，図ｉのように同じものを２枚合わせると，正三角形をつくることができる。また，正六角形は図ⅱのように対角線を引くと，６個の正三角形にわけられるので，①～⑤の直角三角形のうち，同じ形の三角形 $2\times6=12$(枚)で正六角形をつくることができる。同じ形が12枚以上あるのは①だけなので，①を12枚使うと正六角形ができる。また，図ⅲのように①で正六角形を作ると，三角形ＡＢＣがＡＢ＝16㎝，ＡＣ＝$16\times2=32$(㎝)の直角三角形となる。これは，②の三角形と合同な三角形である。

同様にして，三角形ＡＤＣも②と合同な三角形となるので，①を８枚と②を１枚，①を４枚と②を２枚使っても正六角形ができる。

図ｉ

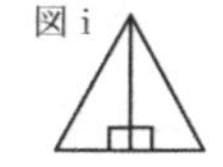

図ⅱ

図ⅲ

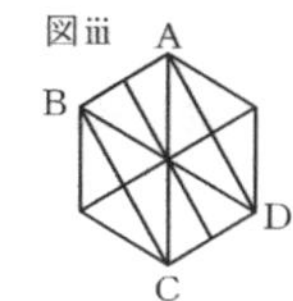

〔問題２〕　実際に解答例のように線を引くと，右図のようになる。ＯＡ＝ＯＢ＝ＯＣなので，三角形ＯＡＢと三角形ＯＢＣは二等辺三角形であり，右図の○と●どうしの角の大きさは等しい。また，三角形ＡＢＣについて，内角の和は 180 度なので，○×２＋●×２＝180 度となる。よって，○＋●＝180÷２＝90(度)となるので，三角形ＡＢＣは直角三角形である。

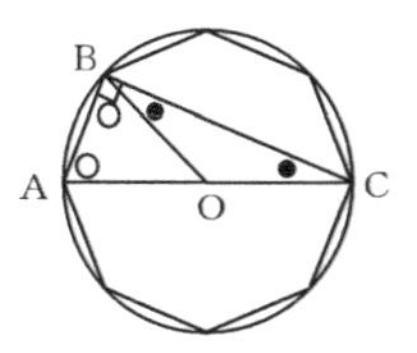

〔問題３〕　横の１列めと２列めの模様は，道具と材質がわかれば表すことができるので，図６から，横の３列めの模様(長さの表し方)がわかればよい。

図６より，長さ５㎝の表し方が，長さ１㎝と４㎝の模様を合わせた表し方になっていて，長さ７㎝の表し方が，長さ１㎝と２㎝と４㎝の模様を合わせた表し方になっている。よって，長さ９㎝の表し方は，長さ１㎝と９－１＝８(㎝)の模様を合わせた表し方になっているとわかるので，長さ８㎝の表し方は図Ⅰのようになる。同様にして，長さ 20－４＝16(㎝)の表し方は図Ⅱのようになる。なお，横の３列めの模様は２進法になっていることに気が付けば，それぞれのマス目は左から順に，１㎝，２㎝，２×２＝４(㎝)，４×２＝８(㎝)，８×２＝16(㎝)を表すとすぐにわかる。

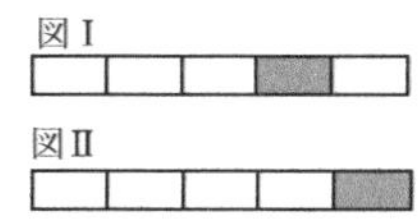
図Ⅰ
図Ⅱ

道具アを片付ける場合，横の３列めの模様は，図Ⅱのようになる。道具イを片付ける場合，12 ㎝＝８㎝＋４㎝より，横の３列めの模様は，左から３番目と４番目に色がぬられた模様になる。道具ウを片付ける場合，30 ㎝＝16 ㎝＋８㎝＋４㎝＋２㎝より，横の３列めの模様は，左から１番目以外に色がぬられた模様になる。

〔問題４〕　図ⅰの丸で囲まれた板が白であることから，「き」または「あ」が１個以上選ばれていることがわかる。「き」が表す横１列をひっくり返した場合，図ⅱのようになる。ここから，図ⅱの丸で囲まれた板を黒にしたいので，「い」と「え」が表す縦１列をひっくり返すと，図 11 と同じようになる。あと２回ひっくり返す必要があるが，同じ文字の列を２回ひっくり返せば，もとの状態に戻るので，「き」「い」「え」を１個ずつ選び，残りの２個は同じ文字を２個選べばよい。

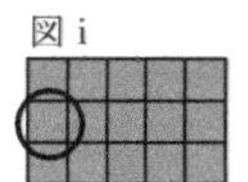
図ⅰ

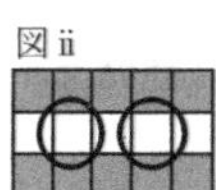
図ⅱ

また，「あ」が表す縦１列をひっくり返した場合，図ⅲのようになる。図ⅲの丸で囲まれた板を黒にするために「か」と「く」が表す横１列をひっくり返すと，図ⅳのようになる。図ⅳの丸で囲まれた板を白にするために「う」と「お」が表す縦１列をひっくり返すと，図 11 と同じようになる。よって，「あ」「う」「お」「か」「く」を選んでもよい。

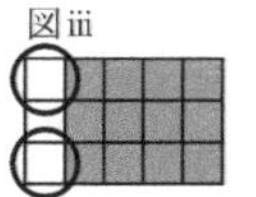
図ⅲ

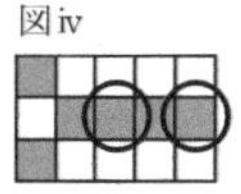
図ⅳ

〔問題５〕　右図のように記号をおく。①は１辺が 20 ㎝の正三角形である。

模様アを選んだ場合，模様がついている部分は，①と②がそれぞれ３つである。右図より，①と②の面積の和は，半径が 20 ㎝，中心角が 60 度のおうぎ形の面積に等しいので，求める面積は，$(20\times20\times3.14\times\frac{60}{360})\times3=200\times3.14=628$(㎠)である。

模様イを選んだ場合，模様がついている部分は，③が２つ，④が３つ，⑤が１つである。図から，③と④２つと⑤の面積の和は，１辺が 20 ㎝の正方形の面積に等しく，③と④の面積の和は，半径が 20 ㎝，中心角が 90 度のおうぎ形の面積に等しい。よって，求める面積は，$20\times20+20\times20\times3.14\times\frac{90}{360}=400+100\times3.14=400+314=714$(㎠)である。

模様ウを選んだ場合，模様がついている部分は，②が１つ，③が２つ，④が４つ，⑤が１つ，⑥が１つである。

図から，②と⑥の面積の和は③の面積に等しいので，求める面積は，③３つと④４つと⑤の面積の和である。これを，③と④２つと⑤，③と④，③と④に分けると，１辺が 20 ㎝の正方形と，半径が 20 ㎝，中心角が 90 度のおうぎ形２つになるとわかるから，模様ウの面積は，$20\times20+(20\times20\times3.14\times\frac{90}{360})\times2=400+200\times3.14=400+628=1028$(㎠)となる。

2 〔問題１〕 解答例の「新しくバスの営業を開始しやすくなり」は「新たな路線を開設しやすくなり」でも良い。図２より，実際に走行したきょりは，2001 年度が約 292500 万㎞，2015 年度が約 314000 万㎞だから，20000 万㎞以上増加していることがわかる。そのことを，表１の 2001 年度の「バスの営業を新たに開始したり，新たな路線を開設したりしやすくするなど，国の制度が改められた」と関連付ける。また，図１を選んだ場合は，解答例の「実際に走行したきょり」を「合計台数」に変えれば良い。

〔問題２〕 解答例のほか，設計の工夫に「手すりの素材」「ゆかの素材」を選び，共通する役割に「足腰の弱った高齢者にとって，手すりやゆかがすべりにくい素材となっていることにより，乗りおりのときや車内を移動するときに，スムーズに歩くことができる。」としたり，設計の工夫に「車いすスペースの設置」「降車ボタンの位置」を選び，共通する役割に「車いすを利用する人にとって，車内に車いすスペースが設置されていることと，降車ボタンが低くつくられていることにより，乗車中やおりるときに，車いすでも利用しやすくなる。」としたりすることもできる。

〔問題３〕 課題について，先生が「乗合バスが接近してきたときには，(一般の自動車が)『バス優先』と書かれた車線から出て，道をゆずらなければいけない」と言っていることから，バス以外の自動車による交通渋滞が発生する恐れがあると導ける。解決について，図６で，運用１か月後の平均運行時間が運用前よりも２分近く短縮されたこと，図７で，運用１か月後の所要時間短縮の成功率が運用前よりも 30%近く高くなったことを読み取り，このような運行状況の向上を宣伝することで，交通手段としてバスを選ぶ人を増やし，渋滞を回避するといった方法を導く。

3 〔問題１〕 A．123.5－(54.1＋48.6＋7.5)＝13.3(ｇ) B．123.2－(54.1＋48.6＋2.7)＝17.8(ｇ)
C．120.9－(54.1＋48.6＋3.3)＝14.9(ｇ) D．111.8－(54.1＋48.6＋4.2)＝4.9(ｇ)

〔問題２〕(1) 表５で，５ｍ地点から 10ｍ地点まで(同じきょりを)走りぬけるのにかかった時間が短いときほど車の模型が速く走ったと考えればよい。 (2) ①…モーターはアが最も軽いが，プロペラがＥとＦのときにはイ，プロペラがＧのときにはイとウ，プロペラがＨのときにはウが最も速く走ったので，予想が正しくなる場合はない。②…プロペラの中心から羽根のはしまでの長さは長い順にＨ，Ｇ，Ｆ，Ｅで，これはモーターがウのときの速く走った順と同じだから，予想が正しくなる場合がある。

〔問題３〕(1) Ⓐが 60° で，ⒶとⒾの和が 70° になるのは，Ⓘが 70－60＝10(°)のときである。したがって，表６で，Ⓐが 60°，Ⓘが 10° のときの結果に着目すると，×が当てはまる。 (2) (1)のように考えて表７に記号を当てはめると，右表のようになる。車が前に動くのは記号が○のときだけだから，○になるときの条件をまとめればよい。

		ⒶとⒾの和					
		60°	70°	80°	90°	100°	110°
Ⓐ	20°	×	×	×	×		
	30°	×	×	×	×	×	
	40°	×	×	×	△	△	△
	50°	×	×	×	△	○	○
	60°		×	×	△	○	○
	70°			×	△	○	○
	80°				△	○	○

《解答例》

解答らん① すぐに答えを出そうとせず、長い時間向き合い続けることで物事の理解ができてくる点。

解答らん② Ａは、俳句について「考えること」を否定している。理解しようとせず、ただ俳句の音の響きや、字の印象などを繰り返し味わうことで、自然とわかることがあると伝えている。

Ｂは、「考えること」の大切さを伝えている。考えることをやめず、理解できるまで問題を主体的、意識的に考え続けることで知性が身につくと考えている。

解答らん③ (例文)

最近は、わからないことがあるとすぐにインターネットで調べてわかったつもりになってしまうことが多い。しかし、二つの文章は、すぐ答えを出さずに、自分の中に持ち続けることの大切さを伝えている。私は特にＡの文章に納得した。俳句に限らず、小説や詩の一部が心に残っていて、ふとした時に思い出し、はっと言葉の意味がわかる時があるからだ。

そういうものに、たとえば百人一首がある。祖母は「天つ風雲の通ひ路ふきとぢよをとめの姿しばしとどめむ」の一首が好きで、私もそれを覚えた。大体の意味は知っていたが、歌について特に深く考えることはなかった。しかし、ある日、車の窓から景色を見ている時に、雲の切れ間から光が差しているのを見た。その時に「天つ風」の歌が頭にうかび、天女の帰って行こうとする「雲の通ひ路」は、こういうものではないかと思った。その時初めて歌がイメージをともなって理解できたように感じた。

この経験とＡの文章から、大切なのは歌や文章をその場ですぐに理解することではなく、その言葉を心にとめておくことだと考えた。そうすればいつか深く理解できる日がくるかもしれないからだ。

《解　説》

① 文章Ａでは「早く飲み込(こ)もうとせずに、ゆっくりと舌の上でころがしていればよい」と述べ、文章Ｂでは「すぐに結論(けつろん)を出さないで、問題が自分のなかで立体的に見えてくるまでいわば潜水(せんすい)しつづける」ことが大事だと述べている。「早く飲み込もうとせずに」「すぐに結論を出さないで」は、わからないことにすぐに答えを出さないということ。「ゆっくりと舌の上でころがして」「潜水しつづける」は、わからないからと捨て置いたりそのまま忘れ去ったりするのではなく、わからないまま自分のなかに課題を持ち続けておくということ。

② 文章Ａでは「わかろうとあせったり、意味を考えめぐらしたりなどしても、味は出てくるものではない～そのうちに、おのずから湧然(ゆうぜん)として味がわかってくる」と述べている。これは、俳句(はいく)の意味をすぐに理解しようと積極的に考えるのではなく、水が湧(わ)き出るように自然とわかる時がくるまで、自分のなかで温めていればよいということ。一方、文章Ｂでは「潜水しつづける」ことが大事だと述べている。「潜水」は、わからない問題について考えることを、水の中にもぐっていることにたとえたもの。よって、考えつづけることが大事だということを述べている。水からすぐに出ようとするのではなく、自分で水の中にいつづける、つまり、みずから主体的に考えつづけることが大事だということ。そのように、長い時間考えに考えぬくことができる力をつけることを、「知性に肺活量(はいかつりょう)をつける」と表現している。

《解答例》

1 〔問題1〕①オレンジ　②ココア　③ミルク〔別解〕紅茶，まっ茶

〔問題2〕①ココア　②360　③40〔別解〕①まっ茶　②300　③15

〔問題3〕計量カップは体積をはかる道具で、同じ体積の水とさとうを用意しても、重さがちがうから。

〔問題4〕32

〔問題5〕型A…17　型B…16

〔別解〕［型A，型B］　[18，15][16，17][15，18][17，15][16，16][15，17][14，17]

〔問題6〕⑴ア，82〔別解〕イ，88　⑵右図

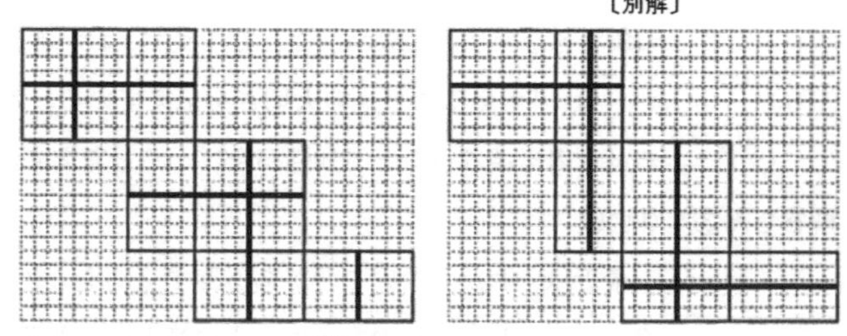

1〔問題6〕⑵の図

2 〔問題1〕(あ)日本人の出国者数も、外国人の入国者数も大きな変化がない　(い)2　(う)日本人の出国者数は大きな変化がないが、外国人の入国者数は増加した　(え)3

〔問題2〕選んだ地域…松本市　あなたの考え…多言語対応が不十分で外国人旅行者がこまっているので、多言語表記などのかん境整備をしているから。

〔問題3〕役割1…外国人旅行者にとって、日本語が分からなくても、どこに何があるかが分かるようなほ助となっている。　役割2…その場で案内用図記号を見て地図と照らし合わせることで、自分がどこにいるかが分かるようなほ助となっている。

3 〔問題1〕比べたい紙…プリント用の紙　基準にするもの…紙の面積　和紙は水を何倍吸うか…2.3

〔問題2〕選んだ紙…新聞紙　せんいの向き…B　理由…実験2の結果ではどちらの方向にも曲がっていないのでせんいの向きは判断できないが、実験3の結果より短ざくBの方のたれ下がり方が小さいから、せんいの向きはB方向だと考えられる。

〔問題3〕⑴A　⑵4回めのおもりの数が3回めより少ないので、なるべく紙がはがれにくくなるのりを作るために加える水の重さが、3回めの70gと4回めの100gの間にあると予想できるから。

《解　説》

1 **〔問題1〕**　「紅茶味を好む人は8人で，全員まっ茶味も好む」と「ミルク味を好む人は6人で，全員紅茶味も好む」から，紅茶味，まっ茶味，ミルク味を好む人について図をかくと，右図のようになる。また，「オレンジ味を好む人は5人で，全員まっ茶味を好まない」から，紅茶味を好む人は全員①オレンジ味を好まないとわかる。

まっ茶味
紅茶味（8人）
ミルク味（6人）

なお，「ココア味を好む人の中に，ミルク味を好む人がいる」から，このココア味も好み，ミルク味も好む人は，紅茶味も好むから，①に入るのは，オレンジ味のみとわかる。

「ココア味を好む人の中に，ミルク味も好む人がいる」から，ミルク味を好む人の中に②ココア味を好まない人がいるとわかる。また，ミルク味を好む人は，全員紅茶味とまっ茶味を好み，オレンジ味を好まないとわかる。

「ミルク味を好む人の中に，(②)味を好まない人がいる」というのは，ミルク味を好む人のうち一部の人が(②)

味を好まないということだから，②に入るのは，ココア味のみとわかる。

「オレンジ味を好む人は５人で，全員まっ茶味を好まない」から，①の図より，まっ茶味，紅茶味，ミルク味を好む人の中に，オレンジ味を好む人はいないとわかる。「オレンジ味を好む人の中に，ココア味も好む人がいる」から，ココア味を好む人の中に，オレンジ味を好む人はいるとわかる。よって，③に入るのは，紅茶味，まっ茶味，ミルク味のいずれでもよい。

〔問題２〕　卵と砂糖は十分に足りるが，バターは卵１個に対する分量しかないので，小麦粉とココアの粉，または小麦粉とまっ茶の粉の分量の合計が 400 g をこえないようにする。

ココア味のクッキーを作る場合，小麦粉とココアの粉を合わせた重さを 100 とすると，ココアの粉の重さは 10 だから，小麦粉の重さは 100－10＝90 となり，小麦粉とココアの粉の分量の比を 90：10＝９：１にする。したがって，小麦粉を②<u>360</u> g 使うとすると，①<u>ココア</u>の粉は $360\times\frac{1}{9}=$③<u>40</u>(g)必要となり，家庭科室にある材料で足りるとわかる。合計 360＋40＝400(g)になるので，条件に合う。

まっ茶味のクッキーを作る場合，小麦粉の重さを 100 とすると，まっ茶の粉の重さは５だから，小麦粉とまっ茶の粉の分量の比を 100：５＝20：１にする。したがって，小麦粉を 360 g 使うとすると，まっ茶の粉は $360\times\frac{1}{20}=$ 18(g)必要となり，家庭科室にある材料では足りないとわかる。①<u>まっ茶</u>の粉を③<u>15</u> g 使うとすると，小麦粉は $15\times\frac{20}{1}=$②<u>300</u>(g)必要となり，家庭科室にある材料で足りるとわかる。合計 300＋15＝315(g)になるので，条件に合う。

〔問題３〕　ものによって一定体積あたりの重さ(密度という)は異なる。さとうの密度は水よりも大きいため，同じ体積のさとうと水では，さとうの方が重い。

〔問題４〕　型Ａと型Ｂのクッキーを１枚ずつ作ると，５×５＋６×６＝61(㎠)の生地を使うことになる。
生地は全部で 40×50＝2000(㎠)あるから，2000÷61＝32 余り 48 より，型Ａと型Ｂのクッキーは 32 枚ずつ作れるとわかる。

〔問題５〕　角皿の面積が 40×40＝1600(㎠)だから，角皿の面積の６割は 1600×0.6＝960(㎠)である。したがって，クッキー生地の面積の和が 960 ㎠以上であればよく，型Ａのクッキー生地１枚と型Ｂのクッキー生地１枚の面積の和は 61 ㎠だから，960÷61＝15 余り 45 より，型Ａのクッキー生地と型Ｂのクッキー生地の枚数が等しいとすると，少なくともそれぞれ 16 枚以上並べなければならない。

図 i

クッキー生地の並べ方について考える。クッキー生地をおくスペースは，右図 i の太線の四角でかこんだ大きさとなり，型Ａのクッキー生地を置くのに必要なスペースは６㎝×６㎝，型Ｂのクッキー生地を置くのに必要なスペースは，７㎝×７㎝である。
例えば，型Ａのクッキー生地を角皿の左上のはじから連続して横に並べると，40÷６＝６余り４より，６枚並び，型Ｂのクッキー生地を角皿の左下のはじから連続して並べると，40÷７＝５余り５より，５枚並ぶとわかる。
また，７×４＋６×２＝40(㎝)より，型Ｂのクッキー生地４枚と型Ａのクッキー生地２枚を縦に並べることができるとわかる。したがって，型Ａと型Ｂのクッキー生地 16 枚ずつは，右図 ii のように並べられるとわかる。さらに残ったスペースに型Ａのクッキー生地１枚(図の点線の四角形)をおくことができるとわかるから，

図 ii

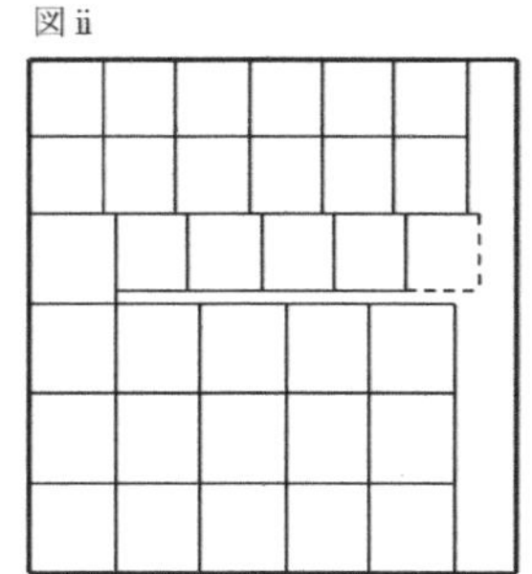

型Ａのクッキー生地を16＋１＝17(枚)，型Ｂのクッキー生地を16枚並べられると

わかる。なお，型Ａ17枚，型Ｂ16枚の状態から，型Ａ１枚を型Ｂ１枚に置きかえて並べることも可能なので，正答は何通りかある。型Ａと型Ｂが16枚ずつでも，条件に合うので正答である。

〔別の解き方〕

型Ａと型Ｂのクッキー生地を縦に１枚ずつ並べるときに，必要なスペースの縦の長さは，６＋７＝13(㎝)である。したがって，40÷13＝３余り１より，型Ａ，型Ｂのクッキー生地を３枚ずつ縦に並べることができるとわかる。横には同じ型のクッキー生地を並べるとすると，型Ａは40÷６＝６余り４より，６枚，型Ｂは40÷７＝５余り５より，５枚並べられるとわかる。したがって，型Ａは６×３＝18(枚)，型Ｂは５×３＝15(枚)並べられるとわかる。このときのクッキー生地の枚数の差は３枚で，面積の和は，25×18＋36×15＝990(㎠)だから，条件に合うとわかる。

〔問題６〕(1)　アの置き方のとき，上の面と下の面に接するひもの長さの和は８×２×２＝32(㎝)で，側面に接するひもの長さの和は５×４＝20(㎝)である。したがって，使うひもの長さは32＋20＋30＝82(㎝)である。イの置き方のとき，上の面と下の面に接するひもの長さの和は(８＋５)×２＝26(㎝)で，側面に接するひもの長さの和は，８×４＝32(㎝)である。したがって，使うひもの長さは，26＋32＋30＝88(㎝)である。

2　**〔問題１〕(あ)**　2006年から2012年までの間，日本人の出国者数は1600～1800万人前後，外国人の入国者数は700～900万人前後と大きな変化がない。　**(い)**　2012年は，日本人の出国者数が約1800万人，外国人の入国者数が約900万人なので，日本人の出国者数は外国人の入国者数の1800÷900＝２(倍)となる。　**(う)(え)**　2012年から2017年までの間，日本人の出国者数は1600～1800万人前後と大きな変化がない。一方で，外国人の入国者数は2012年が約900万人，2017年が約2700万人なので，2017年は2012年の2700÷900＝３(倍)増加している。

〔問題２〕　表３より，訪日外国人旅行者の受け入れ環境として不十分である点を読み取り，表２より，それぞれの地域ではその課題解決に向けてどんな取り組みをしているかを読み取る。解答例のほか，「高山市」を選んで，「コミュニケーションがとれなくて外国人旅行者がこまっているので，通訳案内士を養成しているから。」や，「白浜町」を選んで，「情報通信かん境が不十分で外国人旅行者がこまっているので，観光情報サイトをじゅう実させているから。」なども良い。

〔問題３〕　図７のマーク(ピクトグラム)が，日本を訪れる外国人に向けて，言葉が書かれていなくても絵で意味することがわかるようになっていることに着目しよう。ピクトグラムは，日本語のわからない人でもひと目見て何を表現しているのかわかるため，年齢や国の違いを越えた情報手段として活用されている。解答例のほか，「外国人旅行者にとって，日本語が分からなくても，撮影禁止や立入禁止などのルールが分かるようなほ助となっている。」なども良い。

3　**〔問題１〕**　解答例のように，プリント用の紙で，紙の面積を基準にしたときは，面積１㎠あたりで吸う水の重さを比べればよい。和紙では $0.8\div40=\frac{0.8}{40}$(g)，プリント用の紙では $0.7\div80=\frac{0.7}{80}$(g)だから，和紙はプリント用の紙より水を $\frac{0.8}{40}\div\frac{0.7}{80}=2.28\cdots\to2.3$ 倍吸うと考えられる。また，プリント用の紙で，紙の重さを基準にしたときには，重さ１ｇあたりで吸う水の重さを比べればよい。和紙では0.8÷0.2＝４(ｇ)，プリント用の紙では0.7÷0.5＝1.4(ｇ)だから，和紙はプリント用の紙より水を４÷1.4＝2.85…→2.9倍吸うと考えられる。同様に考えると，新聞紙では，面積を基準にしたときには1.9倍，重さを基準にしたときには1.5倍となり，工作用紙では，面積を基準にしたときには0.5倍，重さを基準にしたときには3.2倍となる。

〔問題２〕　紙には，せんいの向きに沿って長く切られた短冊の方が垂れ下がりにくくなる性質があるから，図５で，短冊Ｂの方が垂れ下がりにくいことがわかる新聞紙のせんいの向きはＢ方向である。同様に考えれば，プリント用の紙のせんいの向きはＡ方向である。また，水にぬらしたときに曲がらない方向がせんいの向きだから，図３より，せんいの向きは，プリント用の紙はＡ方向，工作用紙はＢ方向である。どの紙について答えるときも，実験２の結果と実験３の結果のそれぞれについてふれなければいけないことに注意しよう。

〔問題３〕　表２では，加える水の重さが重いほどおもりの数が多くなっているので，４回めに加える水の重さを100ｇにしたとき，おもりの数が53個より多くなるのか少なくなるのかを調べ，多くなるようであれば５回めに加える水の重さを100ｇより重くし，少なくなるようであれば５回目に加える水の重さを70ｇと100ｇの間にして実験を行えばよい。したがって，⑴はＡかＤのどちらかを選び，Ｄを選んだときには，⑵の理由を「４回めのおもりの数が３回目より多いので，なるべく紙がはがれにくくなるのりを作るために加える水の重さが４回めの100ｇより重いと予想できるから。」などとすればよい。

《解答例》

解答らん①（例文）

Aは、貧しいながらも楽しく生きている人もいれば、ゆう福であっても不満をかかえている人もいるので、貧富と幸福は関係がないということを言いたかったのだと考える。

Bは、散る桜の花びらを枝にもどしても満開にすることができないように、過去を取りもどそうとしてこだわることには意味がないので、これから出る美しい月を待つように、未来を見つめて前向きに生きることが大切だということを言いたかったのだと考える。

解答らん②（例文）

二つの文章に共通するのは、何事も、自分の心の持ちようで、良くも悪くもなるという考え方だと思う。

「水しかない。」となげくのではなく、今ある水を心から味わうことができれば、心がすさむことはない。散る桜をどうにかしようと思うのではなく、「きれいな月を見るのが楽しみだ。」と気持ちを切りかえることができれば、希望が生まれる。

以前、京都のお寺で「知足のつくばい」を見た。その時父が「足るを知る」という言葉の意味を説明してくれたが、よくわからなかった。しかし今、文章Aを読んで、「知足」のあり方を理解できたように思う。また、『置かれた場所で咲きなさい』という本を読んだ母が、現実が変わらない時はなやんでいる自分の心の持ち方を変えること、希望を持ち続けることが大切なのだと言っていた。それは、文章Bと同じことを言っていたのだと気が付いた。

ある出来事をどうとらえるかで、その後の方向性が変わってくる。私は、自分の力ではどうにもできない状きょうに置かれた時は、不満で心をうめつくさずに、そのようなとらえ方をすることが大事なのだと考えた。

《解　説》

① 文章A は、「水を飲んで」と「錦(にしき)を衣(き)て」、「楽(たのし)むものあり」と「憂(うれ)ふるものあり」が、それぞれ対照をなしている。江戸(えど)時代、水しか飲めないのは貧しい暮らしの象ちょうとされ、錦の着物を着ているのはゆう福な暮らしの象ちょうとされた。しかし、人が幸せかどうかは、生活の貧しさや豊かさで決まるわけではないということを言っている。文章B は「出(いづ)る月」と「散る花」が対照をなしている。それぞれ、未来と過去を象ちょうしている。過去にとらわれず、未来に向かって前向きに生きるべきだということを言っている。

② 「二つの文章に共通する物事のとらえ方・考え方」は、物事は自分の心の持ちようで、その後の方向性は良くも悪くもなるから、どのような状きょうに置かれても、前向きにとらえることが大切だという考え方だ。自分にも同じような経験がなかったか思い出してみよう。自分の経験したことをもとに、考えをまとめると説得力のある文章になる。問題 に書かれている条件と(書き方のきまり)を守って書くこと。

《解答例》

1 〔問題１〕20000

※〔問題２〕右図

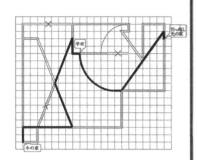

今の家から学校までの道のり→2500

学校から引っ越し先の家までの道のり→1985

※の別解は解説を参照してください。

〔問題３〕(1)部屋ア→5.6

(2)

	ひとしさん	おさむさん	さくらさん
組み合わせ①	部屋ウ	部屋イ	部屋ア
組み合わせ②	部屋ウ	部屋ウ	部屋ア

〔問題４〕(1)①192.5　②1.2

(2)「お湯の高さ５cmごとに測った時間」のグラフ→ア

「お湯の高さ８cmごとに測った時間」のグラフ→カ

(3)お湯の高さ８cmごとに測ったときは、お湯の高さが20cmのときに測定をしていないから。

2 〔問題１〕見る場所から東京スカイツリーまでのきょりが、見る場所から東京タワーまでのきょりの約２倍であるとき。

〔問題２〕選んだ表…表１

説明…東海道新幹線がつないでいる都市は、東京23区、横浜市、名古屋市、京都市、大阪市といった人口が多いところである。

〔問題３〕図３…

1990年 331600円：24% 食料、5% 住居、5% 光熱、7% 衣類、59% その他（0〜100(%)）

説明…図３からは、1965年から1990年までの25年間で消費支出の中で食料がしめる割合が減ったことがわかる。図４からは、この25年間で、家庭電化製品や乗用車のふきゅうが進んだことがわかる。これらの資料から、家庭電化製品や乗用車を買うなど、くらしの変化の中で食料以外のものにも多くのお金を使うようになったと読みとれる。

3 〔問題１〕選んだ観察…花子

選んだ花粉…スギ

１cm²あたりの花粉の数…250

説明…見えているはん囲の面積は４mm²で、そこにスギの花粉が10個ある。

１cm²＝100mm²で、100mm²は４mm²の25倍である。よって１cm²あたりの花粉の数は、10個の25倍で250個となる。

〔問題２〕(1)(あ)上空の砂の量が多い　(い)上空の砂が高いところにある

(2)選んだ図の番号…①　グラフの記号…ア　〔別解〕選んだ図の番号…②　グラフの記号…エ

〔問題３〕選んだ図…図５

説明…図５によると、春に比べて夏は平均月降水量が多い。

そのため、要因①のかわいた砂の量が少なくなり、日本で黄砂が観測された日数が、春に比べて夏になると少なくなっていると考えられる。

選んだ図…図７

説明…図７によると、春に比べて夏は地表でふく強い風の観測回数が少ない。

そのため、要因②の巻き上げられる砂の量が少なくなり、日本で黄砂が観測された日数が、春に比べて夏になると少なくなっていると考えられる。

《解　説》

1 〔問題１〕　1m＝100㎝より，100m＝(100×100)㎝＝10000㎝である。0.5÷10000＝＝$\frac{1}{20000}$より，アに適する数は20000である。

〔問題２〕　右図のように記号をおく。移動できる最も長い道のりは分速250mで20分間進んだ250×20＝5000(m)だから，道のりの和が5000m以内になるように道順を考えればよい。三角形ＡＢＣと三角形ＡＤＣは問題中の最も短い辺が500mの三角形と合同で，三角形ＯＫＰは問題中の最も短い辺が300mの三角形を２倍に拡大した三角形である。

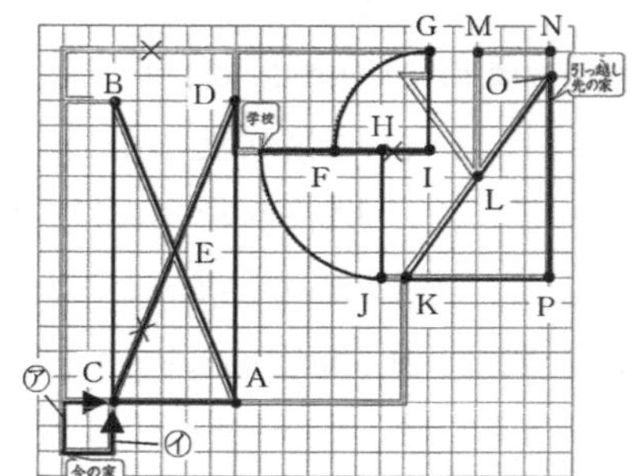

今の家(家①とする)から学校までの最短の道のりは，家①→Ｃ→Ａ→Ｅ→Ｄ→学校である。㋐も㋑も道のりは400mである。ＡＥ，ＢＥ，ＣＥ，ＥＤの長さは等しいから，Ａ→Ｅ→Ｄの道のりは，三角形ＡＢＣの最も長い辺の長さと等しく1300mである。したがって，家①→Ｃ→Ａ→Ｅ→Ｄ→学校の道のりは，400＋500＋1300＋300＝2500(m)とわかる。

学校から引っ越し先の家(家②とする)まであまり回り道をしないように進むと，学校→Ｊ→Ｋ→Ｌ→Ｏ→家②となる。学校からＪに進む曲線部分の長さは，Ｈが中心の半径500mで中心角が90度のおうぎ形の曲線部分の長さだから，$500\times2\times3.14\times\frac{90}{360}$＝785(m)である。ＫＯの長さは500×２＝1000(m)だから，学校→Ｊ→Ｋ→Ｌ→Ｏ→家②の道のりは，785＋100＋1000＋100＝1985(m)である。学校から家②までの残りの道のりを5000－2500＝2500(m)以内にしなければならないので，条件を満たしているとわかる。

なお，曲線ＧＦの長さは，Ｉが中心の半径400mで中心角が90度のおうぎ形の曲線部分の長さだから，$400\times2\times3.14\times\frac{90}{360}$＝628(m)である。学校から家②までの道のりは解答例以外にも，学校→Ｊ→Ｋ→Ｐ→家②の2185m，学校→Ｊ→Ｋ→Ｌ→Ｍ→Ｎ→家②の2385m，学校→Ｆ→Ｇ→Ｌ→Ｏ→家②の2228mがある。

〔問題３〕(1)　１ますの１辺は80㎝＝(80÷100)m＝0.8mだから，１ますの面積は0.8×0.8＝0.64(㎡)である。１じょうは1.6㎡だから，１ますは0.64÷1.6＝0.4(じょう)である。部屋アには白いますが14ますあるから，0.4×14＝5.6(じょう)である。部屋イには白いますが12ますあるから，0.4×12＝4.8(じょう)である。部屋イには白いますが14ますあるから，部屋アと等しく5.6じょうである。

(2)　机の床面積１㎡＝（１÷1.6）じょう＝0.625 じょうより，ひとしさんの部屋は物が置ける広さが 4.5＋0.625＝5.125（じょう）以上ある部屋アかウである。おさむさんの部屋は朝日がさしこむ東向きの窓が必要で，タンスの床面積 0.4 ㎡＝（0.4÷1.6）じょう＝0.25 じょうより，物が置ける広さが 4.5＋0.25＝4.75（じょう）以上ある部屋イかウである。さくらさんの部屋の西のかべは 1.9m以上の長さで，ベッドの床面積 1.71 ㎡は，1.71÷1.6＝1.06…より約 1.06 じょうだから，物が置ける広さが 4.5＋1.06＝5.56（じょう）以上ある部屋アに決まる。

３人が全員１人部屋だとすると，ひとしさんの部屋が部屋ウ，おさむさんの部屋が部屋イに決まる。ひとしさんとおさむさんが部屋ウを２人で使っても物が置ける残りの面積が 5.6－0.625－0.25＝4.725（じょう）あるから，この場合も条件に合う部屋割りである。どちらの部屋割りでも，３つの家具の奥行きと幅が収まるスペースが各部屋にあることが確認できる。

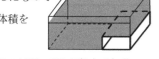

〔問題４〕(1)　右図は引っ越し先の浴そうに 40 ㎝の高さまで水を入れた様子を表したものである。縦 55 ㎝，横 105 ㎝，高さ 40 ㎝の直方体の体積から，図の太線の直方体の体積を引けば水の体積を求められるから，求める体積は，55×105×40－55×35×20＝231000－38500＝192500（㎤）である。１Ｌ＝1000 ㎤だから，①に適する数は 192500÷1000＝192.5（Ｌ）である。よって，②に適する数は，240÷192.5＝1.24…だから，小数第二位で四捨五入して 1.2 倍である。

(2)　水の高さの増え方は高さが 20 ㎝になる前と後で変わるので，グラフは一直線にはならないから，イとオは正しくない。お湯の高さ５㎝ごとに測ると，20÷５＝４（回目）に測ったときがちょうど水の高さが 20 ㎝になったときであり，このときの時間は問題中の図８のグラフより６分とわかる。したがって，「お湯の高さ５㎝ごとに測った時間」のグラフは（20 ㎝，６分）の点を通るアのグラフである。

アのグラフのように，「お湯の高さごとに測った時間」のグラフは 20 ㎝のあたりで傾きぐあいがより急になる（グラフ全体の形としては，下側に盛り上がったような形になる）。残ったグラフの中でそのようなグラフはカだけなので，「お湯の高さ８㎝ごとに測った時間」のグラフはカである。

(3)　２，５，10 はすべて 20 の約数だから，20 ㎝になったときに計測できるが，８は 20 の約数ではないから 20 ㎝になったときに計測できない。

2　〔問題１〕　東京タワーと東京スカイツリーが同じ高さに見えるときについて，右のように作図できる。ＡＢ：ＣＤはおよそ１：２だから，三角形ＯＣＤは三角形ＯＡＢを約２倍に拡大した三角形なので，ＯＢ：ＯＤはおよそ１：２である。よって，解答例のようになる。

C
A
B
O
D
東京タワー
見る場所
東京スカイツリー

〔問題２〕　図２で東海道新幹線がつないでいるのは，東京都，神奈川県，静岡県，愛知県，岐阜県，滋賀県，京都府，大阪府である（右図参照）。表１から，人口数上位５位までの東京 23 区，大阪市，名古屋市（愛知県），横浜市（神奈川県），京都市などの都市の人口が 100 万人を超えていることを読み取り，これらの人口の多い都市すべてに東海道新幹線が通っていることに

結び付けて考えよう。なお，説明文の中に具体的な都市名を２つ以上使うことを忘れないように注意しよう。解答例のほか，「図２と表２」を選んだ場合には，「東海道新幹線は，京浜工業地帯，中京工業地帯，阪神工業地帯の三大工業地帯を結んでいる。」などもよい。

〔問題３〕① 食料は 80000÷331600＝0.241…より，小数第３位を四捨五入して，0.24 となる。住居は 16500÷331600＝0.049…より，小数第３位を四捨五入して，0.05 となる。光熱は 16800÷331600＝0.050…より，小数第３位を四捨五入して，0.05 となる。衣類は 23900÷331600＝0.072…より，小数第３位を四捨五入して，0.07 となる。その他は 194400÷331600＝0.586…より，小数第３位を四捨五入して，0.59 となる。

② 食料は 0.24＝24%となる。住居は 0.05＝５%となる。光熱は 0.05＝５%となる。衣類は 0.07＝７%となる。その他は 0.59＝59%となる。

③ 花子さんが作成した 1965 年のグラフを参考にするとグラフを完成させやすい。なお，本来帯グラフは割合の高いものから表すが，図３の例があるのでその順どおりに書こう。

3 〔問題１〕 太郎さんが観察した花粉の様子では，見えているはん囲がせまく，数えられる花粉の数が少なすぎるので，花粉の数を求めるのには適していない。花子さんの観察でヒノキの花粉を選んだ場合の説明は「見えているはん囲の面積は４㎟で，そこにヒノキの花粉が８個ある。１㎠＝100 ㎟で，100 ㎟は４㎟の 25 倍である。よって１㎠あたりの花粉の数は，８個の 25 倍で 200 個となる。」とすればよい。

〔問題２〕(1) (あ)Ａ１とＢ１のちがいは上空の砂の量のちがいであり，上空の砂の量が多いＡ１のほうがはね返ってきた光の量が多いことがわかる。(い)Ａ１とＣ１のちがいは上空の砂の高さのちがいであり，上空の砂が高いところにあるＡ１のほうが光がはね返ってくるまでの時間が長いことがわかる。 (2) ①Ａ１に対して砂の数が$\frac{2}{3}$倍で，砂の高さが$\frac{3}{4}$倍になっているので，Ａ２に対してはね返ってきた光の量が$\frac{2}{3}$倍で，光がはね返ってくるまでの時間が$\frac{3}{4}$倍になっているアが正答となる。②Ａ１に対して砂の数が$\frac{4}{3}$倍で，砂の高さが$\frac{1}{4}$倍になっているので，Ａ２に対してはね返ってきた光の量が$\frac{4}{3}$倍で，光がはね返ってくるまでの時間が$\frac{1}{4}$倍になっているエが正答となる。

〔問題３〕 要因③と関連付けた説明は，図８を選び，「図８によると，春に比べて夏は上空の西から東へ向かう風の平均の速さがおそい。そのため，要因③の運ばれる砂の量が少なくなり，日本で黄砂が観測された日数が，春に比べて夏になると少なくなっていると考えられる。」とすればよい。

■ ご使用にあたってのお願い・ご注意

（1）問題文等の非掲載

著作権上の都合により，問題文や図表などの一部を掲載できない場合があります。

誠に申し訳ございませんが，ご了承くださいますようお願いいたします。

（2）過去問における時事性

過去問題集は，学習指導要領の改訂や社会状況の変化，新たな発見などにより，現在とは異なる表記や解説になっている場合があります。過去問の特性上，出題当時のままで出版していますので，あらかじめご了承ください。

（3）配点

学校等から配点が公表されている場合は，記載しています。公表されていない場合は，記載していません。

独自の予想配点は，出題者の意図と異なる場合があり，お客様が学習するうえで誤った判断をしてしまう恐れがあるため記載していません。

（4）無断複製等の禁止

購入された個人のお客様が，ご家庭でご自身またはご家族の学習のためにコピーをすることは可能ですが，それ以外の目的でコピー，スキャン，転載（ブログ，ＳＮＳなどでの公開を含みます）などをすることは法律により禁止されています。学校や学習塾などで，児童生徒のためにコピーをして使用することも法律により禁止されています。

ご不明な点や，違法な疑いのある行為を確認された場合は，弊社までご連絡ください。

（5）けがに注意

この問題集は針を外して使用します。針を外すときは，けがをしないように注意してください。また，表紙カバーや問題用紙の端で手指を傷つけないように十分注意してください。

（6）正誤

制作には万全を期しておりますが，万が一誤りなどがございましたら，弊社までご連絡ください。

なお，誤りが判明した場合は，弊社ウェブサイトの「ご購入者様のページ」に掲載しておりますので，そちらもご確認ください。

■ お問い合わせ

解答例，解説，印刷，製本など，問題集発行におけるすべての責任は弊社にあります。

ご不明な点がございましたら，弊社ウェブサイトの「お問い合わせ」フォームよりご連絡ください。迅速に対応いたしますが，営業日の都合で回答に数日を要する場合があります。

ご入力いただいたメールアドレス宛に自動返信メールをお送りしています。自動返信メールが届かない場合は，「よくある質問」の「メールの問い合わせに対し返信がありません。」の項目をご確認ください。

また弊社営業日（平日）は，午前９時から午後５時まで，電話でのお問い合わせも受け付けています。

2025春

株式会社教英出版

〒422-8054　静岡県静岡市駿河区南安倍３丁目 12-28

TEL　054-288-2131　　FAX　054-288-2133

URL　https://kyoei-syuppan.net/

MAIL siteform@kyoei-syuppan.net

教英出版　2025年春受験用　中学入試問題集

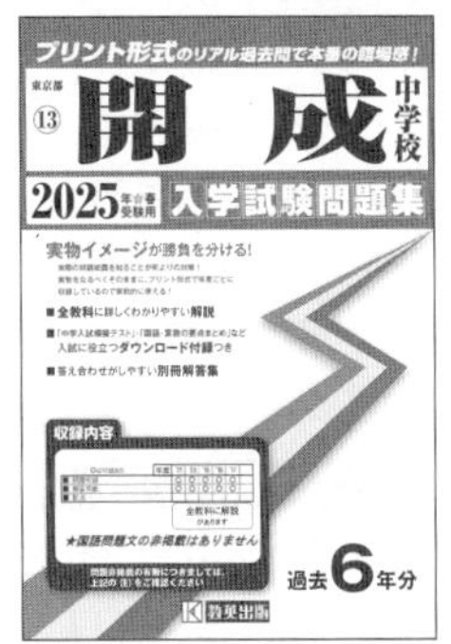

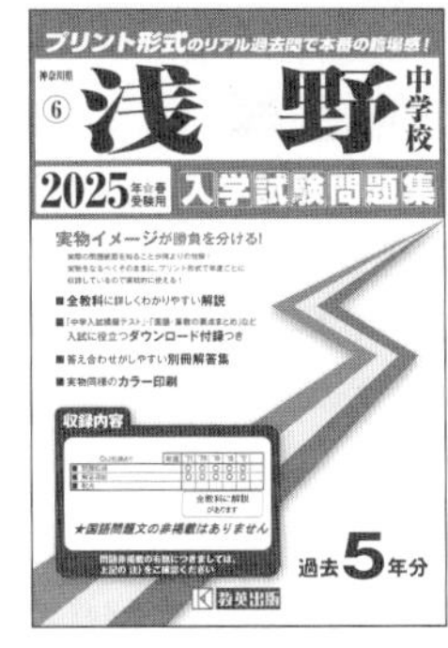

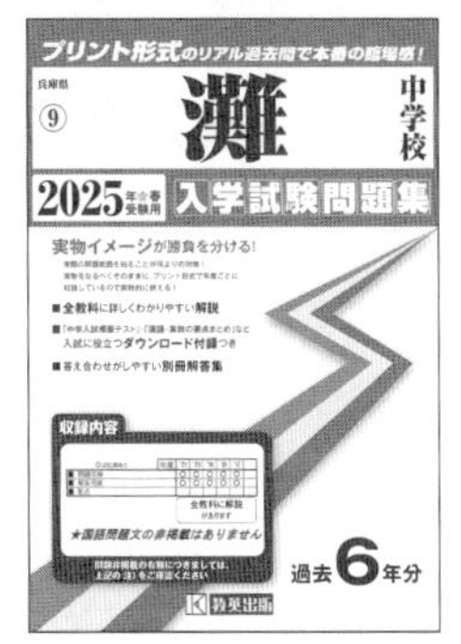

学校別問題集

✿はカラー問題対応

北海道

①[市立]札幌開成中等教育学校
②藤女子中学校
③北嶺中学校
④北星学園女子中学校
⑤札幌大谷中学校
⑥札幌光星中学校
⑦立命館慶祥中学校
⑧函館ラ・サール中学校

青森県

①[県立]三本木高等学校附属中学校

岩手県

①[県立]一関第一高等学校附属中学校

宮城県

①[県立]宮城県古川黎明中学校
②[県立]宮城県仙台二華中学校
③[市立]仙台青陵中等教育学校
④東北学院中学校
⑤仙台白百合学園中学校
⑥聖ウルスラ学院英智中学校
⑦宮城学院中学校
⑧秀光中学校
⑨古川学園中学校

秋田県

①[県立] 大館国際情報学院中学校 / 秋田南高等学校中等部 / 横手清陵学院中学校

山形県

①[県立] 東桜学館中学校 / 致道館中学校

福島県

①[県立] 会津学鳳中学校 / ふたば未来学園中学校

茨城県

①[県立]
日立第一高等学校附属中学校
太田第一高等学校附属中学校
水戸第一高等学校附属中学校
鉾田第一高等学校附属中学校
鹿島高等学校附属中学校
土浦第一高等学校附属中学校
竜ヶ崎第一高等学校附属中学校
下館第一高等学校附属中学校
下妻第一高等学校附属中学校
水海道第一高等学校附属中学校
勝田中等教育学校
並木中等教育学校
古河中等教育学校

栃木県

①[県立] 宇都宮東高等学校附属中学校 / 佐野高等学校附属中学校 / 矢板東高等学校附属中学校

群馬県

① [県立]中央中等教育学校 / [市立]四ツ葉学園中等教育学校 / [市立]太田中学校

埼玉県

①[県立]伊奈学園中学校
②[市立]浦和中学校
③[市立]大宮国際中等教育学校
④[市立]川口市立高等学校附属中学校

千葉県

①[県立] 千葉中学校 / 東葛飾中学校
②[市立]稲毛国際中等教育学校

東京都

①[国立]筑波大学附属駒場中学校
②[都立]白鷗高等学校附属中学校
③[都立]桜修館中等教育学校
④[都立]小石川中等教育学校
⑤[都立]両国高等学校附属中学校
⑥[都立]立川国際中等教育学校
⑦[都立]武蔵高等学校附属中学校
⑧[都立]大泉高等学校附属中学校
⑨[都立]富士高等学校附属中学校
⑩[都立]三鷹中等教育学校
⑪[都立]南多摩中等教育学校
⑫[区立]九段中等教育学校
⑬開成中学校
⑭麻布中学校
⑮桜蔭中学校
⑯女子学院中学校
✿⑰豊島岡女子学園中学校
⑱東京都市大学等々力中学校
⑲世田谷学園中学校
✿⑳広尾学園中学校（第2回）
✿㉑広尾学園中学校（医進・サイエンス回）
㉒渋谷教育学園渋谷中学校（第1回）
㉓渋谷教育学園渋谷中学校（第2回）
㉔東京農業大学第一高等学校中等部（2月1日 午後）
㉕東京農業大学第一高等学校中等部（2月2日 午後）

神奈川県

①[県立](相模原中等教育学校 / 平塚中等教育学校)
②[市立]南高等学校附属中学校
③[市立]横浜サイエンスフロンティア高等学校附属中学校
④[市立]川崎高等学校附属中学校
✿⑤聖光学院中学校
✿⑥浅野中学校
⑦洗足学園中学校
⑧法政大学第二中学校
⑨逗子開成中学校(1次)
⑩逗子開成中学校(2·3次)
⑪神奈川大学附属中学校(第1回)
⑫神奈川大学附属中学校(第2·3回)
⑬栄光学園中学校
⑭フェリス女学院中学校

新潟県

①[県立](村上中等教育学校 / 柏崎翔洋中等教育学校 / 燕中等教育学校 / 津南中等教育学校 / 直江津中等教育学校 / 佐渡中等教育学校)
②[市立]高志中等教育学校
③新潟第一中学校
④新潟明訓中学校

石川県

①[県立]金沢錦丘中学校
②星稜中学校

福井県

①[県立]高志中学校

山梨県

①山梨英和中学校
②山梨学院中学校
③駿台甲府中学校

長野県

①[県立](屋代高等学校附属中学校 / 諏訪清陵高等学校附属中学校)
②[市立]長野中学校

岐阜県

①岐阜東中学校
②鶯谷中学校
③岐阜聖徳学園大学附属中学校

静岡県

①[国立]静岡大学教育学部附属中学校(静岡·島田·浜松)
②([県立]清水南高等学校中等部 / [県立]浜松西高等学校中等部 / [市立]沼津高等学校中等部)
③不二聖心女子学院中学校
④日本大学三島中学校
⑤加藤学園暁秀中学校
⑥星陵中学校
⑦東海大学付属静岡翔洋高等学校中等部
⑧静岡サレジオ中学校
⑨静岡英和女学院中学校
⑩静岡雙葉中学校
⑪静岡聖光学院中学校
⑫静岡学園中学校
⑬静岡大成中学校
⑭城南静岡中学校
⑮静岡北中学校
⑯(常葉大学附属常葉中学校 / 常葉大学附属橘中学校 / 常葉大学附属菊川中学校)
⑰藤枝明誠中学校
⑱浜松開誠館中学校
⑲静岡県西遠女子学園中学校
⑳浜松日体中学校
㉑浜松学芸中学校

愛知県

①[国立]愛知教育大学附属名古屋中学校
②愛知淑徳中学校
③(名古屋経済大学市邨中学校 / 名古屋経済大学高蔵中学校)
④金城学院中学校
⑤椙山女学園中学校
⑥東海中学校
⑦南山中学校男子部
⑧南山中学校女子部
⑨聖霊中学校
⑩滝中学校
⑪名古屋中学校
⑫大成中学校
⑬愛知中学校
⑭星城中学校
⑮名古屋葵大学中学校(名古屋女子大学中学校)
⑯愛知工業大学名電中学校
⑰海陽中等教育学校(特別給費生)
⑱海陽中等教育学校(I·II)
⑲中部大学春日丘中学校
新刊⑳名古屋国際中学校

三重県

①[国立]三重大学教育学部附属中学校
②暁中学校
③海星中学校
④四日市メリノール学院中学校
⑤高田中学校
⑥セントヨゼフ女子学園中学校
⑦三重中学校
⑧皇學館中学校
⑨鈴鹿中等教育学校
⑩津田学園中学校

滋賀県

①[国立]滋賀大学教育学部附属中学校
②[県立](河瀬中学校 / 守山中学校 / 水口東中学校)

京都府

①[国立]京都教育大学附属桃山中学校
②[府立]洛北高等学校附属中学校
③[府立]園部高等学校附属中学校
④[府立]福知山高等学校附属中学校
⑤[府立]南陽高等学校附属中学校
⑥[市立]西京高等学校附属中学校
⑦同志社中学校
⑧洛星中学校
⑨洛南高等学校附属中学校
⑩立命館中学校
⑪同志社国際中学校
⑫同志社女子中学校(前期日程)
⑬同志社女子中学校(後期日程)

大阪府

①[国立]大阪教育大学附属天王寺中学校
②[国立]大阪教育大学附属平野中学校
③[国立]大阪教育大学附属池田中学校

④[府立]富田林中学校
⑤[府立]咲くやこの花中学校
⑥[府立]水都国際中学校
⑦清風中学校
⑧高槻中学校（A日程）
⑨高槻中学校（B日程）
⑩明星中学校
⑪大阪女学院中学校
⑫大谷中学校
⑬四天王寺中学校
⑭帝塚山学院中学校
⑮大阪国際中学校
⑯大阪桐蔭中学校
⑰開明中学校
⑱関西大学第一中学校
⑲近畿大学附属中学校
⑳金蘭千里中学校
㉑金光八尾中学校
㉒清風南海中学校
㉓帝塚山学院泉ヶ丘中学校
㉔同志社香里中学校
㉕初芝立命館中学校
㉖関西大学中等部
㉗大阪星光学院中学校

兵庫県

①[国立]神戸大学附属中等教育学校
②[県立]兵庫県立大学附属中学校
③雲雀丘学園中学校
④関西学院中学部
⑤神戸女学院中学部
⑥甲陽学院中学校
⑦甲南中学校
⑧甲南女子中学校
⑨灘中学校
⑩親和中学校
⑪神戸海星女子学院中学校
⑫滝川中学校
⑬啓明学院中学校
⑭三田学園中学校
⑮淳心学院中学校
⑯仁川学院中学校
⑰六甲学院中学校
⑱須磨学園中学校(第1回入試)
⑲須磨学園中学校(第2回入試)
⑳須磨学園中学校(第3回入試)
㉑白陵中学校
㉒夙川中学校

奈良県

①[国立]奈良女子大学附属中等教育学校
②[国立]奈良教育大学附属中学校
③[県立] 国際中学校
　　　　青翔中学校
④[市立]一条高等学校附属中学校
⑤帝塚山中学校
⑥東大寺学園中学校
⑦奈良学園中学校
⑧西大和学園中学校

和歌山県

①[県立] 古佐田丘中学校
　　　　向陽中学校
　　　　桐蔭中学校
　　　　日高高等学校附属中学校
　　　　田辺中学校
②智辯学園和歌山中学校
③近畿大学附属和歌山中学校
④開智中学校

岡山県

①[県立]岡山操山中学校
②[県立]倉敷天城中学校
③[県立]岡山大安寺中等教育学校
④[県立]津山中学校
⑤岡山中学校
⑥清心中学校
⑦岡山白陵中学校
⑧金光学園中学校
⑨就実中学校
⑩岡山理科大学附属中学校
⑪山陽学園中学校

広島県

①[国立]広島大学附属中学校
②[国立]広島大学附属福山中学校
③[県立]広島中学校
④[県立]三次中学校
⑤[県立]広島叡智学園中学校
⑥[市立]広島中等教育学校
⑦[市立]福山中学校
⑧広島学院中学校
⑨広島女学院中学校
⑩修道中学校
⑪崇徳中学校
⑫比治山女子中学校
⑬福山暁の星女子中学校
⑭安田女子中学校
⑮広島なぎさ中学校
⑯広島城北中学校
⑰近畿大学附属広島中学校福山校
⑱盈進中学校
⑲如水館中学校
⑳ノートルダム清心中学校
㉑銀河学院中学校
㉒近畿大学附属広島中学校東広島校
㉓AICJ中学校
㉔広島国際学院中学校
㉕広島修道大学ひろしま協創中学校

山口県

①[県立] 下関中等教育学校
　　　　高森みどり中学校
②野田学園中学校

徳島県

①[県立] 富岡東中学校
　　　　川島中学校
　　　　城ノ内中等教育学校
②徳島文理中学校

香川県

①大手前丸亀中学校
②香川誠陵中学校

愛媛県

①[県立] 今治東中等教育学校
　　　　松山西中等教育学校
②愛光中学校
③済美平成中等教育学校
④新田青雲中等教育学校

高知県

①[県立] 安芸中学校
　　　　高知国際中学校
　　　　中村中学校

福岡県

①［国立］福岡教育大学附属中学校（福岡・小倉・久留米）

②［県立］
- 育徳館中学校
- 門司学園中学校
- 宗像中学校
- 嘉穂高等学校附属中学校
- 輝翔館中等教育学校

③西南学院中学校
④上智福岡中学校
⑤福岡女学院中学校
⑥福岡雙葉中学校
⑦照曜館中学校
⑧筑紫女学園中学校
⑨敬愛中学校
⑩久留米大学附設中学校
⑪飯塚日新館中学校
⑫明治学園中学校
⑬小倉日新館中学校
⑭久留米信愛中学校
⑮中村学園女子中学校
⑯福岡大学附属大濠中学校
⑰筑陽学園中学校
⑱九州国際大学付属中学校
⑲博多女子中学校
⑳東福岡自彊館中学校
㉑八女学院中学校

佐賀県

①［県立］
- 香楠中学校
- 致遠館中学校
- 唐津東中学校
- 武雄青陵中学校

②弘学館中学校
③東明館中学校
④佐賀清和中学校
⑤成穎中学校
⑥早稲田佐賀中学校

長崎県

①［県立］
- 長崎東中学校
- 佐世保北中学校
- 諫早高等学校附属中学校

②青雲中学校
③長崎南山中学校
④長崎日本大学中学校
⑤海星中学校

熊本県

①［県立］
- 玉名高等学校附属中学校
- 宇土中学校
- 八代中学校

②真和中学校
③九州学院中学校
④ルーテル学院中学校
⑤熊本信愛女学院中学校
⑥熊本マリスト学園中学校
⑦熊本学園大学付属中学校

大分県

①［県立］大分豊府中学校
②岩田中学校

宮崎県

①［県立］五ヶ瀬中等教育学校

②［県立］
- 宮崎西高等学校附属中学校
- 都城泉ヶ丘高等学校附属中学校

③宮崎日本大学中学校
④日向学院中学校
⑤宮崎第一中学校

鹿児島県

①［県立］楠隼中学校
②［市立］鹿児島玉龍中学校
③鹿児島修学館中学校
④ラ・サール中学校
⑤志學館中等部

沖縄県

①［県立］
- 与勝緑が丘中学校
- 開邦中学校
- 球陽中学校
- 名護高等学校附属桜中学校

もっと過去問シリーズ

北海道

北嶺中学校
7年分（算数・理科・社会）

静岡県

静岡大学教育学部附属中学校
（静岡・島田・浜松）
10年分（算数）

愛知県

愛知淑徳中学校
7年分（算数・理科・社会）
東海中学校
7年分（算数・理科・社会）
南山中学校男子部
7年分（算数・理科・社会）
南山中学校女子部
7年分（算数・理科・社会）
滝中学校
7年分（算数・理科・社会）
名古屋中学校
7年分（算数・理科・社会）

岡山県

岡山白陵中学校
7年分（算数・理科）

広島県

広島大学附属中学校
7年分（算数・理科・社会）
広島大学附属福山中学校
7年分（算数・理科・社会）
広島学院中学校
7年分（算数・理科・社会）
広島女学院中学校
7年分（算数・理科・社会）
修道中学校
7年分（算数・理科・社会）
ノートルダム清心中学校
7年分（算数・理科・社会）

愛媛県

愛光中学校
7年分（算数・理科・社会）

福岡県

福岡教育大学附属中学校
（福岡・小倉・久留米）
7年分（算数・理科・社会）
西南学院中学校
7年分（算数・理科・社会）
久留米大学附設中学校
7年分（算数・理科・社会）
福岡大学附属大濠中学校
7年分（算数・理科・社会）

佐賀県

早稲田佐賀中学校
7年分（算数・理科・社会）

長崎県

青雲中学校
7年分（算数・理科・社会）

鹿児島県

ラ・サール中学校
7年分（算数・理科・社会）

※もっと過去問シリーズは国語の収録はありません。

教英出版

〒422-8054
静岡県静岡市駿河区南安倍3丁目12-28
TEL 054-288-2131
FAX 054-288-2133
詳しくは教英出版で検索
教英出版 検索
URL https://kyoei-syuppan.net/

適性検査Ⅰ

注意

1 問題は**4ページ**にわたって印刷してあります。
2 検査時間は**四十五分**で、終わりは**午前九時四十五分**です。
3 声を出して読んではいけません。
4 答えは全て解答用紙に明確に記入し、**解答用紙だけを提出しなさい。**
5 答えを直すときは、きれいに消してから、新しい答えを書きなさい。
6 **受検番号**を解答用紙の決められたらんに記入しなさい。

東京都立桜修館中等教育学校

次の**文章A**・**文章B**を読んで、あとの問題に答えなさい。
（＊印の付いている言葉には、文章の後に〈言葉の説明〉があります。）

文章A

まず人がいて、自分があって、そして言葉がある。言葉と人の係わりを言うとき、そうした順序で考えられるのが、まず普通です。ただ、言葉と人の関係について考えるなら、その順序を逆にして考えるほうがいい、とわたしは思っています。まず言葉があって、自分があって、そして人がいるというふうに。

この世にあって、人にとってなくてはならないと思えるもの、毎日の生活をささえてきたもののほとんどすべてというのは、人がつくりだしてきたものです。人はさまざまなものを、つくろうとしてつくってきたし、けっしてつくれないと思われるようなものすら、しばしばつくりだします。けれども、人にとって絶対になくてはならないものというのは、必ずしも人のつくったものでなく、言葉もそうです。

自分が生まれる前からずっとあって、言葉は、わたしたち自身より古くて長い時間をもっています。ですから、わたしたちは言葉のなかに生まれてくる。そして、自分たちがそのなかに生まれてきたもっとも古い言葉を覚える。成長するとは、言葉を覚えるということです。つくるものでなく、＊あつらえるものでない。覚えるものが言葉です。

毎日の経験を通して、人は言葉を覚えます。覚えるのは、目の前にある言葉です。自分の毎日をつつんでいる言葉です。自分がそのなかに生まれてきた言葉というものを、あるいは言葉の＊体系というものを、自分から覚えることによって、人は大人になってゆく、あるいは、人間になってゆく。そういうものが、言葉です。

にもかかわらず、覚えて終わりでなく、覚えた言葉を自分のものにしてゆくということができないと、自分の言葉にならない本質を、言葉はそなえています。

言葉を覚えるというのは、この世で自分は一人ではないと知るということです。言葉というのはつながりだからです。

言葉をつかうというのは、他者とのつながりをみずからすすんで認めるということであり、言葉を自分のものにしてゆくというのは、言葉のつくりだす他者とのつながりのなかに、自分の位置を確かめてゆくということです。

人は何でできているか。人は言葉でできている、そういう存在なのだと思うのです。言葉は、人の道具ではなく、人の素材なのだということです。

（長田弘「読書からはじまる」ちくま文庫による）

〈言葉の説明〉
あつらえる――たのんで自分の思うようにつくらせる。
体系――いろいろなものを、ある決まりで順序よくまとめたもの。

文章B

お詫び
著作権上の都合により、文章は掲載しておりません。
ご不便をおかけし、誠に申し訳ございません。
教英出版

お詫び
著作権上の都合により、文章は掲載しておりません。
ご不便をおかけし、誠に申し訳ございません。
教英出版

（ドミニク・チェン「未来をつくる言葉　わかりあえなさをつなぐために」による）

〈言葉の説明〉

身悶（みもだ）えする——思いどおりにならなくて体をよじるように動かす。

些細（ささい）な——問題にするほどでもないちょっとした。

当人——本人。その人。

情緒（じょうちょ）——そのときそのときに起こるいろいろな感情。

試行錯誤（しこうさくご）——いろいろな方法をくり返し試みて解決に近づいていくこと。

矛盾（むじゅん）——つじつまが合わないこと。

〈問題1〉　**文章A** に人は言葉でできているとありますが、どのようなことですか。**文章A** の内容をふまえて、解答らんに当てはまるように四十五字以上六十字以内で答えましょう。

人は言葉でできているとは、［　　　　　　　　　　］ということ。

（書き方のきまり）

○　、や　。や　」などはそれぞれ一ますに書きます。

○　一ますめから書き始めます。

○　文章を直すときは、消しゴムでていねいに消してから書き直します。

〈問題2〉　**文章B** では、翻訳（ほんやく）とはどのようなことだと言っていますか。解答らんに当てはまるように六十字以上七十字以内で答えましょう。

翻訳（ほんやく）とはある国の言葉や文を、ほかの国の言葉や文に単純（たんじゅん）にかえることではなく、［　　　　　　　　　　］

（書き方のきまり）

○　、や　。や　」などはそれぞれ一ますに書きます。

○　一ますめから書き始めます。

○　文章を直すときは、消しゴムでていねいに消してから書き直します。

〈問題３〉 文章A ・ 文章B を読み、あなたは「言葉」を学ぶことはどのようなものだと考えましたか。また、今後の学校生活において、どのように「言葉」に向き合い、他者と関わりたいですか。それぞれの文章の内容をふまえて四百字以上五百字以内で自分の考えをまとめましょう。第一段落には、「言葉」を学ぶことについて書き、第二段落より後には、どのように「言葉」に向き合い、他者と関わりたいかを書きましょう。

〈書き方のきまり〉

○ 題名は書きません。
○ 最初の行から書き始めます。
○ 各段落の最初の字は一字下げて書きます。
○ 行をかえるのは、段落をかえるときだけとします。会話などを入れる場合は、行をかえません。
○ 、や 。や 」などはそれぞれ一ますに書きます。これらの記号が行の先頭に来るときには、前の行の最後の字と同じますめに書きます（ますめの下に書いてもかまいません）。
○ 。と 」が続く場合には、同じますめに書いてもかまいません。この場合、。」で一字と数えます。
○ 段落をかえたときの残りのますめは、字数として数えます。
○ 最後の段落の残りのますめは、字数として数えません。
○ 文章を直すときは、消しゴムでていねいに消してから書き直します。

適性検査Ⅱ

注　意

1　問題は 1 から 3 までで、１３ページにわたって印刷してあります。

2　検査時間は４５分で、終わりは**午前１１時００分**です。

3　声を出して読んではいけません。

4　計算が必要なときは、この問題用紙の余白を利用しなさい。

5　答えは全て解答用紙に明確に記入し、**解答用紙だけを提出しなさい。**

6　答えを直すときは、きれいに消してから、新しい答えを書きなさい。

7　**受検番号**を解答用紙の決められたらんに記入しなさい。

東京都立桜修館中等教育学校

1 日本文化クラブでは、次回の活動で百人一首を使った競技かるたの総当たり戦を行います。**先生**は、**おさむ**さん、**さくら**さん、**みやこ**さん、**ひとし**さんと、その計画を立てています。

先　生：競技かるたの総当たり戦はこの教室で行います。６枚のたたみを借りてきます。

おさむ：この教室には、机やいすが置かれているけれど、たたみ６枚分の広さがあるのかな。

さくら：この教室のゆかの形は長方形なので、長い辺の長さと短い辺の長さを測れば、教室の広さを求められるね。長い辺の長さは９ｍ、短い辺の長さは７ｍだったよ。

先　生：ただし、机やいすがあるので、実際にたたみを敷けるスペースは教室の広さよりもせまくなります。机やいすを１か所にまとめておくと、たたみを敷けるスペースは、教室の広さの３分の１になります。

みやこ：たたみ１枚の大きさはどれくらいですか。

先　生：敷いたたたみを上から見ると長方形です。辺の長さは地域によって少しずつちがいますが、短い辺の長さと長い辺の長さの比はどの地域でも１：２です。今回借りるたたみの短い辺の長さは９２．５ｃｍです。

ひとし：これで、たたみ６枚分の面積と、たたみを敷けるスペースの面積を求められるね。

おさむ：たたみ６枚分の面積と、たたみを敷けるスペースの面積を比べると、<u>この教室にたたみ６枚分の広さがあることが分かるね。</u>

〔問題１〕 **おさむ**さんが「<u>この教室にたたみ６枚分の広さがあることが分かるね。</u>」と言っています。このとき、この教室のたたみを敷けるスペースに、たたみ６枚分の広さがあると判断できる理由を、面積を比べて、言葉と式を使って説明しましょう。

さくら：この教室にたたみ６枚分の広さがあることは分かったけれど、本当にこの教室にたたみが敷けるのかな。

おさむ：では、次にたたみの敷き方を考えてみよう。

先　生：敷いたたたみは上から見るとそれぞれが長方形に見えるので、厚みを無視して考えましょう。

ひとし：６枚のたたみを重ねずにすき間なく敷いて、四角形を作ろうよ。

みやこ：このとき作られる四角形の長い辺の長さと短い辺の長さの差が最も小さくなるように敷きたいな。

さくら：そういえば、たたみの合わせ目が「十」の字の形にならないような敷き方を「祝儀敷き」といって、縁起のよい敷き方だと聞いたことがあるよ。この敷き方にしたいな。

ひとし：「祝儀敷き」の敷き方を言いかえると、４枚のたたみの角が１か所に集まるような敷き方はできない、ということだね。

おさむ：みんなが挙げた条件をまとめたよ。<u>この〔条件〕を全て満たすたたみの敷き方を考えよう。</u>

〔条件〕

① ６枚のたたみを重ねずにすき間なく敷いて四角形を作る。
② ①の四角形の長い辺の長さと短い辺の長さの差が最も小さくなるようにする。
③ ４枚のたたみの角が１か所に集まるような敷き方はできない。
例えば、右の図は、たたみ㋐、たたみ㋑、たたみ㋒、たたみ㋓の角が１か所に集まっている。このため、この敷き方はできない。

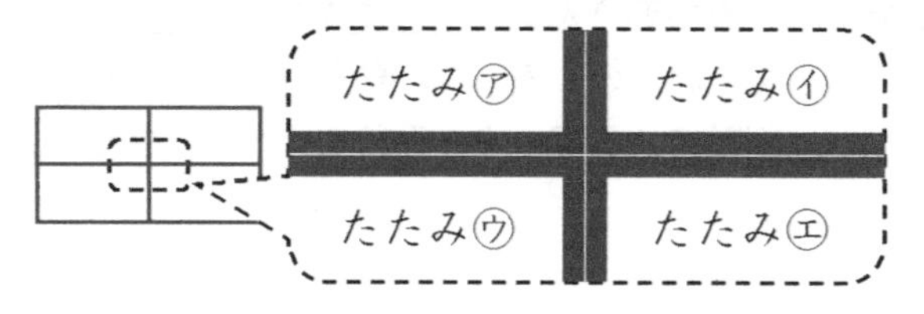

さくら：このたたみの敷き方で敷けるように、教室の準備をしよう。

〔問題２〕　**おさむ**さんが「<u>この〔条件〕を全て満たすたたみの敷き方を考えよう。</u>」と言っています。この**〔条件〕**を全て満たす６枚のたたみの敷き方を、**図１**にしたがって、解答用紙の**〔図〕**にかきこみましょう。ただし、答えは１通りではありません。考えられるもののうちの一つを答えましょう。

図１　たたみの書き方

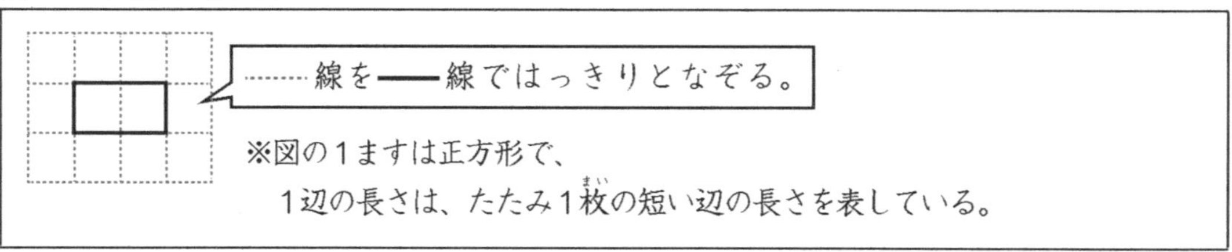

線を――線ではっきりとなぞる。
※図の１ますは正方形で、
１辺の長さは、たたみ１枚の短い辺の長さを表している。

競技かるたの総当たり戦が行われる日になりました。参加者は、**おさむ**さん、**さくら**さん、**みやこ**さん、**ひとし**さんの4人です。

先　生：対戦は、次の**〔対戦ルール〕**のように行います。

〔対戦ルール〕

・右の図のように、1対1で行う。

・それぞれに25枚(まい)ずつ札を配り、自分の陣(じん)の決められたはん囲の中に並(なら)べる。

・読み手が読んだものに対応する札を、相手より先に取る。

・自分の陣の札を取ったときには、その札を自分の札置き場に置く。

・相手の陣の札を取ったときには、その札を自分の札置き場に置き、自分の陣の札を1枚相手の陣に移動させる。

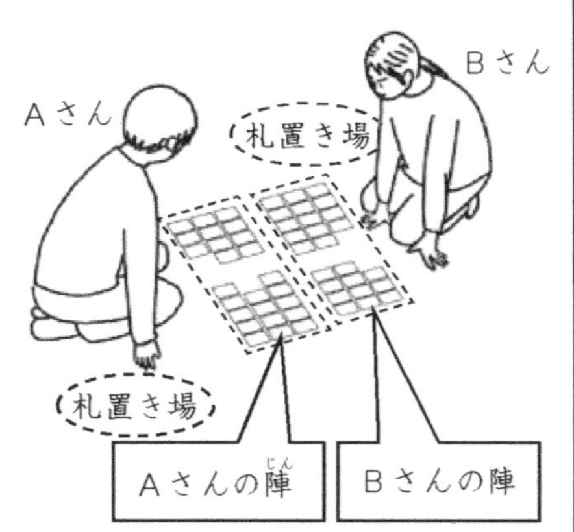

・先に自分の陣の25枚の札がなくなった人を勝者、もう一人を敗者とする。

みやこ：順位はどのように決めますか。

先　生：今回は、次の**〔順位の決め方〕**にしたがって順位を決めましょう。

〔順位の決め方〕

・敗者の陣(じん)に残っている札の数を「残り札数」とよぶ。

・「残り札数」を基準にして、勝者に以下の表のようにポイントをあたえる。

残り札数	ポイント
1～　5	1ポイント
6～16	2ポイント
17～25	4ポイント

・全ての対戦が終わった時点での合計ポイントが多い順に、1位、2位、3位、4位とする。

・合計ポイントが同じ人がいた場合は、合計の「残り札数」が多い人を上位とする。

みやこ：例えば**図2**のようになった場合は、だれに何ポイントがあたえられるのですか。

図2

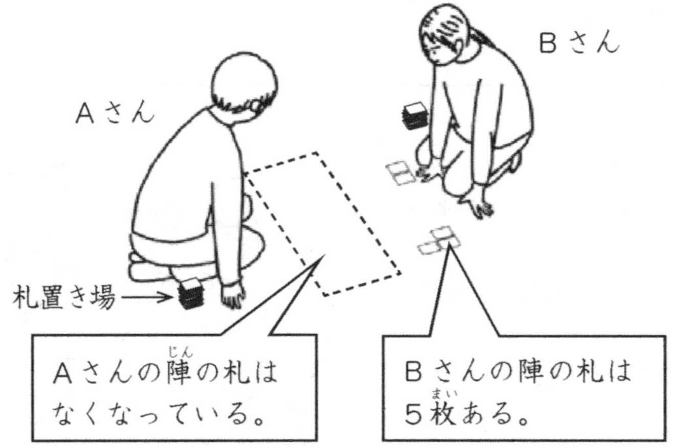

おさむ：この場合は、Aさんに1ポイントがあたえられます。

ひとし：それぞれの対戦結果のポイントを、**表1**の対戦表に記録しておこう。**図3**のように記入すると分かりやすいね。

表1　対戦表

	おさむ	さくら	みやこ	ひとし	合計ポイント
おさむ					
さくら					
みやこ					
ひとし					

図3　対戦表の記入方法

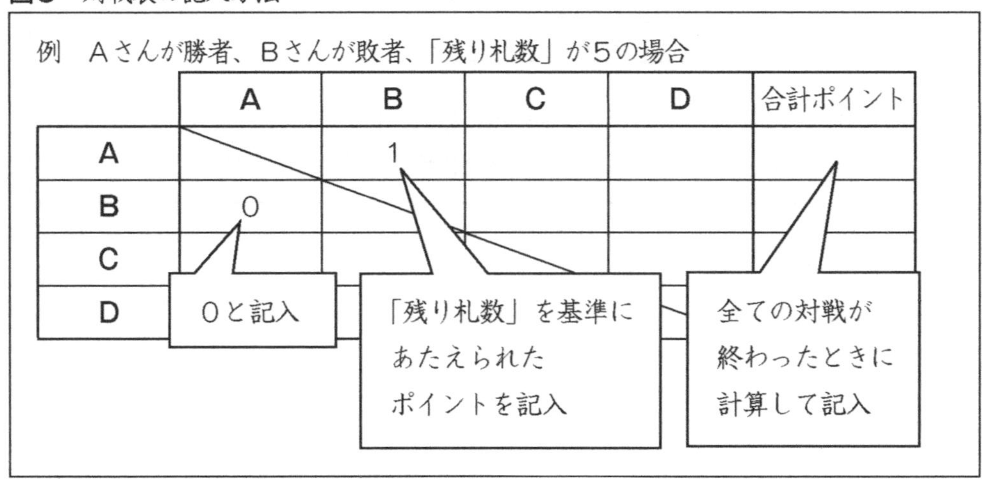
例　Aさんが勝者、Bさんが敗者、「残り札数」が5の場合

	A	B	C	D	合計ポイント
A		1			
B	0				
C					
D					

先　生：さて、全ての対戦が終わりましたね。

さくら：私は全勝したよ。そのうち、１回だけ「残り札数」が８だったよ。これが、私が行った対戦の中では最も「残り札数」が多かった対戦だったな。

みやこ：私は**ひとし**さんに勝って、４ポイントをあたえられたよ。

ひとし：**表１**の対戦表への記入ができたよ。合計ポイントを見比べてみると、最も多い合計ポイントと、次に多い合計ポイントの差は１ポイントだよ。

みやこ：**おさむ**さんと**さくら**さんは合計ポイントが同じだね。

さくら：合計ポイントが同じだった場合は、「残り札数」で順位を決めるルールだったよね。例えば、Ａさんが２勝１敗で「残り札数」は３と５、Ｂさんが１勝２敗で「残り札数」は１６だったとき、ともに合計ポイントは２ポイントだけど、合計の「残り札数」が多いＢさんが上位となるよ。

ひとし：それなら、**図４**のように、**表２**の集計表を作ると分かりやすいと思うよ。

表２　「残り札数」の集計表

おさむさんの集計表

	さくら	**みやこ**	**ひとし**	合計
残り札数				

さくらさんの集計表

	おさむ	**みやこ**	**ひとし**	合計
残り札数				

図４　「残り札数」の集計表の記入方法

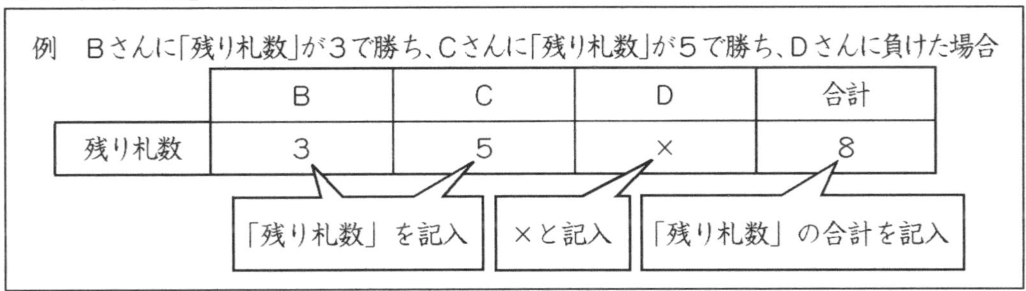
例　Ｂさんに「残り札数」が３で勝ち、Ｃさんに「残り札数」が５で勝ち、Ｄさんに負けた場合

	Ｂ	Ｃ	Ｄ	合計
残り札数	３	５	×	８

おさむ：**表２**の集計表への記入ができたよ。今日の総当たり戦では、<u>**さくら**さんが２位になるね。</u>

〔問題３〕　**おさむ**さんが「<u>**さくら**さんが２位になるね。</u>」と言っています。会話文をもとに、**図３**にしたがって解答用紙の**〔対戦表〕**を完成させましょう。

　また、このとき**おさむ**さんと**さくら**さんの「残り札数」の集計表を完成させましょう。ただし、**図４**にしたがって、解答用紙の**〔集計表〕**に記入しましょう。

　答えは１通りではありません。考えられるもののうちの一つを答えましょう。

2 **花子**さんと**太郎**さんは、休み時間に**先生**と交通手段の選び方について話をしています。

花　子：家族と祖父母の家に行く計画を立てているときに、いくつか交通手段があることに気がつきました。

太　郎：主な交通手段といえば、鉄道やバス、航空機などがありますね。私たちは、目的地までのきょりに応じて交通手段を選んでいると思います。

花　子：交通手段を選ぶ判断材料は、目的地までのきょりだけなのでしょうか。ほかにも、交通手段には、さまざまな選び方があるかもしれません。

先　生：よいところに気がつきましたね。実は、**太郎**さんが言ってくれた目的地までのきょりに加えて、乗りかえのしやすさなども、交通手段を選ぶときに参考にされています。

太　郎：人々は、さまざまな要素から判断して交通手段を選んでいるのですね。

花　子：実際に移動するときに、人々がどのような交通手段を選んでいるのか気になります。同じ地域へ行くときに、異なる交通手段が選ばれている例はあるのでしょうか。

先　生：それでは例として、都道府県庁のあるA、B、C、Dという地域について取り上げてみましょう。**図1**を見てください。これは、AからB、C、Dへの公共交通機関の利用割合を示したものです。

図1　AからB、C、Dへの公共交通機関の利用割合

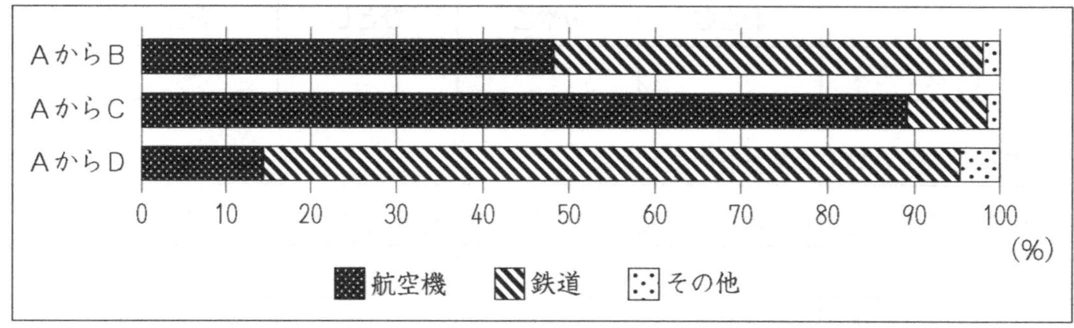

（第6回（2015年度）全国幹線旅客純流動調査より作成）

太　郎：**図1**を見ると、AからB、AからC、AからDのいずれも、公共交通機関の利用割合は、ほとんどが航空機と鉄道で占められていますね。目的地によって、航空機と鉄道の利用割合が異なることは分かりますが、なぜこれほどはっきりとしたちがいが出るのでしょうか。

先　生：それには、交通手段ごとの所要時間が関係するかもしれませんね。航空機は、出発前に荷物の検査など、さまざまな手続きが必要なため、待ち時間が必要です。鉄道は、主に新幹線を使うと考えられます。新幹線は、荷物の検査など、さまざまな手続きが必要ないため、出発前の待ち時間がほとんど必要ありません。

花　子：そうなのですね。ほかにも、移動のために支はらう料金も交通手段を選ぶ際の判断材料になると思います。

解答用紙

適性検査Ⅰ

〔問題1〕人は言葉でできているとは、

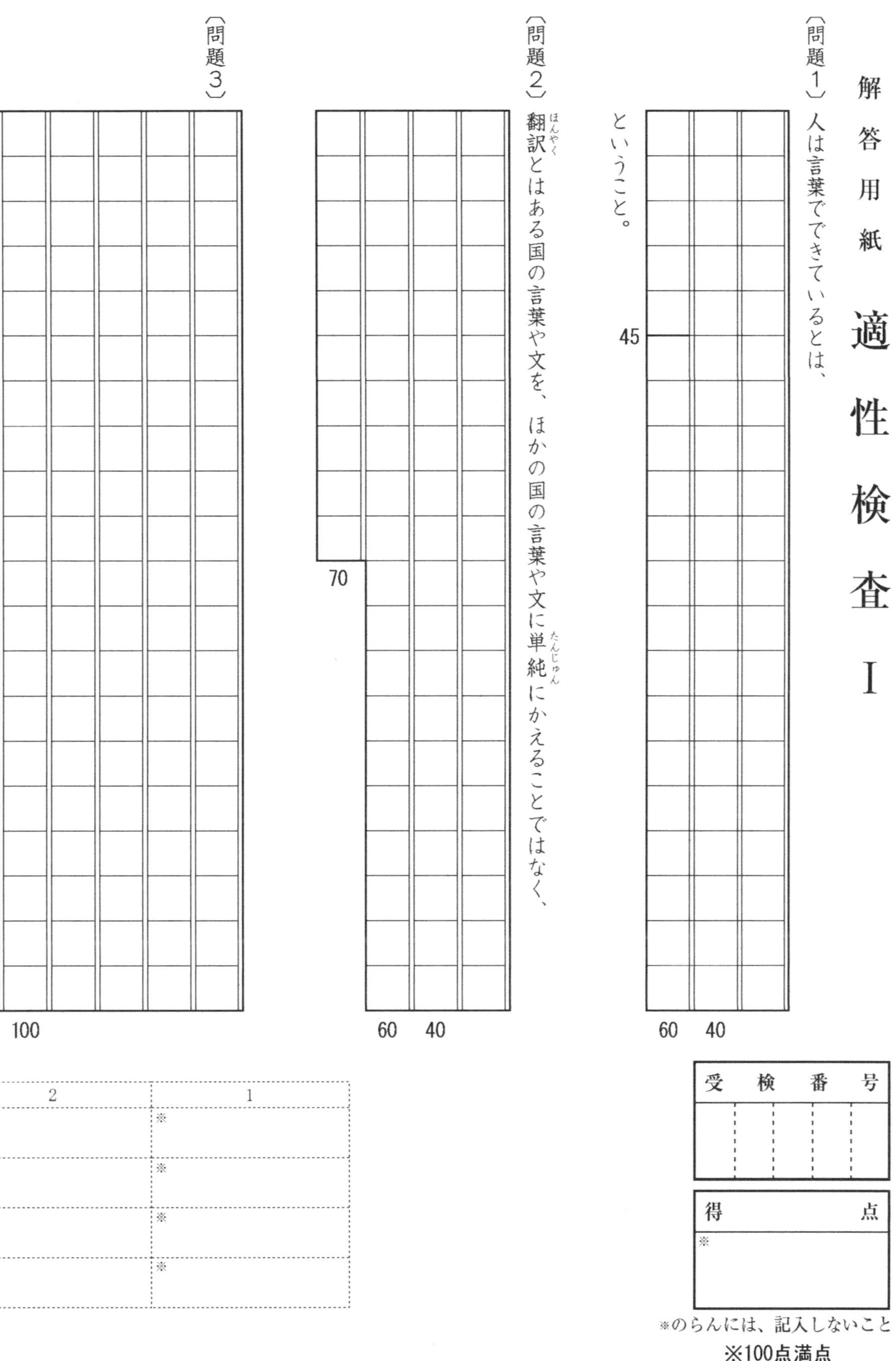

45

60 40

ということ。

〔問題2〕翻訳（ほんやく）とはある国の言葉や文を、ほかの国の言葉や文に単純（たんじゅん）にかえることではなく、

70

60 40

〔問題3〕

100

2	1
	※
	※
	※
	※

受検番号

得点
※

※のらんには、記入しないこと

※100点満点
（評価基準非公表）

解答用紙　適性検査Ⅱ

※100点満点

受　検　番　号

得　点
※

※のらんには、記入しないこと

1

〔問題１〕 14点

※

〔問題２〕 6点

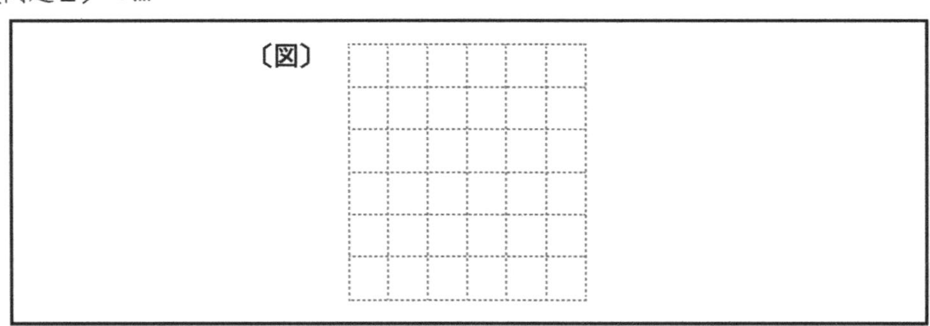

※

〔問題３〕 20点

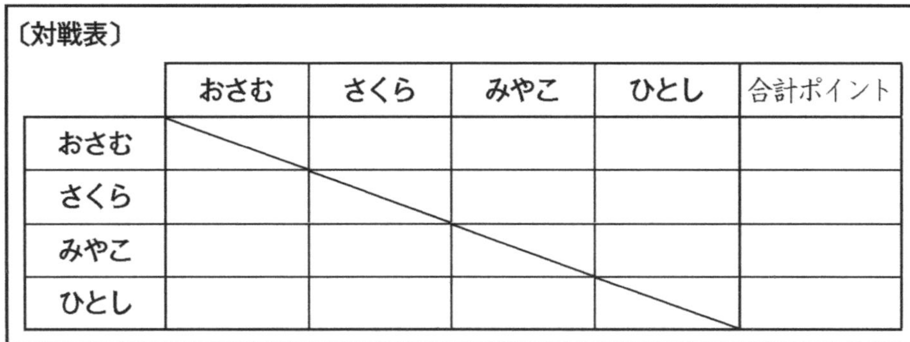

〔対戦表〕

	おさむ	さくら	みやこ	ひとし	合計ポイント
おさむ					
さくら					
みやこ					
ひとし					

〔集計表〕

おさむさんの集計表

	さくら	みやこ	ひとし	合計
残り札数				

さくらさんの集計表

	おさむ	みやこ	ひとし	合計
残り札数				

※

2

〔問題１〕15点

（選んだ一つを○で囲みなさい。）

ＡからＣ　　　　ＡからＤ

※

〔問題２〕15点

〔「ふれあいタクシー」の取り組みが必要になった理由〕

〔「ふれあいタクシー」導入の効果〕

※

3

〔問題１〕 12点

※

〔問題２〕 18点

〔組み合わせ〕

〔理由〕

※

（6　桜修館）

500　400　300　200

6	5	4	3
※	※	※	※ ※ ※ ※

太　郎：**図1**のAからB、C、Dへの移動について、具体的に調べてみたいですね。

花　子：それでは、出発地と到着地をそれぞれの都道府県庁に設定して、Aにある都道府県庁からB、C、Dにある都道府県庁まで、主に航空機と鉄道をそれぞれ使って移動した場合の所要時間と料金を調べてみましょう。

先　生：空港や鉄道の駅は、都道府県庁から最も近い空港や鉄道の駅を調べるとよいですよ。

花子さんと**太郎**さんは、インターネットを用いて、Aにある都道府県庁からB、C、Dにある都道府県庁まで、主に航空機と鉄道をそれぞれ使って移動した場合の所要時間と料金を調べ、**表1**にまとめました。

表1　Aにある都道府県庁からB、C、Dにある都道府県庁まで、主に航空機と鉄道をそれぞれ使って移動した場合の所要時間と料金

	主な交通手段	*所要時間	料金
Aにある都道府県庁からBにある都道府県庁	航空機	2時間58分（1時間15分）	28600円
	鉄道	4時間26分（3時間12分）	18740円
Aにある都道府県庁からCにある都道府県庁	航空機	3時間7分（1時間35分）	24070円
	鉄道	6時間1分（4時間28分）	22900円
Aにある都道府県庁からDにある都道府県庁	航空機	3時間1分（1時間5分）	24460円
	鉄道	3時間44分（2時間21分）	15700円

*待ち時間をふくめたそれぞれの都道府県庁間の移動にかかる所要時間。かっこ内は、「主な交通手段」を利用している時間。

（第6回（2015年度）全国幹線旅客純流動調査などより作成）

花　子：私たちは、交通手段の所要時間や料金といった判断材料を用いて、利用する交通手段を選んでいるのですね。

〔問題1〕　**花子**さんは「私たちは、交通手段の所要時間や料金といった判断材料を用いて、利用する交通手段を選んでいるのですね。」と言っています。**図1**中のAからC、またはAからDのどちらかを選び、その選んだ公共交通機関の利用割合とAからBの公共交通機関の利用割合を比べ、選んだ公共交通機関の利用割合がなぜ**図1**のようになると考えられるかを**表1**と会話文を参考にして答えなさい。なお、解答用紙の決められた場所にどちらを選んだか分かるように○で囲みなさい。

太　郎：目的地までの所要時間や料金などから交通手段を選んでいることが分かりました。

花　子：そうですね。しかし、地域によっては、自由に交通手段を選ぶことが難しい場合もあるのではないでしょうか。

先　生：どうしてそのように考えたのですか。

花　子：私の祖父母が暮らしているE町では、路線バスの運行本数が減少しているという話を聞きました。

太　郎：なぜ生活に必要な路線バスの運行本数が減少してしまうのでしょうか。E町に関係がありそうな資料について調べてみましょう。

太郎さんと**花子**さんは、**先生**といっしょにインターネットを用いて、E町の路線バスの運行本数や人口推移について調べ、**表2**、**図2**にまとめました。

表2　E町における路線バスの平日一日あたりの運行本数の推移

年度	2011	2012	2013	2014	2015	2016	2017	2018	2019	2020	2021
運行本数	48	48	48	48	48	48	34	34	32	32	32

（令和２年地域公共交通網形成計画などより作成）

図2　E町の人口推移

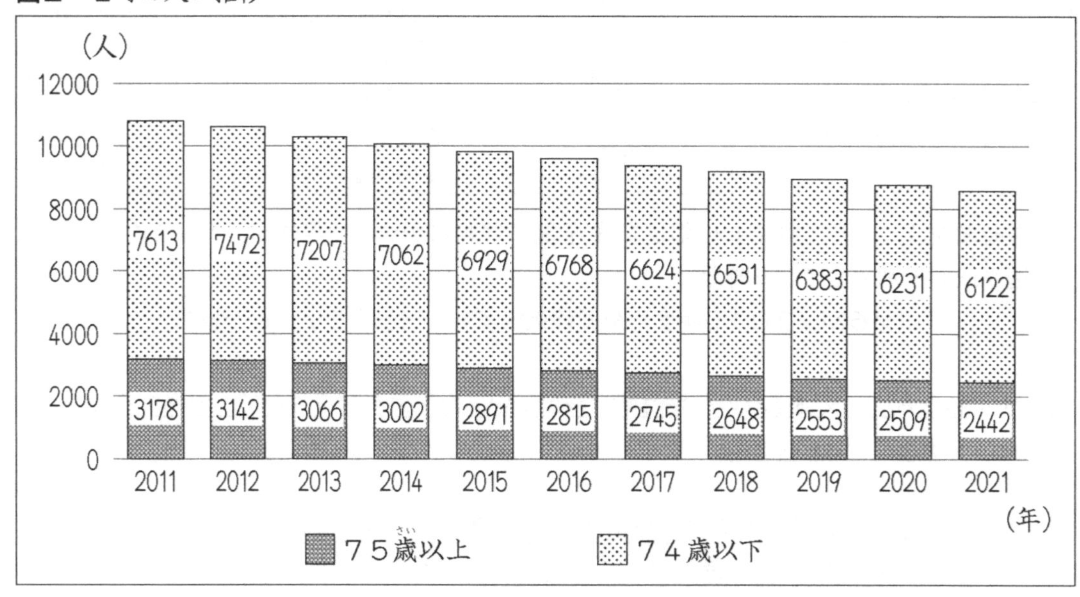

（住民基本台帳より作成）

花　子：**表２**、**図２**を読み取ると、E町の路線バスの運行本数や人口に変化があることが分かりますね。調べる中で、E町は「ふれあいタクシー」の取り組みを行っていることが分かりました。この取り組みについて、さらにくわしく調べてみましょう。

花子さんと**太郎**さんは、インターネットを用いて、E町の「ふれあいタクシー」の取り組みについて調べ、**図3**、**表3**にまとめました。

図3　E町の「ふれあいタクシー」の取り組みについてまとめた情報

補助対象者・利用者	① ７５歳以上の人 ② ７５歳未満で運転免許証を自主的に返納した人 ③ 妊婦などの特別に町長が認めた人　など
「ふれあいタクシー」の説明	自宅から町内の目的地まで運んでくれる交通手段であり、E町では２０１７年から導入された。利用するためには、利用者証の申請が必要である。２０２３年現在、町民一人あたり１か月に２０回以内の利用が可能で、一定額をこえたタクシー運賃を町が負担する。

（令和２年地域公共交通網形成計画などより作成）

表3　E町の「ふれあいタクシー」利用者証新規交付数・*累計交付数の推移

年度	2017	2018	2019	2020	2021
利用者証新規交付数	872	863	210	285	95
利用者証累計交付数	872	1735	1945	2230	2325

*累計：一つ一つ積み重ねた数の合計。

（令和２年地域公共交通網形成計画などより作成）

先　生：興味深いですね。調べてみて、ほかに分かったことはありますか。

太　郎：はい。２０２１年においては、「ふれあいタクシー」の利用者証を持っている人のうち、９０％近くが７５歳以上の人で、全体の利用者も、９０％近くが７５歳以上です。利用者の主な目的は、病院や買い物に行くことです。また、利用者の９０％近くが「ふれあいタクシー」に満足しているという調査結果が公表されています。

花　子：「ふれあいタクシー」は、E町にとって重要な交通手段の一つになったのですね。

太　郎：そうですね。E町の「ふれあいタクシー」導入の効果について考えてみたいですね。

〔問題２〕　**太郎**さんは「E町の「ふれあいタクシー」導入の効果について考えてみたいですね。」と言っています。E町で「ふれあいタクシー」の取り組みが必要になった理由と、「ふれあいタクシー」導入の効果について、**表2**、**図2**、**図3**、**表3**、会話文から考えられることを説明しなさい。

3 **花子**さんと**太郎**さんがまさつについて話をしています。

花　子：生活のなかで、すべりにくくする工夫がされているものがあるね。

太　郎：**図1**のように、ペットボトルのキャップの表面に縦にみぞがついているものがあるよ。手でキャップを回すときにすべりにくくするためなのかな。

花　子：プラスチックの板を使って調べてみよう。

図1　ペットボトル

二人は、次のような**実験1**を行いました。

実験1

手順1　1辺が7cmの正方形の平らなプラスチックの板を何枚か用意し、**図2**のようにそれぞれ糸をつける。

図2　手順1の板

手順2　机の上にフェルトの布を固定し、その上に正方形のプラスチックの板を置く。

手順3　プラスチックの板の上に750gの金属をのせる。

手順4　同じ重さのおもりをいくつか用意する。**図3**のように、糸の引く方向を変えるために机に表面がなめらかな金属の丸い棒を固定し、プラスチックの板につけた糸を棒の上に通して、糸のはしにおもりをぶら下げる。おもりの数を増やしていき、初めてプラスチックの板が動いたときのおもりの数を記録する。

図3　手順4の様子

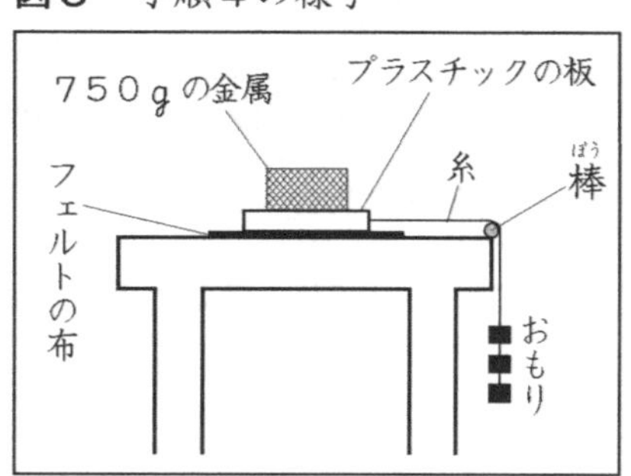

手順5　手順3の金属を1000gの金属にかえて、手順4を行う。

手順6　**図4**のように、手順1で用意したプラスチックの板に、みぞをつける。みぞは、糸に対して垂直な方向に0.5cmごとにつけることとする。

図4　手順6の板

手順7　手順6で作ったプラスチックの板を、みぞをつけた面を下にして手順2～手順5を行い、記録する。

手順8　**図5**のように、手順1で用意したプラスチックの板に、みぞをつける。みぞは、糸に対して平行な方向に0.5cmごとにつけることとする。

図5　手順8の板

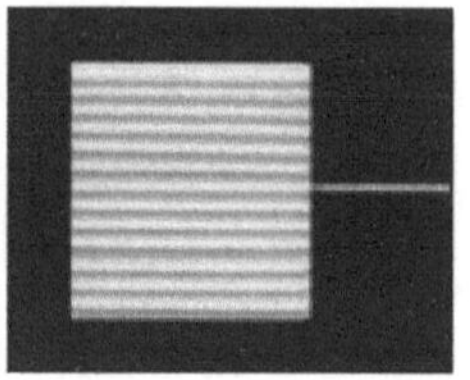

手順9　手順8で作ったプラスチックの板を、みぞをつけた面を下にして手順2～手順5を行い、記録する。

実験１の結果は、**表１**のようになりました。

表１　実験１の結果

	手順１の板	手順６の板	手順８の板
７５０ｇの金属をのせて調べたときのおもりの数（個）	１４	１９	１３
１０００ｇの金属をのせて調べたときのおもりの数（個）	１８	２５	１７

太　郎：手でペットボトルのキャップを回すときの様子を調べるために、机の上にフェルトの布を固定して実験したのだね。

花　子：ペットボトルのキャップを回すとき、手はキャップをつかみながら回しているよ。

〔問題１〕　手でつかむ力が大きいときでも小さいときでも、**図１**のように、表面のみぞの方向が回す方向に対して垂直（すいちょく）であるペットボトルのキャップは、すべりにくくなると考えられます。そう考えられる理由を、**実験１**の結果を使って説明しなさい。

太　郎：そりで同じ角度のしゃ面をすべり下りるとき、どのようなそりだと速くすべり下りることができるのかな。

花　子：しゃ面に接する面積が広いそりの方が速くすべり下りると思うよ。

太　郎：そうなのかな。重いそりの方が速くすべり下りると思うよ。

花　子：しゃ面に接する素材によっても速さがちがうと思うよ。

太　郎：ここにプラスチックの板と金属の板と工作用紙の板があるから、まず面積を同じにして調べてみよう。

二人は、次のような**実験２**を行いました。

実験２

手順１　**図６**のような長さが約１００ｃｍで上側が平らなアルミニウムでできたしゃ面を用意し、水平な机（つくえ）の上でしゃ面の最も高いところが机から約４０ｃｍの高さとなるように置く。

図６　しゃ面

手順２　**図７**のような１辺が１０ｃｍの正方形のア～ウを用意し、重さをはかる。そして、それぞれしゃ面の最も高いところに置いてから静かに手をはなし、しゃ面の最も低いところまですべり下りる時間をはかる。ただし、工作用紙の板は、ますがかかれている面を上にする。

図７　ア～ウ

ア　プラスチックの板	イ　金属の板	ウ　工作用紙の板

実験２の結果は、**表２**のようになりました。

表２　**実験２**の結果

	ア　プラスチックの板	イ　金属の板	ウ　工作用紙の板
面積（ｃｍ^2）	１００	１００	１００
重さ（ｇ）	５．２	２６．７	３．７
すべり下りる時間（秒）	１．４	０．９	１．８

太　郎：速くすべり下りるには、重ければ重いほどよいね。

花　子：本当にそうなのかな。プラスチックの板と金属の板と工作用紙の板をそれぞれ１枚（まい）ずつ積み重ねて調べてみよう。

二人は、次のような**実験３**を行いました。

実験３

手順１　**実験２**の手順１と同じしゃ面を用意する。

手順２　**実験２**の手順２で用いたプラスチックの板と金属の板と工作用紙の板を、それぞれ６枚ずつ用意する。それらの中からちがう種類の板、合計３枚を**図８**のように積み重ねて、板の間を接着ざいで接着したものを作り、１号と名前をつける。さらに、３種類の板を１枚ずつ順番をかえて積み重ねて、１号を作ったときに使用した接着ざいと同じ重さの接着ざいで接着したものを五つ作り、それぞれ２号～６号と名前をつける。ただし、積み重ねるとき、工作用紙の板は、ますがかかれている面が上になるようにする。

手順３　１号～６号を、積み重ねた順番のまま、それぞれしゃ面の最も高いところに置いてから静かに手をはなし、しゃ面の最も低いところまですべり下りる時間をはかる。

図８　板を積み重ねた様子

ア　プラスチックの板
イ　金属の板
ウ　工作用紙の板

実験３の結果は、**表３**のようになりました。ただし、アはプラスチックの板、イは金属の板、ウは工作用紙の板を表します。また、A、B、Cには、すべり下りる時間（秒）の値(あたい)が入ります。

表３　**実験３**の結果

	１号	２号	３号	４号	５号	６号
積み重ねたときの一番上の板	ア	ア	イ	イ	ウ	ウ
積み重ねたときのまん中の板	イ	ウ	ア	ウ	ア	イ
積み重ねたときの一番下の板	ウ	イ	ウ	ア	イ	ア
すべり下りる時間（秒）	１．８	A	１．８	B	C	１．４

〔問題２〕　**実験３**において、１号～６号の中で、すべり下りる時間が同じになると考えられる組み合わせがいくつかあります。１号と３号の組み合わせ以外に、すべり下りる時間が同じになると考えられる組み合わせを一つ書きなさい。また、すべり下りる時間が同じになると考えた理由を、**実験２**では同じでなかった条件のうち**実験３**では同じにした条件は何であるかを示して、説明しなさい。

適性検査Ⅰ

注意

1 問題は**4ページ**にわたって印刷してあります。
2 検査時間は**四十五分**で、終わりは**午前九時四十五分**です。
3 声を出して読んではいけません。
4 答えは全て解答用紙に明確に記入し、**解答用紙だけを提出しなさい。**
5 答えを直すときは、きれいに消してから、新しい答えを書きなさい。
6 **受検番号**を解答用紙の決められたらんに記入しなさい。

東京都立桜修館中等教育学校

次の**文章A**・**文章B**を読んで、あとの問題に答えなさい。
（＊印の付いている言葉には、文章のあとに〈言葉の説明〉があります。）

文章A

アウトプットする「面白さ」は、インプットする「面白さ」の何十倍も大きい。両方の経験がある人には、理屈抜きで納得できる感覚だろう。

いくらでも例が挙げられる。沢山の音楽を聴くよりも、自分で演奏し、歌った方が「面白い」し、またそうすることでしか上達できない。この成長がまた「面白く」感じられる要因として加わる。

あらゆる技は、すべて自分でやってみないとわからない。「やる」とは、アウトプットである。教えられている立場では、なかなか頭に入らなかったものが、人に教えると一度で自分の身につく。僕は、教壇に立って学生に二十数年間講義をしたが、教室にいる誰よりも、僕が一番勉強になった。

子供は、なんでも自分でやりたがる。見ているだけでは面白くないからだ。自分でやってみて、初めて「面白い」ことが本当にわかる。見ただけでは、「面白そう」としかわからない。「面白い」とは、本来アウトプットすることで感じられるものであり、それが本物の「面白さ」なのだ。「何十倍」と強調したが、それは、本質と＊ダミィの差だといっても良い。

小説を読むことはインプットである。ただ文字を読むだけでは「面白く」はない。その物語の中に入る、いわゆる「感情移入」ができると、頭の中でイメージが作られる。これはアウトプットだ。感情が＊誘発されるのもアウトプットである。結局は、①「面白さ」の本質はここにある。

（森博嗣「面白いとは何か？面白く生きるには？」（一部改変）による）

〈言葉の説明〉
ダミィ……本物に似せて作ったもの。
誘発……あることがきっかけとなって、他のことが引き起こされること。

文章B

クイズ番組などで「ひらめき」などに焦点を当てたものがありますが、これらの背後には柔軟な思考に対するあこがれと＊信奉があるように思えてなりません。そこで用いられている材料が、あまり通常の思考には関係のないものだったりすると、その思いを強くします。

思考それも柔軟な思考にあまりに力点が置かれていることに＊危惧の念を抱いているにすぎません。すなわち、柔軟な思考ばかりに注目して、思考の材料や思考の指針にもなる「知識」の働きを無視ないしは軽視しているのではないかと危惧しているのです。そして、「知識」に質の差があるということに気づいていないのではないかと危惧しているのです。

こう言い換えてもいいかもしれません。「知識」は「知恵」や妥当な解決の単なる材料であって、アウトプットの質にさして関係しないと思われています。しかしそうではない、②大いに関係するというのがここで述べたいことです。

簡単な例として「割り算」を取り上げてみましょう。

「割り算とはどういう*演算ですか？」と問うと、ほとんどの人が「分けることだ」と答えます。確かに、「15個の飴を5人で等しく分けました。ひとりいくつになるでしょう」といった課題であれば、15÷5という割り算をして、ひとり3個になるという結果を得て「分ける演算だ」ということで問題はありません。

しかし、2／3という分数や0・5といった小数で割るというのはどういう意味なのでしょうか。確かに5／2÷2／3は、割る数をひっくり返して掛けることによって答えが得られるというのは、小学校で習うことですから、まず全員できるでしょう。問題は、2／3で割るという意味です。この時、先ほど出てきた「割り算とは分けることだ」という考えが使えないのは明白です。「2／3人で等しく分ける」というのは意味をなしません。

あるクルマが、40Lのガソリンで500km走ったとします。この時500km÷40Lで得られる12・5km／Lという数値は、1Lあたりの走行距離を表しています。いわゆる「燃費」です。逆に40L÷500kmで得られる数値0・08L／kmという数値は、1km走るのに要したガソリンの量を示しています。どちらでどちらを割るのかは、用途によって異なってきますが、得られた2つの数値は、「割るのに用いた量（距離かガソリンかですが）」の「1あたり」を表しています。これはガソリンが1より小さい量であっても変わりません。「6・25km行くのに0・5Lのガソリンが必要でした」という場合に、6・25km÷0・5Lで得られる12・5km／Lが、1Lあたりの走行距離、燃費を表しているのは明白です。

割り算が「1あたりの値を求める」演算だと考えるなら、先の分数÷分数のような問題でも意味がわかります。長さ2／3mのパイプの重さが5／2kgだったとしましょう。この時1mあたりの重さを求めるには5／2kg÷2／3mとなり、15／4（kg／m）という値が得られます。1mの重さは15／4kgになるわけです。

「割り算」という同じ演算についての知識ですが、「1あたり」という捉え方の方が、「分ける」という捉え方より、より広範にものごとを捉えられるのですから、知識として質が良いと言えるでしょう。「1あたり」という捉え方は、「分ける」という捉え方を*包含しますし、より広い範囲の割り算を了解でき、より広い範囲で割り算を使えることになるのです。

「1あたり」の「知識」の方が、「分ける」に比較して柔軟に使えるでしょう。同じ割り算に関する2つの「知識」に「差」があるのです。柔軟な思考だけが、アウトプットの柔軟さ・適切さに関わるのではなく、「知識」の違いによっても差を生じるのです。「知識」は思考の質に関係しないわけではないのです。

（西林克彦「知ってるつもり 『問題発見力』を高める『知識システム』の作り方」光文社新書による）

〈言葉の説明〉

信奉……ある考えを最も良いものとして信じて従うこと。

危惧……あることを心配し、おそれること。

演算……式の示すとおりに計算すること。

包含……中にふくんでいること。

〈問題1〉　**文章A**に「面白さ」の本質はここにあるとありますが、「ここ」とは何か、本文で挙げられている具体例以外で考えられる場面を答えましょう。また、それを挙げた理由を、**文章A**全体をふまえて二十五字以内で答えましょう。

〈書き方のきまり〉
○　読点（とうてん）→、や　句点→。かぎ→「　などはそれぞれ一ますに書きましょう。
○　文章を直すときは、消しゴムでていねいに消してから書き直しましょう。

〈問題2〉　**文章B**に大いに関係するとありますが、何が何に「関係する」と**文章B**の筆者は述べていますか。本文で挙げられている具体例を用いて、百字以内で説明しましょう。

〈書き方のきまり〉
○　行をかえたり、段落（だんらく）をかえてはいけません。
○　読点（とうてん）→、や　句点→。かぎ→「　などはそれぞれ一ますに書きましょう。
○　文章を直すときは、消しゴムでていねいに消してから書き直しましょう。

〈問題3〉　**文章A**・**文章B**を読み、あなたは学校という場では、どのような学びがあると考えましたか。また、今後の学校生活において、どのように学びに向き合いたいですか。それぞれの文章の内容をふまえて、四百字以上五百字以内で自分の考えをまとめましょう。第一段落（だんらく）には、学校にある学びについて書き、第二段落よりあとには、どのように学びに向き合いたいかを書きましょう。

（書き方のきまり）

○ 題名、名前は書かずに一行めから書き始めましょう。書き出しや、段落(だんらく)をかえるときは、一ます空けて書きましょう。

○ 行をかえるのは段落をかえるときだけとします。会話などを入れる場合は、行をかえてはいけません。

○ 読点(とうてん)↓、や　句点↓。かぎ↓「　などはそれぞれ一ますに書きましょう。ただし、句点とかぎ↓。」は、同じますに書きましょう。

○ 読点や句点が行の一番上にきてしまうときは、前の行の一番最後の字といっしょに同じますに書きましょう。

○ 書き出しや、段落をかえて空いたますも字数として数えます。

○ 最後の段落の残りのますは、字数として数えません。

○ 文章を直すときは、消しゴムでていねいに消してから書き直しましょう。

適性検査Ⅱ

注　　意

1　問題は **1** から **3** までで、１４ページにわたって印刷してあります。

2　検査時間は**４５分**で、終わりは**午前１１時１０分**です。

3　声を出して読んではいけません。

4　計算が必要なときは、この問題用紙の余白を利用しなさい。

5　答えは全て解答用紙に明確に記入し、**解答用紙だけを提出しなさい。**

6　答えを直すときは、きれいに消してから、新しい答えを書きなさい。

7　**受検番号**を解答用紙の決められたらんに記入しなさい。

東京都立桜修館中等教育学校

1　**さくら**さんは、**さくら**さんの親せきの**八雲**さんといっしょに、さまざまな体験活動ができる大きな公園に行くことになりました。また、**さくら**さんの友人の**おさむ**さん、**ひとし**さんもいっしょに行き、夏休みの自由研究をすることになっています。

さくら：公園に行く当日の行動を決めておきたいな。

八　雲：当日は８時３０分にＡエリアを出発して、**さくら**さん、**おさむ**さん、**ひとし**さんの３人でいっしょに体験活動を行い、１１時３０分までにＡエリアにもどって体験活動を終え、昼食をとります。その後、ふん水を見に行く予定です。**〔公園のパンフレット〕**を見て、計画を立ててみましょう。

〔公園のパンフレット〕

《体験活動一覧》

エリア	分野	番号	内容	活動時間	一人当たりの料金	備考
Ａエリア	工作	1	木のコースター	４０分間	１０００円	・開始時刻 第１回：９時 第２回：１０時 第３回：１１時
		2	ビーズアクセサリー	４０分間	８００円	
		3	キーホルダー	４０分間	７００円	
		4	折り紙	４０分間	６００円	
Ｂエリア	自然観察	5	こん虫観察	３０分間	４００円	・着いてすぐに 開始できます
		6	植物観察	３０分間	３００円	
		7	バードウォッチング	３０分間	２００円	
Ｃエリア	運動	8	アスレチック	１０分単位で利用	200円/10分	・着いてすぐに 開始できます

※活動時間は、体験活動を行うエリアに着いてからそのエリアを出るまでの時間

※工作の活動時間は、開始時刻から終了時刻までの時間

《４０周年キャンペーン》

※**《体験活動一覧》**に示された料金から、４０％割引

※割引後の料金が１５００円以上のとき、記念品をプレゼント

《エリア間の移動時間マップ》

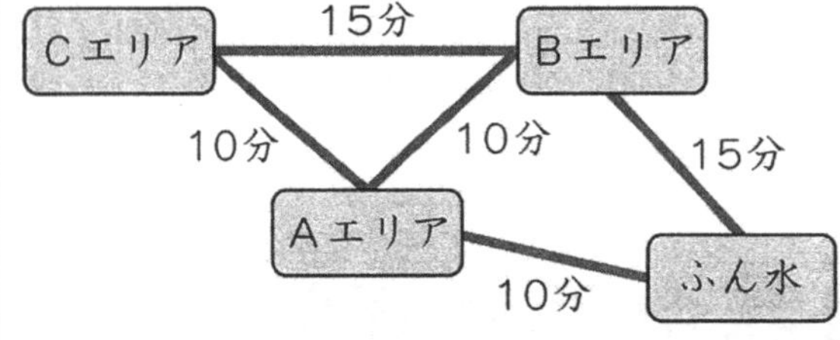

さくら：それぞれのエリアで、少なくとも一つの体験活動を行いたいな。

おさむ：そうだね。そして、アスレチックをできるだけ長い時間体験したいな。

ひとし：よいね。せっかくの**《40周年キャンペーン》**だから、記念品をもらいたいな。ただ、おみやげも買いたいから、体験活動の料金はできるだけ少なくしたいな。

さくら：計画を立てる条件と**おさむ**さん、**ひとし**さん、私の希望を、**〔メモ〕**にまとめたよ。この**〔メモ〕**の内容をすべて満たす体験活動の計画を立てようよ。

〔メモ〕

計画を立てる条件

・8時30分にAエリアを出発して、11時30分までにAエリアにもどってくる。
・**おさむ**さん、**ひとし**さん、私の3人でいっしょに体験活動を行う。

おさむさん、**ひとし**さん、私の希望

・それぞれのエリアで、少なくとも一つの体験活動を行いたい。
・アスレチックをできるだけ長い時間体験したい。
・記念品をもらいたい。
・おみやげも買いたいので、体験活動の料金はできるだけ少なくしたい。

おさむ：計画はノートにまとめてかこうよ。例えば、**図1**のようにかけるね。体験活動の内容を**《体験活動一覧》**の番号で、体験活動の時間を矢印で示しているよ。そして、矢印のない時間は、移動や準備をしているということだよ。

図1　かき方の例

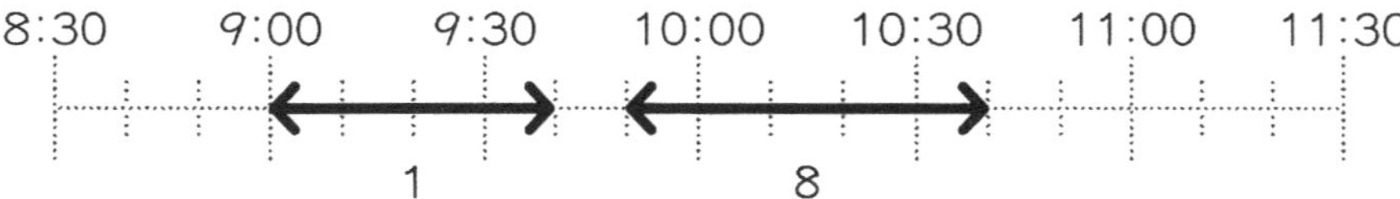

ひとし：計画のかき方は分かったよ。

さくら：体験活動の時間をより多く取りたいので、体験活動と移動時間以外は考えないことにしよう。

ひとし：最初に、開始時刻が決まっている工作の時間を決めるとよさそうだね。

おさむ：これで体験活動の計画が立てられるね。

〔問題1〕　**おさむ**さんは「これで体験活動の計画が立てられるね。」と言っています。**図1**にならって解答用紙の**図**の中に、体験活動の内容を番号で、時間を矢印でかきこみなさい。このとき、開始時刻と終了時刻がはっきりと分かるように、矢印で示しなさい。ただし、答えは一つではありません。考えられるもののうちの一つを答えなさい。また、そのときの体験活動にかかる割引前の料金について、一人当たりの料金の合計を答えなさい。

当日昼食後に、**さくら**さん、**おさむ**さん、**ひとし**さん、**八雲**(やくも)さんは、ふん水の前に来ました。

さくら：ふん水の前で写真をとりましょう。ふん水は**図2**のように「大」、「中」、「小」の３種類あるみたいだね。「大」は１か所、「中」は３か所、「小」は６か所から水が出ているね。そして、「中」と「小」のふん水は、それぞれ同時に水が出始めて、同時に止まっているね。

図2

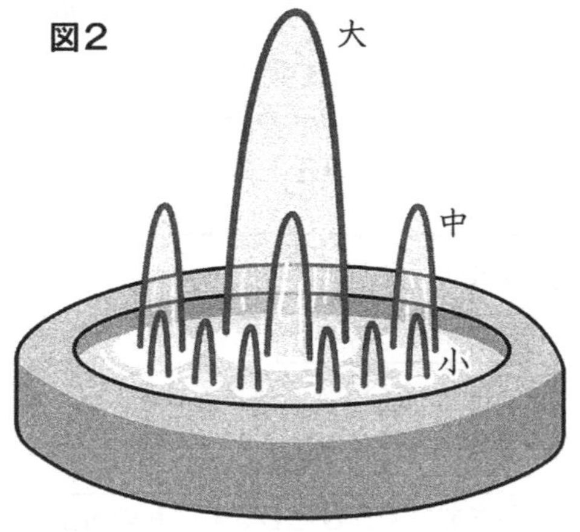

おさむ：今は１種類のふん水からしか水が出ていないよ。

ひとし：ふん水から水が出始める時刻(じこく)と次に水が出始める時刻の間かくが「大」、「中」、「小」それぞれちがうみたいだね。

さくら：せっかくだから、３種類とも水が出ている時に写真をとりたいな。

おさむ：ふん水から水が出ている時間はどれも１０秒間だったよ。だから、「大」、「中」、「小」それぞれのふん水から水が出始める時刻を調べたらよいと思うよ。

ひとし：ふん水から水が出ている時間や、水が出始める時刻と次に水が出始める時刻の間かくは事前に設定されていて、「大」、「中」、「小」それぞれ一定になっているよ。

おさむ：１３時からは、特別プログラムのふん水ショーが始まるよ。このふん水ショーが始まる前の１２時５０分までに写真をとろうよ。

さくら：わかった。では、私(わたし)は「大」のふん水から水が出始める時刻を確認(かくにん)するよ。

おさむ：私は「中」のふん水にしよう。

ひとし：では、私は「小」にしよう。

さくらさんたちは、ふん水から水が出始める時刻を確かめました。

さくら：結果は**表1**のようになったよ。

表1

ふん水の種類	水が出始めた時刻		
大	１２時３０分００秒	１２時３１分３０秒	１２時３３分００秒
中	１２時３０分００秒	１２時３０分２４秒	１２時３０分４８秒
小	１２時３０分００秒	１２時３０分３６秒	１２時３１分１２秒

おさむ： さっき、３種類のふん水から水が同時に出始めた時刻は１２時３０分だったよ。そして、今の時刻は１２時３４分だよ。<u>これで３種類のふん水から水が同時に出始める時刻が分かるね。</u>

〔問題２〕　**おさむ**さんは「<u>これで３種類のふん水から水が同時に出始める時刻が分かるね。</u>」と言っています。１２時３４分から１２時５０分までの間で、３種類のふん水から水が同時に出始める時刻を答えなさい。ただし、答えは一つではありません。考えられるもののうちの一つを答えなさい。

ひとし：１３時に始まるふん水ショーの情報と動画が公園のホームページにのっているよ。

さくら：公園のホームページの動画を見てみたら、水がたくさん出ていることに気づいたよ。「大」のふん水は１か所から５秒間に３６Ｌ、「中」は３か所から５秒間にそれぞれ８Ｌ、「小」は６か所から５秒間にそれぞれ１．５Ｌの水が出るよ。

おさむ：「中」と「小」のふん水は、それぞれ同時に水が出始めて、同時に止まるのだったね。

ひとし：写真とは別に、ふん水から水が出ている様子の動画もとろうよ。

おさむ：よいね。ふん水から出ている水の量の合計が最も多い１０秒間の動画をとろう。

八　雲：ふん水ショーは１３時から１３時２０分までなので、この間に動画をとることができるように考えてくださいね。

さくら：公園のホームページによると、ふん水から水が出始める時刻は、「大」が１３時００分００秒、「中」は１３時００分１０秒、「小」は１３時００分１５秒だよ。

おさむ：「大」のふん水は１分１５秒ごと、「中」は４０秒ごと、「小」は３０秒ごとに水が出始めるよ。それと、水が出ている時間は、「大」と「中」がそれぞれ１０秒間、「小」が１５秒間だよ。また、水が出ている時間や、水が出始める時刻と次に水が出始める時刻の間かくは一定だね。

ひとし：水が出ている時間帯を、**図３**のようにまとめると見やすいと思うよ。

図3

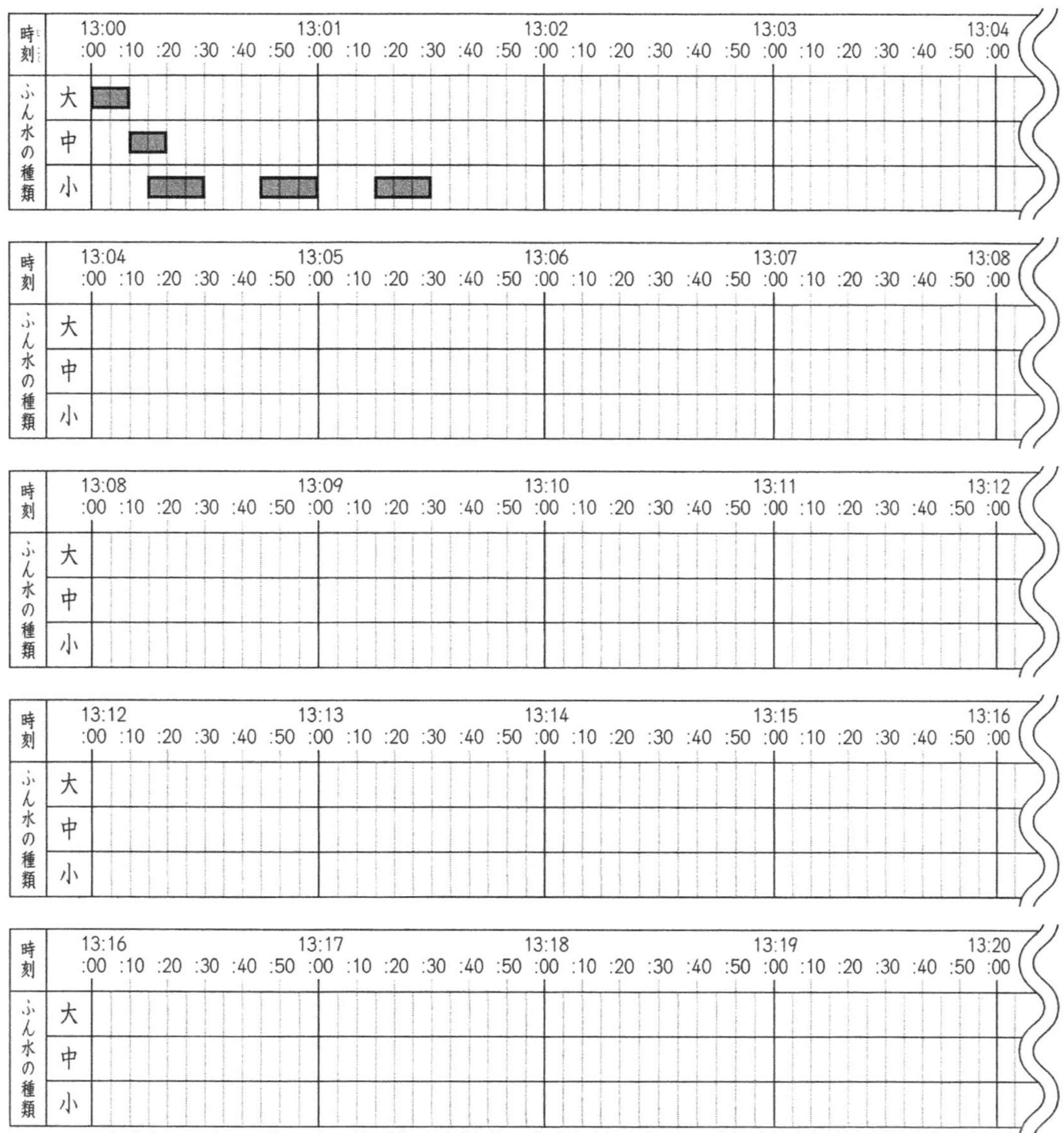

おさむ： これで、最も多くの水が出ている１０秒間が分かるね。

さくら： 動画だけでは水の量が伝わらないかもしれないから、実際に最も多くの水が出ている１０秒間における水の総量を調べてみよう。

〔問題３〕 **おさむ**さんは「最も多くの水が出ている１０秒間が分かるね。」と言っています。また、**さくら**さんは「最も多くの水が出ている１０秒間における水の総量を調べてみよう。」と言っています。１３時から１３時２０分までの間で、最も多くの水が出ている１０秒間の始まる時刻と、その１０秒間における水の総量について、言葉や計算式を使って説明しなさい。ただし、最も多くの水が出ている１０秒間の始まる時刻は一つではありません。考えられるもののうちの一つを答えなさい。

2　**花子**さんと**太郎**さんは、社会科の時間に産業について、**先生**と話をしています。

花　子：これまでの社会科の授業で、工業には、自動車工業、機械工業、食料品工業など、多様な種類があることを学びました。

太　郎：私たちの生活は、さまざまな種類の工業と結び付いていましたね。

先　生：私たちの生活に結び付いているのは、工業だけではありませんよ。多くの産業と結び付いています。

花　子：工業のほかにどのような産業があるのでしょうか。

太　郎：たしかに気になりますね。おもしろそうなので、調べてみましょう。

花子さんと**太郎**さんは、産業について調べた後、**先生**と話をしています。

花　子：工業のほかにも、農業や小売業など、たくさんの産業があることが分かりました。同じ産業でも、農業と小売業では特徴が異なりますが、何か分け方があるのでしょうか。

先　生：産業は大きく分けると、第１次産業、第２次産業、第３次産業の３種類に分類することができます。

太　郎：それらは、どのように分類されているのですか。

先　生：第１次産業は、自然に直接働きかけて食料などを得る産業で、農業、林業、漁業のことをいいます。第２次産業は、第１次産業で得られた原材料を使用して、生活に役立つように商品を製造したり、加工したりする産業で、工業などのことをいいます。第３次産業は、第１次産業や第２次産業に分類されない産業のことで、主に仕入れた商品を販売する小売業などの商業や、物を直接生産するのではなく、人の役に立つサービス業などのことをいいます。

花　子：大きく区分すると、三つの産業に分類されるのですね。では、日本の産業全体でどれくらいの人が働いているのでしょうか。

太　郎：働いている人のことを就業者といいます。日本の産業全体の就業者数を調べてみましょう。

花子さんと**太郎**さんは、日本の産業全体の就業者数について調べました。

花　子：産業全体の就業者数を３０年ごとに調べてみると、１９６０年は約４３７０万人、１９９０年は約６１３７万人、２０２０年は約５５８９万人でした。

太　郎：就業者数は１９６０年、１９９０年、２０２０年と変化しているのですね。それぞれの産業別では、どれくらいの人が働いているのでしょうか。

花　子：私は、第１次産業、第２次産業、第３次産業、それぞれの産業で働いている人の年齢がどのように構成されているのかを知りたいです。

太　郎：では、今、三つに分類した産業別の就業者数を年齢層ごとに調べ、一つの図にまとめてみましょう。

花子さんと**太郎**さんは、１９６０年、１９９０年、２０２０年における年齢層ごとの産業別の就業者数を調べ、年ごとにグラフ（**図１**）を作成しました。

解答用紙

適性検査Ⅰ

〔問題1〕

場面

理由

25

20

〔問題2〕

100 80 40

〔問題3〕

100

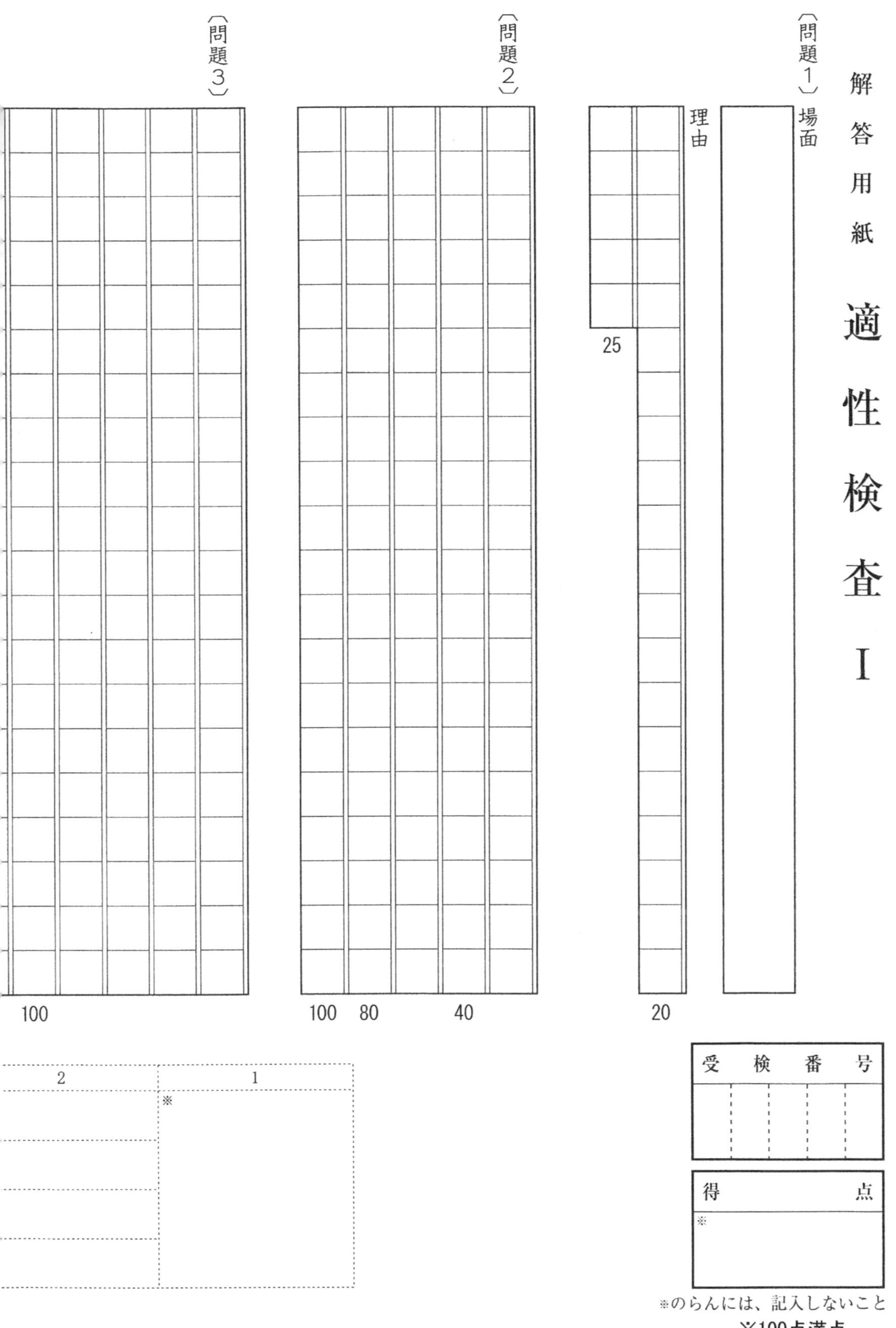

受検番号

得点
※

※のらんには、記入しないこと

1	2
※	

※100点満点

（評価基準非公表）

解答用紙　適性検査Ⅱ

※100点満点

受	検	番	号

得点
※

※のらんには、記入しないこと

1

〔問題１〕16点

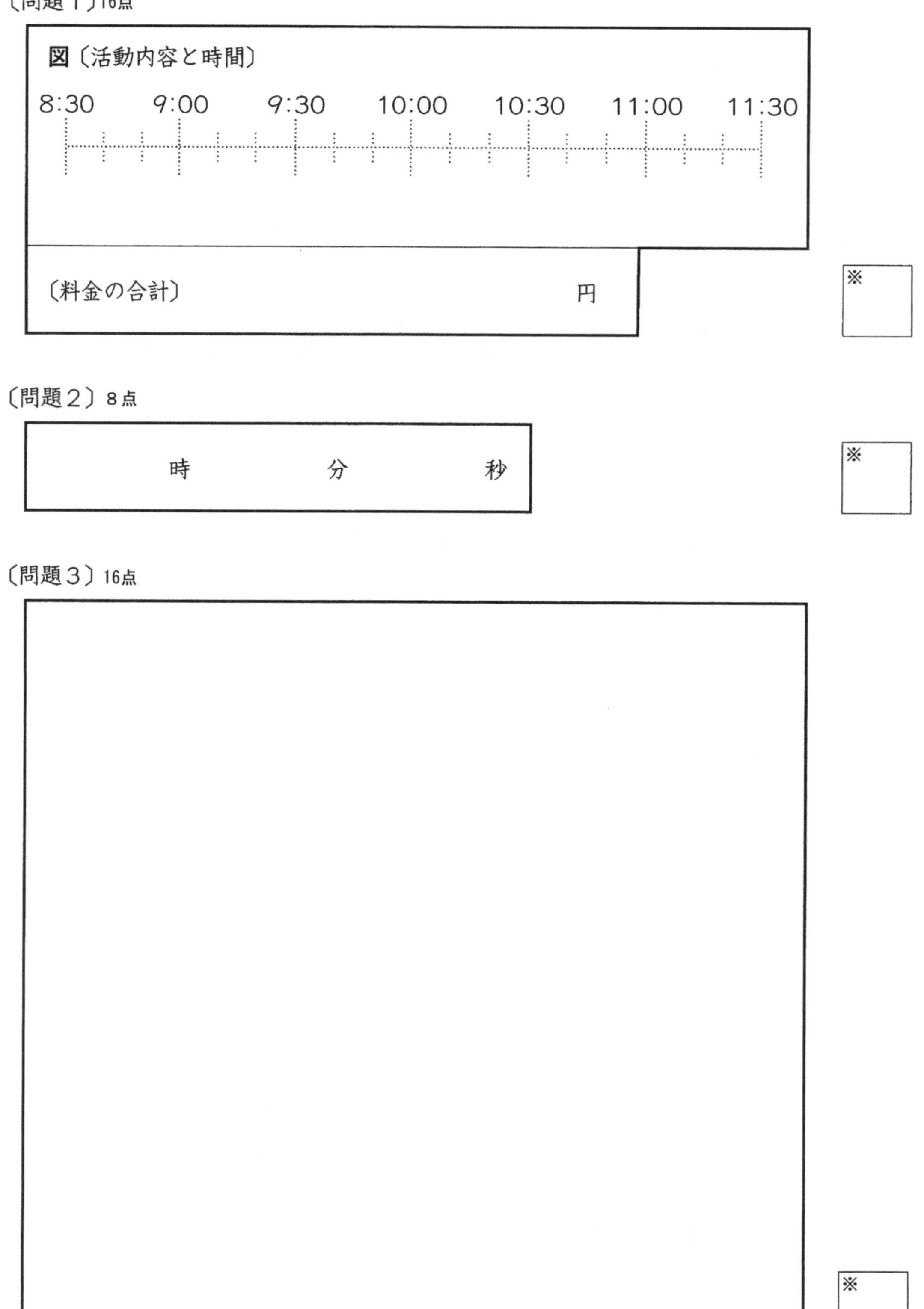

図〔活動内容と時間〕
8:30
9:00
9:30
10:00
10:30
11:00
11:30
〔料金の合計〕
円
※
〔問題２〕8点
時
分
秒
※
〔問題３〕16点
※

2

〔問題１〕15点

（選んだ一つを○で囲みなさい。）

第２次産業　　　　第３次産業

※

〔問題２〕15点

（**図２**と**図３**から一つずつ選んで○で囲みなさい。）

図２：　①　②　③　　　**図３**：　　⑤　⑥

〔農家の人たちの立場〕

〔農家以外の人たちの立場〕

※

3

〔問題１〕14点

（1）

（2）

※

〔問題２〕16点

（1）

（2）

※

（5　桜修館）

500 400 300 200

6	5	4	3
※	※	※	※
		※	※
		※	※
		※	※

図1　１９６０年、１９９０年、２０２０年における年齢層ごとの産業別の就業者数

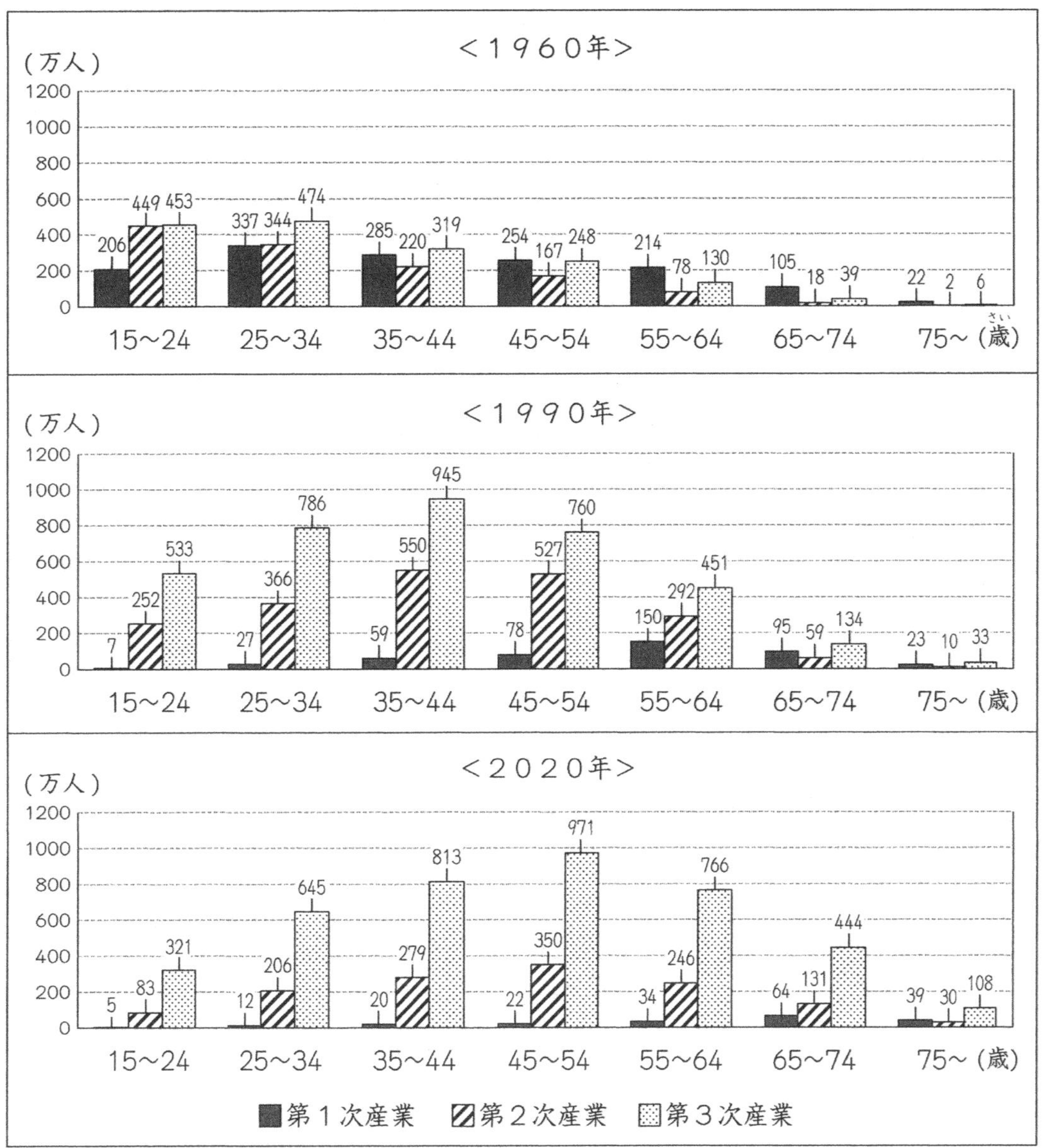

(国勢調査より作成)

花　子：**図1**から、１９６０年、１９９０年、２０２０年で産業別の就業者数と就業者数の最も多い年齢層が変化していることが分かりますね。

太　郎：では、１９６０年、１９９０年、２０２０年を比べて、産業別の就業者数と就業者数の最も多い年齢層の変化の様子を読み取りましょう。

〔問題１〕　**太郎**さんは「１９６０年、１９９０年、２０２０年を比べて、産業別の就業者数と就業者数の最も多い年齢層の変化の様子を読み取りましょう。」と言っています。第２次産業、第３次産業のいずれか一つを選び、１９６０年、１９９０年、２０２０年における、産業別の就業者数と就業者数の最も多い年齢層がそれぞれどのように変化しているか、**図1**を参考にして説明しなさい。

太　郎：グラフを読み取ると、約６０年間の産業別の就業者数と年齢層ごとの就業者数の変化の様子がよく分かりましたね。

花　子：そうですね。ところで、第１次産業に就業している人が、自然に直接働きかけて食料などを得ること以外にも、取り組んでいる場合がありますよね。

太　郎：どういうことですか。

花　子：夏休みにりんご農園へ行ったとき、アップルパイの製造工場があったので見学しました。りんごの生産者がアップルパイを作ることに関わるだけでなく、完成したアップルパイを農園内のお店で販売していました。

先　生：たしかに、りんごを生産する第１次産業、そのりんごを原材料としたアップルパイの製造をする第２次産業、アップルパイの販売をする第３次産業と、同じ場所でそれぞれの産業の取り組みが全て見られますね。二人は、「６次産業化」という言葉を聞いたことはありますか。

太　郎：初めて聞きました。「６次産業化」とは何ですか。

先　生：「６次産業化」とは、第１次産業の生産者が、第２次産業である生産物の加工と、第３次産業である流通、販売、サービスに関わることによって、生産物の価値をさらに高めることを目指す取り組みです。「６次産業化」という言葉の「６」の数字は、第１次産業の「１」と第２次産業の「２」、そして第３次産業の「３」の全てを足し合わせたことが始まりです。

花　子：そうなのですね。生産物の価値を高めるのは、売り上げを増加させることが目的ですか。

先　生：第１次産業の生産者の売り上げを増加させ、収入を向上させることが目的です。

太　郎：つまり、「６次産業化」によって、売り上げが増加し、第１次産業の生産者の収入向上につながっているのですね。

先　生：農林水産省のアンケート調査では、「６次産業化」を始める前と後を比べて、「６次産業化」に取り組んだ農家の約７割が、年間の売り上げが増えたと答えています。

花　子：どのような取り組みを行って、売り上げは増加したのでしょうか。私は夏休みにりんご農園へ行ったので、農業における「６次産業化」の取り組みをもっとくわしく調べてみたいです。

太　郎：では、「６次産業化」によって売り上げが増加した農家の事例について、調べてみましょう。

太郎さんと**花子**さんは農業における「６次産業化」の取り組み事例について調べて、**先生**に報告しました。

花　子：ゆず農家の取り組み事例がありました。

先　生：「６次産業化」の取り組みとして、ゆずの生産以外に、どのようなことをしているのですか。

太　郎：ゆずを加工して、ゆずポン酢などを生産し、販売しています。

先　生：売り上げを増加させるために、具体的にどのような取り組みを行っていましたか。

花　子：インターネットを用いて販売先を広げました。その結果、遠くに住んでいる人が、商品を購入することができるようになっています。また、地域の使われなくなっていた農地を活用することで、ゆずの生産を増加させています。使われなくなっていた農地を活用した結果、土地が荒れるのを防ぐことができ、地域の防災にも役立っています。

太　郎：農家の人たちだけでなく、消費者や地域の人たちなどの農家以外の人たちにとっても利点があるということが分かりました。他の農家の取り組みも調べてみたいです。

花　子：では、他の農家ではどのような取り組みをしているのか、調べてみましょう。

図２　花子さんが調べた「*養鶏農家」の取り組み事例

（生産部門） 卵	（加工部門） プリン、オムライスなど	（販売部門） カフェとレストランでの提供やインターネットを用いた通信販売
＜具体的な取り組み＞ ①カフェ事業を始めた結果、来客数が増加した。 ②宿泊施設で宿泊者に対して、卵や地元の食材を活用した料理を提供している。 ③飼育体験・お菓子作り体験・カフェ店員体験などを実施している。		

＊養鶏：卵や肉をとるためにニワトリを飼うこと。

（農林水産省ホームページなどより作成）

図３　太郎さんが調べた「しいたけ農家」の取り組み事例

（生産部門） しいたけ	（加工部門） しいたけスープなど	（販売部門） レストランでの提供やインターネットを用いた通信販売
＜具体的な取り組み＞ ④色や形が不揃いで出荷できず、捨てていたしいたけを加工し、新たな商品やレストランのメニューなどを開発し、提供している。 ⑤しいたけの加工工場見学などの新しい観光ルートを提案した結果、旅行客が増えた。 ⑥地元の会社と協力して加工商品を開発し、販売している。		

（農林水産省ホームページなどより作成）

太　郎：さまざまな「６次産業化」の取り組みが、行われていることが分かりました。

花　子：「６次産業化」には、さまざまな利点があるのですね。

太　郎：そうですね。「６次産業化」は、これからの第１次産業を発展させていく上で、参考になるかもしれませんね。

〔問題２〕　**花子**さんは「「６次産業化」には、さまざまな利点があるのですね。」と言っています。**図２**の①～③、**図３**の④～⑥の＜具体的な取り組み＞の中から一つずつ取り組みを選び、それらに共通する利点を答えなさい。なお、農家の人たちの立場と農家以外の人たちの立場から考え、それぞれ説明すること。

3 **花子**さんと**太郎**さんが水滴について話をしています。

花　子：雨が降った後、いろいろな種類の植物の葉に水滴がついていたよ。
太　郎：植物の種類によって、葉の上についていた水滴の形がちがったよ。なぜなのかな。
花　子：葉の形や面積と関係があるのかな。調べてみよう。

二人は、次のような**実験１**を行いました。

実験１

手順１　次の**ア**～**オ**の５種類の葉を、それぞれ１枚ずつ用意し、葉の形の写真をとる。
　　ア　アジサイ　**イ**　キンモクセイ　**ウ**　イチョウ　**エ**　ツバキ　**オ**　ブルーベリー

手順２　１枚の葉の面積を、**図１**のように方眼用紙を用いて求める。

手順３　それぞれの葉の表側に、約５ｃｍの高さからスポイトで水を４滴分たらす。そして、葉についた水滴を横から写真にとる。

図１　方眼用紙と葉

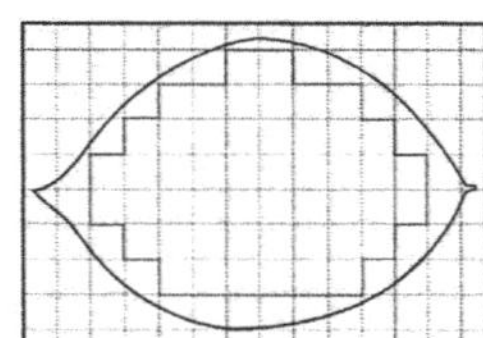

実験１の記録は、**表１**のようになりました。

表１　**実験１**の記録

	ア	イ	ウ	エ	オ
葉の形					
葉の面積（ｃｍ^2）	１１１	２２	３６	１８	１７
水滴の写真					

太　郎：**ア**～**オ**の中に、葉を少しかたむけると、水滴が転がりやすい葉と水滴が転がりにくい葉があったよ。
花　子：葉の上で水滴が転がりやすいと、葉から水が落ちやすいのかな。
太　郎：それを調べるために、葉の表側を水につけてから引き上げ、どれだけの量の水が葉についたままなのか調べてみよう。
花　子：葉についたままの水の量が分かりやすいように、葉は１０枚使うことにしましょう。

二人は、次のような**実験2**を行いました。

実験2

手順1　**実験1**の**ア**～**オ**の葉を、新しく１０枚ずつ用意し、１０枚の葉の重さをはかる。

手順2　**図2**のように、手順１で用意した葉の表側を１枚ずつ、容器に入った水につけてから引き上げ、水につけた後の１０枚の葉の重さをはかる。

手順3　手順１と手順２ではかった重さから、１０枚の葉についたままの水の量を求める。

図2　葉と水

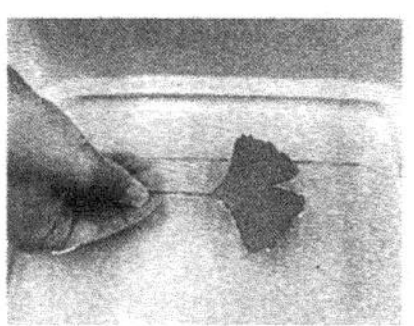

１０枚の葉についたままの水の量は、**表2**のようになりました。

表2　１０枚(まい)の葉についたままの水の量

	ア	イ	ウ	エ	オ
１０枚の葉についたままの水の量（g）	１１．６	２．１	０．６	１．８	０．４

太　郎：**表2**の１０枚の葉についたままの水の量を、少ないものから並(なら)べると、**オ**、**ウ**、**エ**、**イ**、**ア**の順になるね。だから、この順番で水滴が転がりやすいのかな。

花　子：**表1**の葉の面積についても考える必要があると思うよ。<u>**表2**の１０枚の葉についたままの水の量を**表1**の葉の面積で割(わ)った値(あたい)は、**ア**と**イ**と**エ**では約０．１になり、**ウ**と**オ**では約０．０２になったよ。</u>

太　郎：**表1**の水滴の写真から分かることもあるかもしれないね。

〔問題1〕（1）　**表1**と**表2**と会話文をもとに、水滴(すいてき)が転がりやすい葉１枚(まい)と水滴が転がりにくい葉１枚を選びます。もし**ア**の葉を選んだとすると、もう１枚はどの葉を選ぶとよいですか。**イ**、**ウ**、**エ**、**オ**の中から一つ記号で答えなさい。

（2）　**花子**さんは、「<u>**表2**の１０枚の葉についたままの水の量を**表1**の葉の面積で割(わ)った値(あたい)は、**ア**と**イ**と**エ**では約０．１になり、**ウ**と**オ**では約０．０２になったよ。</u>」と言いました。この発言と**表1**の水滴の写真をふまえて、水滴が転がりやすい葉か転がりにくい葉か、そのちがいをあなたはどのように判断したか説明しなさい。

太　郎：葉についた水滴について調べたけれど、汗が水滴のようになることもあるね。

花　子：汗をかいた後、しばらくたつと、汗の水分はどこへいくのかな。

太　郎：服に吸収されると思うよ。ここにある木綿でできたＴシャツとポリエステルでできたＴシャツを使って、それぞれの布について調べてみよう。

二人は、次のような**実験３**を行いました。

実験３

手順１　木綿でできたＴシャツとポリエステルでできたＴシャツから、同じ面積にした木綿の布３０枚とポリエステルの布３０枚を用意し、重さをはかる。水の中に入れ、引き上げてからそれぞれ重さをはかり、増えた重さを求める。

手順２　新たに手順１の布を用意し、スタンプ台の上に布を押しあてて黒色のインクをつける。次に、インクをつけた布を紙の上に押しあてて、その紙を観察する。

手順３　新たに手順１の木綿の布３０枚とポリエステルの布３０枚を用意し、それぞれ平らに積み重ねて横から写真をとる。次に、それぞれに２kgのおもりをのせて、横から写真をとる。

実験３は、**表３**と**図３**、**図４**のようになりました。

表３　手順１の結果

	木綿の布	ポリエステルの布
増えた重さ（g）	１４．１	２４．９

図３　手順２で観察した紙

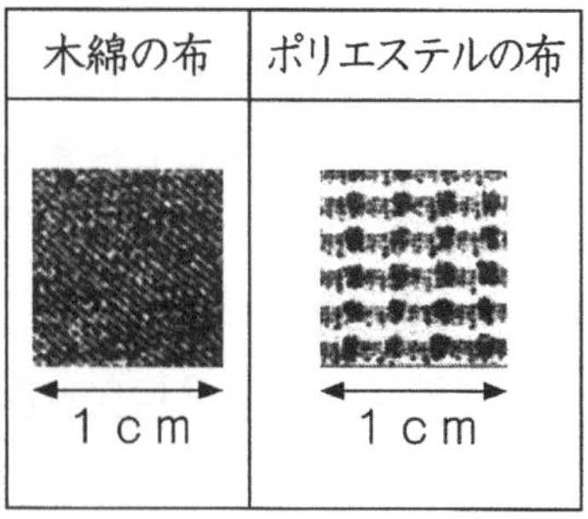

木綿の布	ポリエステルの布
１ｃｍ	１ｃｍ

図４　手順３で布を積み重ねて横からとった写真

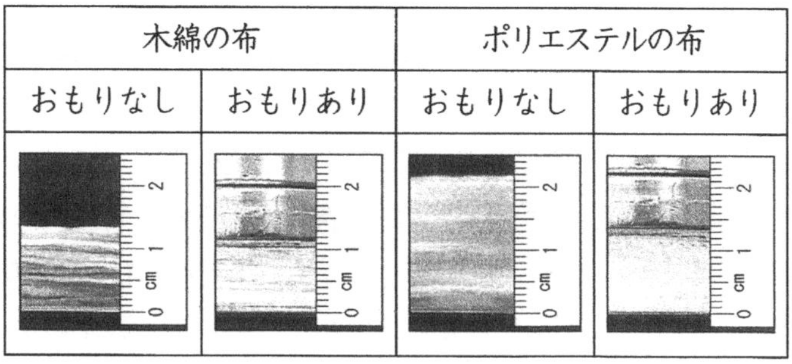

木綿の布		ポリエステルの布	
おもりなし	おもりあり	おもりなし	おもりあり
cm 0 1 2	cm 0 1 2	cm 0 1 2	cm 0 1 2

花　子：汗の水分は服に吸収されるだけではなく、蒸発もすると思うよ。

太　郎：水を通さないプラスチックの箱を使って、調べてみよう。

二人は、次のような**実験４**を行いました。

実験4

手順1　同じ布でできたシャツを3枚用意し、それぞれ水150gを吸収させ、プラスチックの箱の上にかぶせる。そして、箱とシャツの合計の重さをそれぞれはかる。

手順2　手順1のシャツとは別に、木綿でできたTシャツとポリエステルでできたTシャツを用意し、それぞれ重さをはかる。そして、**図5**のように、次の**カ**と**キ**と**ク**の状態をつくる。

図5　カとキとクの状態

カ　箱とシャツの上に、木綿のTシャツをかぶせた状態

キ　箱とシャツの上に、ポリエステルのTシャツをかぶせた状態

ク　箱とシャツの上に何もかぶせない状態

手順3　手順2の**カ**と**キ**については、60分後にそれぞれのTシャツだけを取って、箱とシャツの合計の重さとTシャツの重さをそれぞれはかる。手順2の**ク**については、60分後に箱とシャツの合計の重さをはかる。

実験4の結果は、**表4**のようになりました。

表4　箱とシャツの合計の重さとTシャツの重さ

	カ		キ		ク
	箱とシャツ	Tシャツ	箱とシャツ	Tシャツ	箱とシャツ
はじめの重さ　(g)	1648.3	177.4	1648.3	131.5	1648.3
60分後の重さ (g)	1611	189.8	1602.4	150.3	1625.2

花　子：**表4**から、60分たつと、箱とシャツの合計の重さは、**カ**では37.3g、**キ**では45.9g、**ク**では23.1g、それぞれ変化しているね。

太　郎：Tシャツの重さは、**カ**では12.4g、**キ**では18.8g、それぞれ変化しているよ。

〔問題2〕（1）**実験3**で用いたポリエステルの布の方が**実験3**で用いた木綿（もめん）の布に比べて水をより多く吸収（きゅうしゅう）するのはなぜですか。**図3**から考えられることと**図4**から考えられることをふまえて、説明しなさい。

（2）**実験4**の手順2の**カ**と**キ**と**ク**の中で、はじめから60分後までの間に、箱とシャツの合計の重さが最も変化しているのは、**表4**から**キ**であると分かります。蒸発（じょうはつ）した水の量の求め方を説明し、**キ**が最も変化する理由を答えなさい。

④

適性検査Ⅰ

注意

1 問題は**4ページ**にわたって印刷してあります。
2 検査時間は**四十五分**で、終わりは**午前九時四十五分**です。
3 声を出して読んではいけません。
4 答えは全て解答用紙に明確に記入し、**解答用紙だけを提出しなさい。**
5 答えを直すときは、きれいに消してから、新しい答えを書きなさい。
6 **受検番号**を解答用紙の決められたらんに記入しなさい。

東京都立桜修館中等教育学校

次の**文章A**・**文章B**を読んで、あとの**問題**に答えなさい。
（＊印の付いている言葉には、文章の後に〈言葉の説明〉があります。）

文章A

クマノミはイソギンチャクと一緒に棲むことで、いろいろな利益をこうむっています。第一の利益は、安全なすみかを提供してもらっていることです。カクレクマノミをイソギンチャクから取り出し、一〇メートルはなれたところで放した実験の結果、イソギンチャクまで帰り着けたものは三分の二だけ。残りは、ハタなどの魚に食われてしまいました。泳ぎのあまりうまくないクマノミの仲間は、イソギンチャクの保護がなければ生きていけません。

クマノミは、必ずイソギンチャクの中にいますが、イソギンチャクの方は、クマノミの入っていないものもよく見かけます。だからクマノミが、一方的にイソギンチャクにお世話になっているのだ、つまりクマノミはイソギンチャクに寄生しているのだという説が、昔はありました。

しかし、野外でクマノミの入ったイソギンチャクと、入っていないものとを観察し続けると、クマノミのいる方が、三倍も早く成長するし、死亡率も低いという報告があり、イソギンチャクもクマノミから大いに利益を受けているようです。

イソギンチャクの受ける利益としては、クマノミがイソギンチャクを食べにくる魚を追い払ってくれること。チョウチョウウオの仲間はイソギンチャクをかじって食べますが、クマノミは、彼らを追い払います。イソギンチャクの上には、小さなエビやカニなどの甲殻類が棲んでいます。これらはイソギンチャクの寄生虫＊の可能性が高いのですが、それをクマノミは食べてしまいます（クマノミの主食は小さな甲殻類のたぐい）。クマノミとイソギンチャクは、両方ともに利益を得る、相利共生の関係なのです。

（本川達雄『生物学的文明論』新潮新書刊による）

〈言葉の説明〉

寄生虫……体の内部にとりついて、ほかの生物から養分をうばって生活している虫。

文章B

私たちは日々、生物たちのお世話になっています。

食物が生物です。米や麦や野菜、豚、牛。衣服も生物由来です。木綿や絹やウール。松や檜のような建築資材も生物。*ペニシリンは青カビからとられたものですが、医薬品も生物由来のものが多い。それに、犬や猫には癒されるし、バラは美しい。

こんなふうに、日々、さまざまな生物のお世話になっているのですが、それでも、種の数としては大して多くありません。せいぜい一〇〇種程度。だからそれだけをちゃんと確保しさえすれば、あとは少々種の数が減っても、どうってことないさ、と、何となく思っちゃいますよね。

地球には、未知のものも含めると三〇〇〇万種もの生物がいるようです。三〇年後にはその五分の一が絶滅するかもしれないと*危惧されていますが、そうなったとしても、まだ二〇〇〇万種以上も残っているのです。

だから大丈夫さ、と思うのは浅はかですね。

ある地域には、さまざまな生物が棲んでいます。それらの生物と、それが棲んでいる環境をひっくるめて、生態系と呼びます。生態系の中で私たちは生きています。そして、生態系がさまざまな恵みをわれわれに与えてくれています。自分の生きている生態系がなくなったら、私たちは生きてはいけません。そして、その生態系が安定して存在するには、生物多様性が大切です。ですから、生態系がわれわれに与えてくれる恵みとは、生物多様性が与えてくれるものだともいえるのですね。

（本川達雄『生物学的文明論』新潮新書刊による）

〈言葉の説明〉

ペニシリン……肺炎などにきく薬。

危惧……成り行きを心配し、おそれること。

このページには問題は印刷されていません。

問題

〈問題1〉 **文章A** に「相利共生」とありますが、筆者の考える「相利共生」とはどのようなことか、本文で挙げられている具体例を用いて、百二十字以上百四十字以内で説明しましょう。

〈問題2〉 **文章B** に「生物多様性が大切です。」とありますが、なぜ生物多様性が大切なのだと筆者は考えていますか。その理由を四十字以上五十字以内で説明しましょう。

〈問題3〉 二つの文章を読んで、筆者はどのようなことを言おうとしているとあなたは考えますか。また、そのことをふまえて、私たち人間は、生態系の中でどのように生きていくべきだと考えますか。いくつかの段落に分けて、分かりやすく書きましょう。第一段落には、筆者がどのようなことを言おうとしているのかについて書きましょう。第二段落より後には、私たち人間が生態系の中でどのように生きていくべきかについて書きましょう。なお、全体の字数は四百字以上、五百字以内とします。

〈書き方のきまり〉

○ 〈問題1〉〈問題2〉については、行をかえてはいけません。

○ 題名、名前は書かずに一行めから書き始めましょう。書き出しや、段落をかえるときは、一ます空けて書きましょう。

○ 行をかえるのは段落をかえるときだけとします。会話などを入れる場合は、行をかえてはいけません。

○ 読点↓、や 句点↓。かぎ↓「 などはそれぞれ一ますに書きましょう。ただし、句点とかぎ↓。」は、同じますに書きましょう。

○ 読点や句点が行の一番上にきてしまうときは、前の行の一番最後の字といっしょに同じますに書きましょう。

○ 書き出しや、段落をかえて空いたますも字数として数えます。

○ 最後の段落の残りのますは、字数として数えません。

○ 文章を直すときは、消しゴムでていねいに消してから書き直しましょう。

適 性 検 査 Ⅱ

注　　意

1　問題は **1** から **3** までで、**１４ページ**にわたって印刷してあります。

2　検査時間は**４５分**で、終わりは**午前１１時１０分**です。

3　声を出して読んではいけません。

4　計算が必要なときは、この問題用紙の余白を利用しなさい。

5　答えは全て解答用紙に明確に記入し、**解答用紙だけを提出しなさい。**

6　答えを直すときは、きれいに消してから、新しい答えを書きなさい。

7　**受検番号**を解答用紙の決められたらんに記入しなさい。

東京都立桜修館中等教育学校

1 **おさむ**さんと**さくら**さんと**ひとし**さんは、**先生**と自由研究について話をしています。

おさむ：みんなはどのような自由研究にしたのかな。

さくら：私(わたし)は着物に興味があるので、日本の伝統模様(でんとうもよう)について調べたよ。いろいろな図形でできた模様がたくさんあったよ。

おさむ：私はコンピュータに興味があるので、仕組みについていろいろと調べたよ。自分で作成した動画のデータなどを保存(ほぞん)するとき、そのサイズを小さくする考え方があることが分かったよ。

さくら：どのような考え方なのかな。

おさむ：コンピュータは、たくさんの文字を理解できず、一つか二つで組み合わせてできた記号のみ理解できるから、使用する文字一つを１種類の記号で置きかえる方法を考えるよ。例えば「ok」という単語はｏを○で、ｋを▲で置きかえると、記号は２種類でよいね。

ひとし：もう少し文字が増えるとどうなるのかな。

おさむ：今度は「pencil」を考えてみるよ。置きかえる記号が２種類では足りないから、もう一つ○か▲を横に並(なら)べるよ。ｐを○、ｅを▲、ｎを○○、ｃを○▲、ｉを▲○、ｌを▲▲で置きかえると、記号は６種類になるよ。

さくら：もっと長くなるとどうなるのかな。

おさむ：今度は「I have an apple in my hand.」という文を例として考えるよ。

さくら：「私はリンゴを手に持っています。」という意味だね。

おさむ：この文で使用する文字やピリオドの回数は**表１**のようになるね。ここでは、使用する一つの文字それぞれを、○や▲を横に並べた１種類の記号で置きかえる方法を考えるよ。また、使用する文字の大文字と小文字は区別するよ。

表１　文で使用する文字やピリオドと、その回数や置きかえる記号

文字やピリオド	I	h	a	v	e	n	p	l	i	m	y	d	.
回数	1	2	4	1	2	3	2	1	1	1	1	1	1
記号	○	▲	○○	○▲	▲○	▲▲	○○○	○○▲	○▲○	○▲▲	▲○○	▲○▲	▲▲○

ひとし：この文は６文字をこえるから、○や▲を１個から３個並べる必要があるね。

さくら：○○○や、○○▲などだね。

おさむ：二人とも慣れるのが早いね。これで**表１**の意味は分かったね。

ひとし：置きかえていくと「I have an apple in my hand.」という文は、

○　▲　○○　○▲　▲○　○○　▲▲　…

と記号が並んでいくね。

おさむ：全部並べると、○や▲を合計４７個使うので、この４７個を保存するデータのサイズと考えるよ。

先　生：よく調べていますね。実際はこれ以外にも保存させるものがあります。例えば、文字と文字の間のことを考える必要などがありますが、ここでは、○や▲の記号だけで保存させることを考えてみましょう。使用する順にそのまま置きかえたこの○や▲の個数の合計を、保存するデータのサイズと考えると、○や▲の個数を減らすことができれば、保存するデータのサイズを小さくすることができると考えていいと思います。

さくら：置きかえる記号を入れかえてはいけないのかな。

おさむ：気がつくのが早いね。

さくら：Ｉを○○に、ａを○に交かんするのはどうかな。

ひとし：そうだね。ｈとｎも交かんするとさらに個数が減るよ。

おさむ：そうすると、○や▲の個数の合計は、交かんする前の個数の合計より<u>約９％減らすことができるよ。</u>

ひとし：他の文字でも工夫（くふう）ができそうだね。

〔問題１〕　おさむさんは「約９％減らすことができるよ。」と言っています。その理由を説明しなさい。説明に式や計算を使ってもかまいません。

おさむ： ひとしさんはどのような自由研究にしたのかな。

ひとし： 私は、パイプをつないで**図1**のような球の分配装置を作ったよ。**図2**のような直径３mmの金属の球を使用したよ。上から球を入れると、パイプが分かれる部分で球は半分ずつの割合で分かれて落ちていくよ。落ちた球は下のＡからＥの容器のうち、どれかに入るよ。

図1　ひとしさんが作った球の分配装置

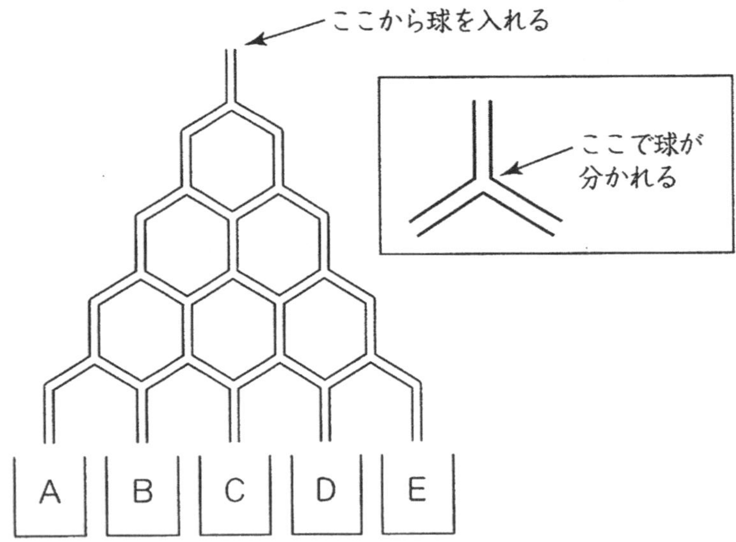

図2　金属の球

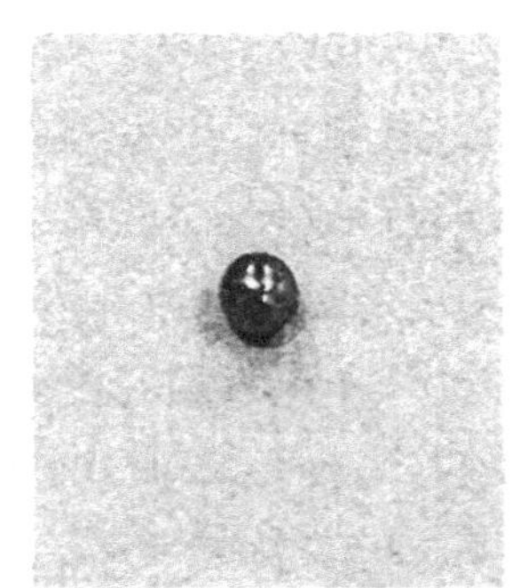

さくら： 上から球を入れると、それぞれの容器には同じ個数の球が入るのかな。

ひとし： ５個の容器すべてに同じ個数の球が入るわけではないよ。上から１６０個の球を入れて、それぞれの容器に入った個数を調べる実験を５０回やってみたよ。それぞれの容器に入った球の個数の平均は、**表2**のようになったよ。分配装置に入れた１６０個の球の個数に対する、それぞれの容器に入った球の個数の平均の割合を計算してみたところ、**表3**のような結果になったよ。割合を比べやすくするために、分母をそろえているよ。

表2　それぞれの容器に入った球の個数の平均

容器A	容器B	容器C	容器D	容器E
１０	４０	６０	４０	１０

表3　分配装置に入れた１６０個の球の個数に対する、それぞれの容器に入った球の個数の平均の割合

容器A	容器B	容器C	容器D	容器E
$\frac{1}{16}$	$\frac{4}{16}$	$\frac{6}{16}$	$\frac{4}{16}$	$\frac{1}{16}$

さくら：容器Cにはたくさんの球が入るね。

ひとし：この分配装置は、球が分かれる部分でどちらか一方のパイプを球が落ちないようにふさぐと、もう一方のパイプにすべての球を落とすことができるよ。すべての容器に球を入れたいので、分配装置の一番外側のパイプはふさがないようにして、ふさぐパイプは**図3**のように①から⑫の記号のついた太線部分のみとしたよ。

図3　球が落ちないようにふさぐことができるパイプとその記号

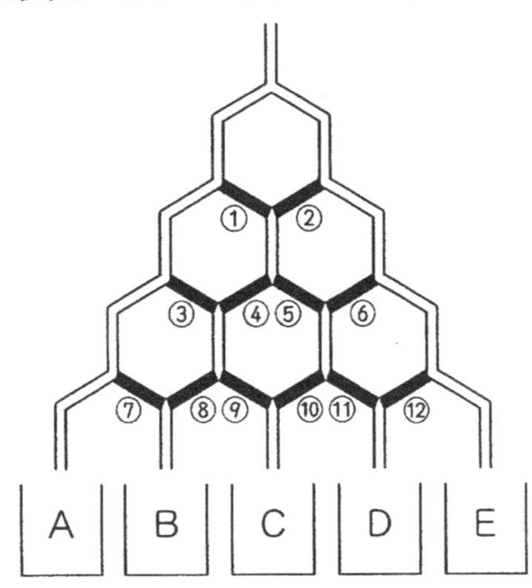

ひとし：①から⑫の記号のついたパイプのうち１か所のパイプをふさいで、前と同じように１６０個の球を入れる実験をしたよ。それぞれの容器に入った球の個数の平均の割合は、小さい順に $\frac{1}{16}$、$\frac{2}{16}$、$\frac{3}{16}$、$\frac{4}{16}$、$\frac{6}{16}$ となったよ。

さくら：<u>どのパイプをふさいだのかな。</u>

おさむ：ふさぐパイプをかえれば、それぞれの容器に入る球の個数の平均の割合が変わりそうだね。

〔問題２〕　さくらさんは「<u>どのパイプをふさいだのかな。</u>」と言っています。ひとしさんがふさいだパイプはどのパイプだと考えられますか。ふさいだパイプの記号を一つ答えなさい。ただし、答えは一つではありません。考えられるうちの一つを解答用紙に書きなさい。また、このとき、AからEの容器に入った球の個数の平均の割合を $\frac{1}{16}$、$\frac{2}{16}$、$\frac{3}{16}$、$\frac{4}{16}$、$\frac{6}{16}$ から選んでそれぞれ答えなさい。

さくら：ひとしさんが作った球の分配装置は、私が調べた**図４**の亀甲（きっこう）という模様に似ているね。**図４**の模様は正六角形でできているよ。

ひとし：本当だ、似ているね。

図4　亀甲模様（きっこうもよう）

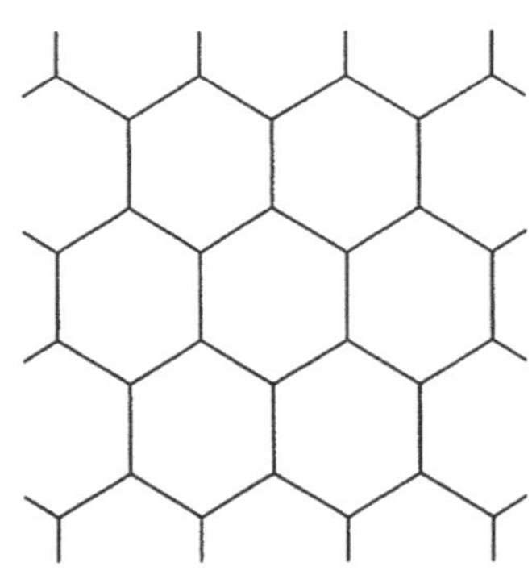

図5　ひとしさんが作った球の分配装置

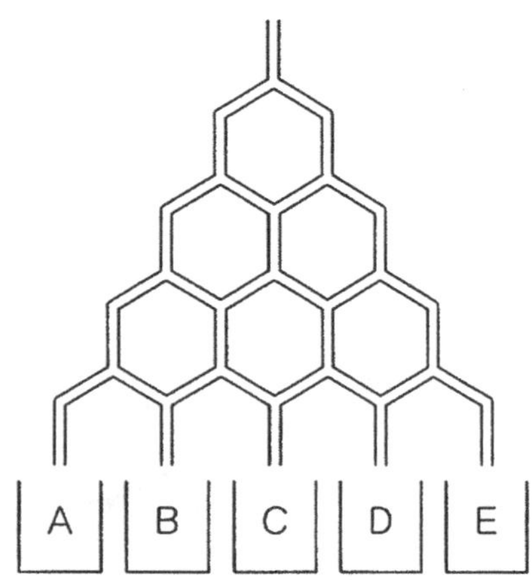

さくら：正六角形の数と、**図５**のひとしさんが作った球の分配装置に使用したパイプの数には関係がありそうだね。

おさむ：ひとしさんが作った球の分配装置に使われたパイプの数は何本だったのか、**図４**の亀甲模様を参考に考えてみよう。正六角形が１段目（だんめ）までのとき、正六角形は１個だから辺の数は６本だね。容器に球が落ちるようにするためには、**図６**のように正六角形の下２本の辺にあたるパイプを外せばよいね。だからパイプの数は４本だね。

ひとし：**図６**の最初に球が通るパイプもふくめると、１段の球の分配装置に必要なパイプの数は５本だよ。

図6　１段（だん）の球の分配装置

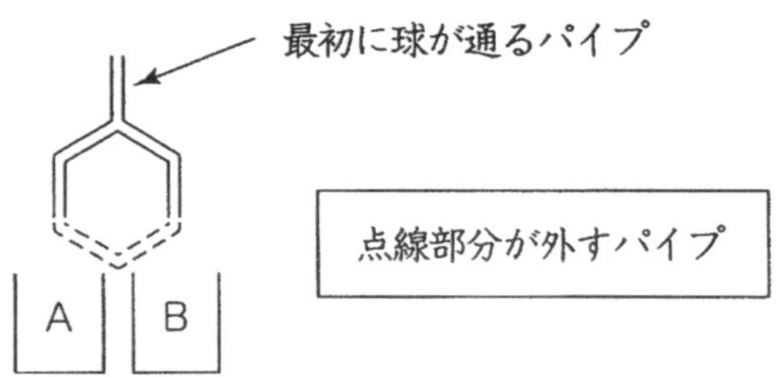

さくら：正六角形を２段目まで重ねると、正六角形は全部で３個になるから辺の数は６×３＝１８、つまり１８本だね。

おさむ：それはちがうと思うよ。正六角形の辺が重なっているから、辺の数は６×３－３＝１５、つまり１５本だよ。あとは１段目のときと同じように、２段目にある正六角形の下２本の辺にあたるパイプを外せばよいね。だから、パイプの数は最初に球が通るパイプもふくめると１２本だよ。重なっている部分は、３個の正六角形が集まってできるＹの形に注目すると考えやすいよ。

さくら：もう少しくわしく説明してくれるかな。

おさむ：**図7**のように、正六角形を２段目まで重ねると、辺が重なってできるＹの形は１個だよ。３段目まで重ねると、Ｙの形は２個増えて合計３個だね。４段目まで重ねると、Ｙの形はさらに３個増えて合計６個になるよ。

さくら：辺が重なる部分を考えなければいけないね。つまり、正六角形を３段目まで重ねると正六角形は全部で６個になるから、Ｙの形の数に注意して計算すると、パイプの数は２２本になるね。

図7　Ｙの形

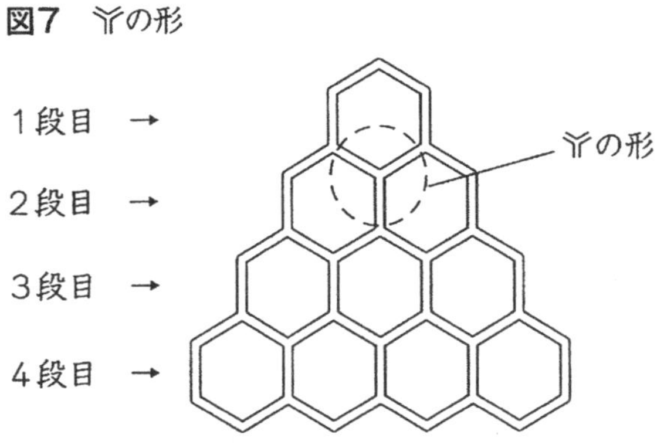

おさむ：同じように計算すると、ひとしさんが作った４段の球の分配装置には、正六角形が１０個あると考えられるから、３５本のパイプが使われていたことがわかるね。

ひとし：その通りだよ。

さくら：<u>私は１０段の球の分配装置を作ってみよう。</u>

〔問題３〕　さくらさんは「<u>私は１０段の球の分配装置を作ってみよう。</u>」と言っています。このとき、必要なパイプの数は何本になるか、言葉や計算式を使って説明しなさい。最初に球が通るパイプも数にふくめます。

2　花子さんと太郎さんは、休み時間に、給食の献立表を見ながら話をしています。

花　子：今日の給食は何だろう。
太　郎：いわしのつみれ汁だよ。千葉県の郷土料理だね。郷土料理とは、それぞれの地域で、昔から親しまれてきた料理のことだと書いてあるよ。
花　子：千葉県の海沿いでは、魚を使った郷土料理が食べられているんだね。日本は周囲を海に囲まれている国だから、他の地域でも、魚を使った郷土料理が食べられてきたのかな。
太　郎：そうかもしれないね。でも、毎日魚がとれたわけではないだろうし、大量にとれた日もあるだろうから、魚を保存する必要があっただろうね。
花　子：それに、今とちがって冷蔵庫や冷凍庫がなかったから、魚を保存するのに大変苦労したのではないかな。
太　郎：次の家庭科の時間に、日本の伝統的な食文化を調べることになっているから、さまざまな地域で、昔から親しまれてきた魚を使った料理と保存方法を調べてみよう。

花子さんと太郎さんは、家庭科の時間に、三つの地域の魚を使った料理と保存方法を調べ、**図1**にまとめました。

図1　花子さんと太郎さんが調べた魚を使った料理と保存方法の資料

①北海道小樽市　料理名：サケのルイベ

サケのルイベ

サケ

材　　料：サケ
保存方法：内臓をとり除いたサケを、切り身にして雪にうめた。サケを雪にうめて、こおらせることで、低い温度に保ち、傷みが進まないようにした。

②神奈川県小田原市　料理名：マアジのひもの

マアジのひもの

マアジ

材　　料：マアジ
保存方法：地元でとれるマアジを開き、空気がかわいた時期に、日光に当てて干した。マアジを干すことで水分が少なくなり、傷みが進まないようにした。

③石川県金沢市　料理名：ブリのかぶらずし

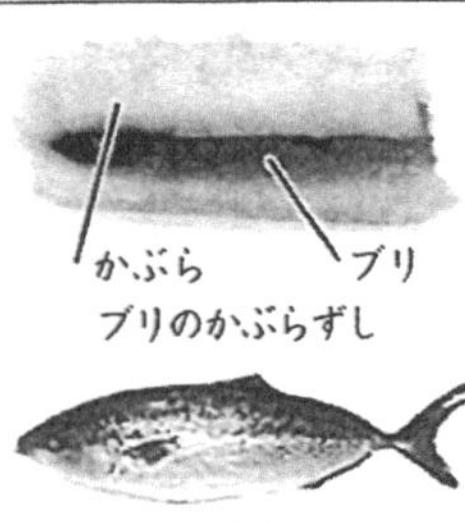

ブリのかぶらずし

ブリ

材　　料：ブリ、かぶら（かぶ）、*1 甘酒など
保存方法：かぶら（かぶ）でブリをはさみ、甘酒につけた。空気が冷たく、しめった時期に、甘酒につけることで*2 発酵をうながし、傷みが進まないようにした。

*の付いた言葉の説明
*1 甘酒：米にこうじをまぜてつくる甘い飲み物。
*2 発酵：細菌などの働きで物質が変化すること。発酵は、気温0度以下では進みにくくなる。

（農林水産省ホームページなどより作成）

解答用紙　適性検査Ⅰ

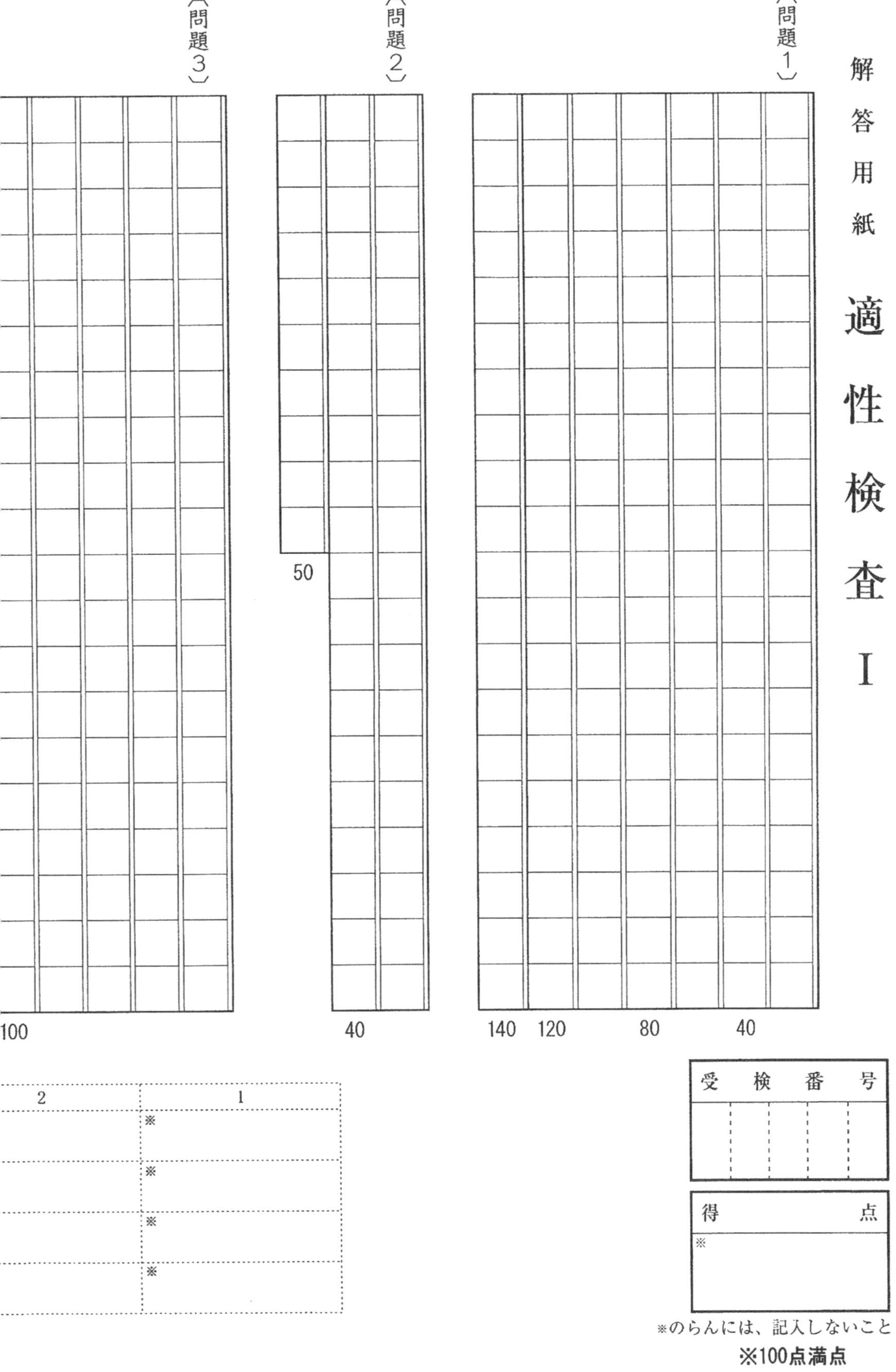

受	検	番	号

得　点
※

※のらんには、記入しないこと

※100点満点

解答用紙　適性検査Ⅱ

※100点満点

受検番号

得点
※

※のらんには、記入しないこと

1

〔問題１〕 12点

※

〔問題２〕 12点

ふさいだパイプの記号	

容器A	容器B	容器C	容器D	容器E

※

〔問題３〕 16点

必要なパイプの数	本

※

2

〔問題１〕15点

〔サケのルイベ〕

〔マアジのひもの〕

〔ブリのかぶらずし〕

※

〔問題２〕15点

（選んだ二つを◯で囲みなさい。）

米　・　小麦　・　そば

※

3

〔問題１〕 14点

（１）〔選んだもの〕
〔理由〕
（２）

※

〔問題２〕 16点

（１）	
（２）〔サラダ油が見えなくなるもの〕	
〔洗剤(せんざい)〕	滴(てき)

※

500　400　300　200

6	5	4	3
※	※	※	※ ※ ※ ※

花　子：どの料理に使われる魚も、冬に保存されているけれど、地域ごとに保存方法がちがうね。

太　郎：保存方法が異(こと)なるのは、地域の気候に関係しているからかな。

花　子：そうだね。では、**図1**の地域の気温と降水量(こうすいりょう)を調べてみよう。

花子さんと**太郎**さんは、**図1**の地域の月ごとの平均気温と降水量を調べました。

花　子：各地域の月ごとの平均気温と降水量をまとめてみると、**図2**のようになったよ。

図2　月ごとの平均気温と降水量(こうすいりょう)

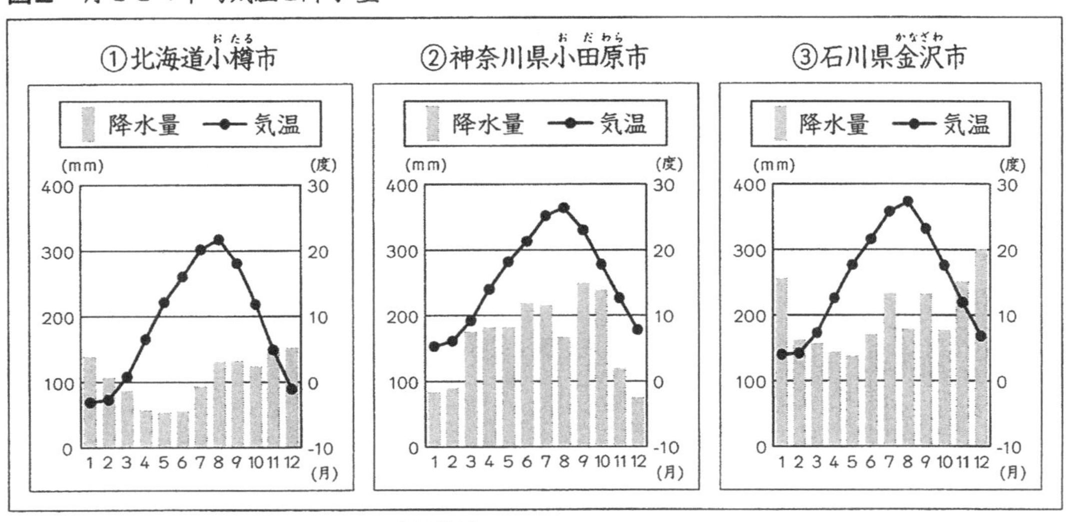

（気象庁(きしょうちょう)ホームページより作成）

太　郎：同じ月でも、地域によって平均気温や降水量がちがうし、同じ地域でも、月によって平均気温や降水量がちがうことが分かるね。

花　子：<u>それぞれの地域で、月ごとの平均気温や降水量に適した保存方法が用いられているのだね。</u>

〔問題1〕　花子さんは「<u>それぞれの地域で、月ごとの平均気温や降水量に適した保存方法が用いられているのだね。</u>」と言っています。**図1**の魚を使った料理は、それぞれどのような保存方法が用いられていますか。それらの保存方法が用いられている理由を、会話文を参考に、**図1**、**図2**と関連させて説明しなさい。

花子さんと**太郎**さんは、調べたことを**先生**に報告しました。

先　生：魚の保存方法と気温、降水量の関係についてよく調べましたね。

花　子：気温と降水量のちがいは、保存方法以外にも、郷土料理に影響(えいきょう)をあたえたのでしょうか。

先　生：では、次の資料を見てください。

図3　先生が示した地域(ちいき)

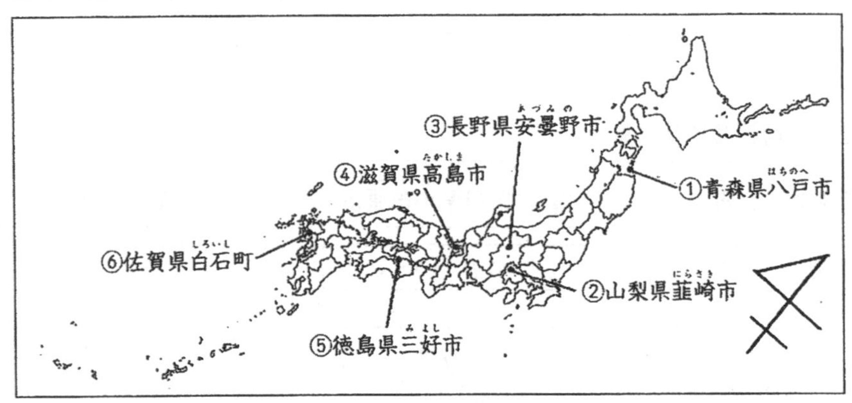

図4　先生が示した地域(ちいき)の郷土料理(きょうどりょうり)

①青森県八戸(はちのへ)市 せんべい汁の画像	せんべい汁(じる)：鶏肉(とりにく)でだしをとったスープに、小麦粉で作ったせんべいと、野菜を入れたなべ料理。	②山梨県韮崎(にらさき)市 ほうとうの画像	ほうとう：小麦粉で作っためんを、かぼちゃなどの野菜といっしょにみそで煮(に)こんだ料理。
③長野県安曇野(あづみの)市 手打ちそばの画像	手打ちそば：そば粉で作っためんを、特産品のわさびなどの薬味が入ったそばつゆにつけて食べる料理。	④滋賀県高島(たかしま)市 しょいめしの画像	しょいめし：野菜と千切りにした油揚(あぶらあ)げをしょうゆなどで煮て、そこに米を入れて炊(た)いた料理。
⑤徳島県三好(みよし)市 そば米雑すいの画像	そば米雑(ごめぞう)すい：米の代わりに、そばの実を塩ゆでし、からをむき、かんそうさせて、山菜などと煮こんだ料理。	⑥佐賀県白石(しろいし)町 すこずしの画像	すこずし：炊いた米に酢(す)などで味付けし、その上に野菜のみじん切りなどをのせた料理。

（農林水産省(のうりんすいさんしょう)ホームページなどより作成）

太　郎：先生が示された郷土料理の主な食材に注目すると、それぞれ米、小麦、そばのいずれかが活用されていることが分かりました。保存方法だけではなく、食材のちがいにも、気温と降水量が関係しているということでしょうか。

先　生：地形、標高、水はけ、土の種類など、さまざまな要因がありますが、気温と降水量も大きく関係しています。米、小麦、そばを考えるなら、その地域の年平均気温と年間降水量に着目する必要があります。

花　子：では、今度は月ごとではなく、それぞれの地域の年平均気温と年間降水量を調べてみます。

花子さんと太郎さんは先生が図３で示した地域の年平均気温と年間降水量を調べ、表１にまとめました。

表１　花子さんと太郎さんが調べた地域の年平均気温と年間降水量

	年平均気温（度）	年間降水量（mm）
① 青森県八戸市	10.5	1045
② 山梨県韮崎市	13.8	1213
③ 長野県安曇野市	9.6	1889
④ 滋賀県高島市	14.1	1947
⑤ 徳島県三好市	12.3	2437
⑥ 佐賀県白石町	16.1	1823

（気象庁ホームページより作成）

先　生：よく調べましたね。

太　郎：ですが、表１では、図４の主な食材との関係が分かりにくいです。

花　子：そうですね。年平均気温が高い地域と低い地域、年間降水量が多い地域と少ない地域を、さらに分かりやすく表したいのですが、どうすればよいですか。

先　生：縦軸を年平均気温、横軸を年間降水量とした図を作成してみましょう。表１の地域の年平均気温と年間降水量をそれぞれ図に示し、主な食材が同じものを丸で囲んでみると、図５のようになります。

太　郎：図４と図５を見ると、主な食材と年平均気温や年間降水量との関係が見て取れますね。

花　子：そうですね。他の主な食材についても調べてみると面白そうですね。

図５　先生が示した図

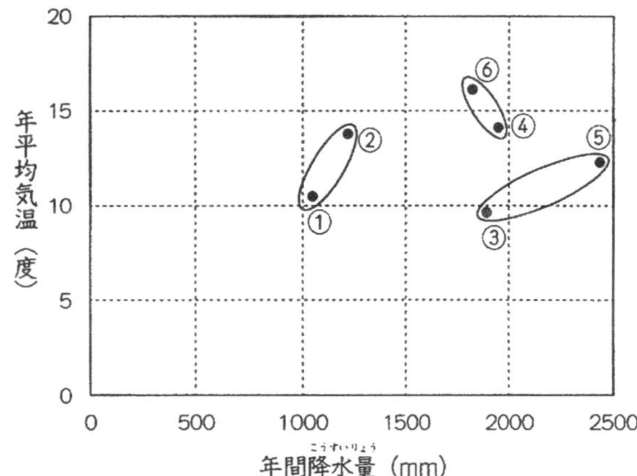

〔問題２〕　太郎さんは「図４と図５を見ると、主な食材と年平均気温や年間降水量との関係が見て取れますね。」と言っています。図４の郷土料理の中で主な食材である米、小麦、そばから二つを選びなさい。選んだ二つの食材がとれる地域の年平均気温、年間降水量を比べながら、それらの地域の年平均気温、年間降水量がそれぞれ選んだ食材とどのように関係しているのか、図５と会話文を参考にし、説明しなさい。

3　花子さん、太郎さん、先生が石けんと洗剤について話をしています。

花　子：家でカレーライスを食べた後、すぐにお皿を洗わなかったので、カレーのよごれを落としにくかったよ。食べた後に、お皿を水につけておくとよかったのかな。

太　郎：カレーのよごれを落としやすくするために、お皿を水だけにつけておくより、水に石けんやいろいろな種類の洗剤を入れてつけておく方がよいのかな。調べてみたいな。

先　生：それを調べるには、図1のようなスポイトを用いるとよいです。スポイトは液体ごとに別のものを使うようにしましょう。同じ種類の液体であれば、このスポイトから液体をたらすと、1滴の重さは同じです。

図1　スポイト

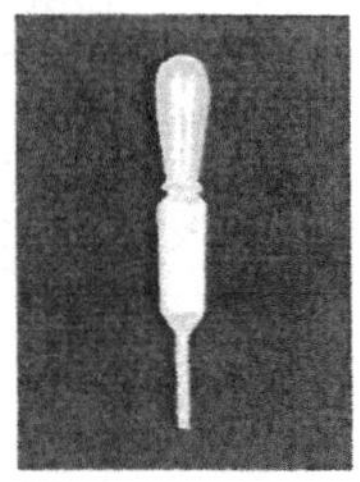

二人は、先生のアドバイスを受けながら、次のような実験1を行いました。

実験1

手順1　カレールウをお湯で溶かした液体を、図2のようにスライドガラスにスポイトで4滴たらしたものをいくつか用意し、12時間おく。

図2　スライドガラス

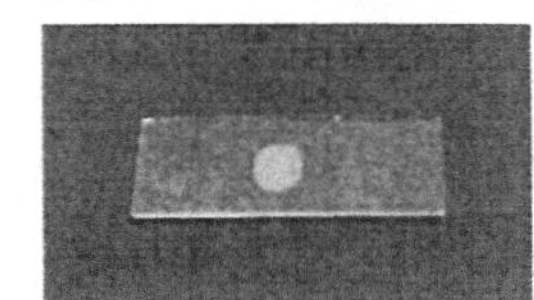

手順2　水100gが入ったビーカーを4個用意する。1個は水だけのビーカーとする。残りの3個には、スポイトを使って次のア～ウをそれぞれ10滴たらし、ビーカーの中身をよくかき混ぜ、液体ア、液体イ、液体ウとする。

ア　液体石けん　　イ　台所用の液体洗剤　　ウ　食器洗い機用の液体洗剤

手順3　手順1で用意したスライドガラスを、手順2で用意したそれぞれの液体に、図3のように1枚ずつ入れ、5分間つけておく。

図3　つけておく様子

手順4　スライドガラスを取り出し、その表面を観察し、記録する。

手順5　観察したスライドガラスを再び同じ液体に入れ、さらに55分間待った後、手順4のように表面を観察し、記録する。

実験1の記録は、表1のようになりました。

表1　スライドガラスの表面を観察した記録

	水だけ	液体ア	液体イ	液体ウ
5分後	よごれがかなり見える。	よごれがほぼ見えない。	よごれが少し見える。	よごれがほぼ見えない。
60分後	よごれが少し見える。	よごれが見えない。	よごれが見えない。	よごれが見えない。

花　子：よごれが見えなくなれば、カレーのよごれが落ちているといえるのかな。

先　生：カレーのよごれには色がついているものだけでなく、でんぷんもふくまれます。

太　郎：でんぷんのよごれを落とすことができたか調べるために、ヨウ素液が使えるね。

先　生：けんび鏡で観察すると、でんぷんの粒を数えることができます。でんぷんのよごれの程度を、でんぷんの粒の数で考えるとよいです。

二人は、先生のアドバイスを受けながら、次のような**実験２**を行いました。

実験２

手順１　**実験１**の手順１と同様に、カレーがついたスライドガラスを新たにいくつか用意する。その１枚にヨウ素液を１滴たらし、けんび鏡を用いて１５０倍で観察する。**図４**のように接眼レンズを通して見えたでんぷんの粒の数を、液体につける前の粒の数とする。

図４　でんぷんの粒

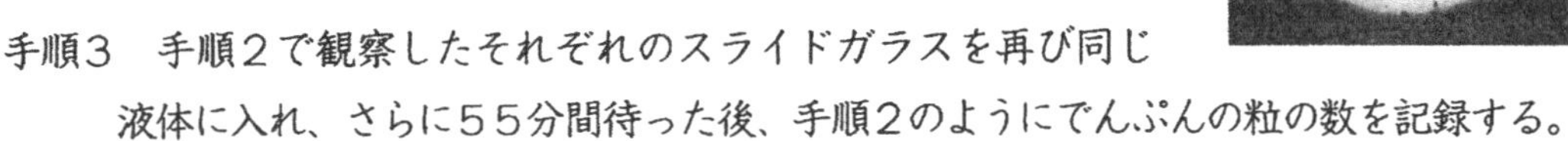

手順２　手順１で用意したスライドガラスについて、**実験１**の手順２～３を行う。そして、手順１のように観察し、それぞれのでんぷんの粒の数を５分後の粒の数として記録する。

手順３　手順２で観察したそれぞれのスライドガラスを再び同じ液体に入れ、さらに５５分間待った後、手順２のようにでんぷんの粒の数を記録する。

実験２の記録は、**表２**のようになりました。

表２　接眼レンズを通して見えたでんぷんの粒の数

	水だけ	液体**ア**	液体**イ**	液体**ウ**
５分後の粒の数（粒）	８０４	６３２	５０４	４７６
６０分後の粒の数（粒）	４８４	８２	６８	１６６

花　子：手順１で、液体につける前の粒の数は１７７２粒だったよ。

先　生：どのスライドガラスも液体につける前の粒の数は１７７２粒としましょう。

太　郎：５分後と６０分後を比べると、液体**ウ**より水だけの方が粒の数が減少しているね。

〔問題１〕（１）　よごれとして、色がついているよごれとでんぷんのよごれを考えます。**実験１**と**実験２**において、５分間液体につけておくとき、よごれを落とすために最もよいと考えられるものを液体**ア**～**ウ**から一つ選びなさい。また、その理由を、**実験１**と**実験２**をもとに書きなさい。

（２）　**実験２**において、５分後から６０分後までについて考えます。水だけの場合よりも液体**ウ**の場合の方が、でんぷんのよごれの程度をより変化させたと考えることもできます。なぜそう考えることができるのかを、**実験２**をもとに文章を使って説明しなさい。

花　子：台所にこぼしたサラダ油を綿のふきんでふき取ったのだけれど、ふきんから油を落とすために洗剤の量をどれぐらいにするとよいのかな。

太　郎：洗剤の量を多くすればするほど、油をより多く落とすことができると思うよ。

先　生：**図1**のようなスポイトを用いて、水に入れる洗剤の量を増やしていくことで、落とすことができる油の量を調べることができます。

二人は、次のような**実験3**を行い、サラダ油5gに対して洗剤の量を増やしたときに、落とすことができる油の量がどのように変化するのか調べました。

実験3

手順1　20.6gの綿のふきんに、サラダ油5gをしみこませたものをいくつか用意する。

手順2　**図5**のような容器に水1kgを入れ、洗剤を**図1**のスポイトで4滴たらす。そこに、手順1で用意したサラダ油をしみこませたふきんを入れる。容器のふたを閉め、上下に50回ふる。

図5　容器

手順3　容器からふきんを取り出し、手でしぼる。容器に残った液体を外へ流し、容器に新しい水1kgを入れ、しぼった後のふきんを入れる。容器のふたを閉め、上下に50回ふる。

手順4　容器からふきんを取り出し、よくしぼる。ふきんを日かげの風通しのよいところで24時間おき、乾燥させる。乾燥させた後のふきんの重さを電子てんびんではかる。

手順5　手順1～4について、**図1**のスポイトでたらす洗剤の量を変化させて、乾燥させた後のふきんの重さを調べる。

実験3の結果は、**表3**のようになりました。

表3　洗剤の量と乾燥させた後のふきんの重さ

洗剤の量（滴）	4	8	12	16	20	24	28	32	36	40
ふきんの重さ（g）	24.9	24.6	23.5	23.5	23.0	22.8	23.8	23.8	23.8	23.9

花　子：調理の後、フライパンに少しの油が残っていたよ。少しの油を落とすために、最低どのくらい洗剤の量が必要なのか、調べてみたいな。

太　郎：洗剤の量をなるべく減らすことができると、自然環境を守ることになるね。洗剤に水を加えてうすめていって、調べてみよう。

先　生：洗剤に水を加えてうすめた液体をつくり、そこに油をたらしてかき混ぜた後、液体の上部に油が見えなくなったら、油が落ちたと考えることにします。

二人は、次のような**実験４**を行いました。

実験４

手順１　ビーカーに洗剤１gと水１９gを加えて２０gの液体をつくり、よくかき混ぜる。この液体を液体Ａとする。液体Ａを半分に分けた１０gを取り出し、試験管**Ａ**に入れる。液体Ａの残り半分である１０gは、ビーカーに入れたままにしておく。

手順２　手順１でビーカーに入れたままにしておいた液体Ａ１０gに水１０gを加えて２０gにし、よくかき混ぜる。これを液体Ｂとする。液体Ｂの半分を試験管**Ｂ**に入れる。

手順３　ビーカーに残った液体Ｂ１０gに、さらに水１０gを加えて２０gとし、よくかき混ぜる。これを液体Ｃとする。液体Ｃの半分を試験管**Ｃ**に入れる。

手順４　同様に手順３をくり返し、試験管**Ｄ**、試験管**Ｅ**、試験管**Ｆ**、試験管**Ｇ**を用意する。

手順５　試験管**Ａ**～**Ｇ**に**図１**のスポイトでそれぞれサラダ油を１滴入れる。ゴム栓(せん)をして試験管**Ａ**～**Ｇ**を１０回ふる。試験管をしばらく置いておき、それぞれの試験管の液体の上部にサラダ油が見えるか観察する。

手順６　もし、液体の上部にサラダ油が見えなかったときは、もう一度手順５を行う。もし、液体の上部にサラダ油が見えたときは、そのときまでに試験管にサラダ油を何滴入れたか記録する。

実験４の記録は、**表４**のようになりました。

表４　加えたサラダ油の量

	試験管**Ａ**	試験管**Ｂ**	試験管**Ｃ**	試験管**Ｄ**	試験管**Ｅ**	試験管**Ｆ**	試験管**Ｇ**
サラダ油の量（滴(てき)）	５９	４１	３８	１７	５	１	１

〔問題２〕（１）　太郎さんは、「洗剤の量を多くすればするほど、油をより多く落とすことができると思うよ。」と予想しました。その予想が正しくないことを、**実験３**の結果を用いて説明しなさい。

（２）　フライパンに残っていたサラダ油０．４gについて考えます。新たに用意した**実験４**の試験管**Ａ**～**Ｇ**の液体１０gに、サラダ油０．４gをそれぞれ加えて１０回ふります。その後、液体の上部にサラダ油が見えなくなるものを、試験管**Ａ**～**Ｇ**からすべて書きなさい。また、**実験４**から、サラダ油０．４gを落とすために、**図１**のスポイトを用いて洗剤は最低何滴(てき)必要ですか。整数で答えなさい。

ただし、**図１**のスポイトを用いると、サラダ油１００滴の重さは２．５g、洗剤１００滴の重さは２gであるものとします。

適性検査Ⅰ

注意

1 問題は**2ページ**にわたって印刷してあります。
2 検査時間は**四十五分**で、終わりは**午前九時四十五分**です。
3 声を出して読んではいけません。
4 答えは全て解答用紙に明確に記入し、**解答用紙だけを提出しなさい。**
5 答えを直すときは、きれいに消してから、新しい答えを書きなさい。
6 **受検番号**を解答用紙の決められたらんに記入しなさい。

東京都立桜修館中等教育学校

次の**文章A**・**文章B**を読んで、あとの**問題**に答えなさい。（＊印の付いている言葉には、文章のあとに〈言葉の説明〉があります。）

文章A

生活していく上で間にあうという数でいえば、三〇〇〇語あれば間にあう。だいたいは生きていられる。これが、いわゆる基本語です。では、三〇〇〇語知っていればいいか。言語生活がよく営めるには、三〇〇〇では間にあわない。三万から五万の単語の約半分は、実のところは新聞でも一年に一度しか使われない。一生に一度しかお目にかからないかもしれない。しかし、その一年に一度、一生に一度しか出あわないような単語が、ここというときに適切に使えるかどうか。使えて初めて、①よい言語生活が営めるのです。そこが大事です。語彙を七万も一〇万ももっていたって使用度数1、あるいは一生で一度も使わないかもしれない。だからいらないのではなくて、その一回のための単語を蓄えていること。

例えば「味」についていえば、「味得する」という単語があります。これは確かに使用度数は少ない。今やもう、ほとんど使わなくなっているけれど、なにかの時に「それが味得できた」と使うことでピタッと決まることがある。「深い、かすかな味わいが分かった」では、文章の調子、文体としてだめなときがある。文章を書くには、一度使った単語や言い回しを二度繰り返さないという文章上の美意識がある。それに触れる。何か別の言い回しが必要になる。そのとき、その書き手がどれだけ語彙をもっているかが問題になる。＊類語辞典が役立つのはそういうときです。

（大野晋「日本語練習帳」岩波新書による）

〈言葉の説明〉

類語辞典…意味の似ている言葉を集めた辞典。

文章B

私たちは言葉を使って、いろいろ感じたり、考えたりしている。言葉にならなければ、考えることが出来ない。考えるということは、「話す」とか「読む」とかと同じように、言語の行為である。最新の言語理論は、大まかにいえば、そのように説く。

したがって、ある種の言葉は、私たちの考えを決定してしまう。無批判に取り入れた言葉は、私たちの思考のパターンを決定してしまう。つまり、言葉によって縛られている。

言葉は、私たちの想像力を形成し、飛躍させる重要な働きをするけれど、思考の限界を作り出したり、思考をそこで停止させてしまったりすることもある。私たちは自分の中の言葉を、いつも柔らかく、いつも軽くさせておかなければならないと思う。いつでも頭の中をすぐに組み換えが出来ることは、②知的であるための条件であろうかと思う。

（金田一秀穂「金田一家、日本語百年のひみつ」朝日新聞出版による）

問題

〈問題1〉　文章A について、筆者の考える①よい言語生活とはどのようなことだとあなたは考えますか。文章A 全体をふまえて、五十字以上、八十字以内で自分の言葉で分かりやすく書きましょう。

〈問題2〉　文章B について、筆者の考える②知的であるための条件とはどのようなことだとあなたは考えますか。文章B 全体をふまえて、五十字以上、八十字以内で自分の言葉で分かりやすく書きましょう。

〈問題3〉　この二つの文章を読んで、あなたは「言葉」についてどのようなことを考えましたか。あなたの考えを、いくつかの段落(だんらく)に分けて、四百字以上、五百字以内で分かりやすく書きましょう。

〈書き方のきまり〉

○　題名、名前は書かずに一行めから書き始めましょう。

○　書き出しや、段落をかえるときは、一ます空けて書きましょう。ただし、〈問題1〉と〈問題2〉については、一ますめから書き始め、行をかえてはいけません。

○　行をかえるのは段落をかえるときだけとします。会話などを入れる場合は、行をかえてはいけません。

○　読点(とうてん)→、や　句点→。かぎ→「　などはそれぞれ一ますに書きましょう。ただし、句点とかぎ→。」は、同じますに書きましょう。

○　読点や句点が行の一番上にきてしまうときは、前の行の一番最後の字といっしょに同じますに書きましょう。

○　書き出しや、段落をかえて空いたますも字数として数えます。

○　最後の段落の残りのますは、字数として数えません。

○　文章を直すときは、消しゴムでていねいに消してから書き直しましょう。

適性検査Ⅱ

注　　意

1　問題は **1** から **3** までで、１４ページにわたって印刷してあります。

2　検査時間は４５分で、終わりは**午前１１時１０分**です。

3　声を出して読んではいけません。

4　計算が必要なときは、この問題用紙の余白を利用しなさい。

5　答えは全て解答用紙に明確に記入し、**解答用紙だけを提出しなさい。**

6　答えを直すときは、きれいに消してから、新しい答えを書きなさい。

7　**受検番号**を解答用紙の決められたらんに記入しなさい。

東京都立桜修館中等教育学校

1　**おさむ**さんと**さくら**さんは、**先生**と工作クラブで活動しています。あとから**まなぶ**さんと**ひとし**さんも来ることになっています。

先　生：工作用紙でできている立方体にシールをはりましょう。
おさむ：ここに**赤**、**青**、**緑**の３色のシールがあります。
先　生：このシールを使って３色の立方体を作りましょう。これらの立方体を使って、あとでゲームを行いたいと思います。
さくら：シールには**大**、**小**の２種類の大きさがありますね。
先　生：シールの大きさは、**図１**のように、**大**は縦（たて）２５ｃｍ、横３０ｃｍ、**小**は縦２０ｃｍ、横２５ｃｍです。

図１　シールの大きさ

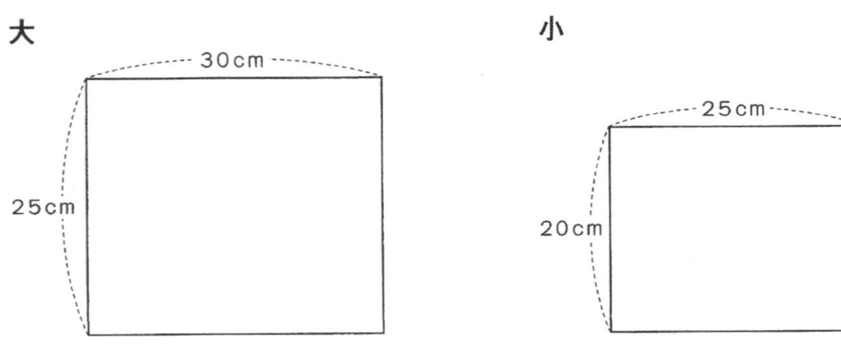

さくら：シールをはっていない立方体は１２０個あります。まず、４０個の立方体の全ての面に、**赤**のシールをはりましょう。立方体の１辺の長さは４ｃｍですね。
おさむ：１辺が４ｃｍの正方形をいくつか切り取って、立方体にはればいいね。
さくら：**大**のシール６枚（まい）を使えばいいかな。
おさむ：それはもったいないよ。**赤**の**大**のシール６枚だけしか使わないと、立方体２個分も余りが出てしまうよ。

〔問題１〕　おさむさんは「立方体２個分も余りが出てしまうよ。」と言っています。余りが立方体２個分よりも少なくなるような**大**と**小**のシールの使用枚数を答えなさい。ただし、答えは１通りではありません。考えられるうちの一つを解答らんに書きなさい。シールから正方形をできるだけ切り取った後に残る切れはしは、余りとして考えません。なお、１枚も使われなかったシールの大きさの解答らんは空らんにしなさい。

おさむ：次の４０個の立方体には、**赤**のシールをはったのと同じように**青**のシールをはろう。最後の残りの４０個には**緑**のシールをはろう。

さくら：**緑**のシールは**大**が１枚もなくて、**小**が４枚だけあるね。

おさむさんと**さくら**さんは、立方体に**青**と**緑**のシールをはり始めました。

おさむ：全ての面に、**緑**のシールをはった立方体を作ったよ。けれども、**緑**のシールは使い切ってしまったね。

さくら：**緑**のシールがはられていない立方体にも、全ての面に色のシールがはれないかな。

先　生：**赤**と**青**のシールが残っているので、**緑**のシールがはられていない立方体には、**赤**と**青**の２色のシールをはることにします。ただし、向かい合う面には同じ色のシールをはらないようにしましょう。

さくら：分かりました。では、**緑**のシールがはられていない立方体には、最初に**図２**の１の面に**赤**のシールをはります。<u>他はどの面に**赤**のシールをはろうかな。</u>

図２　立方体の展開図（てんかいず）

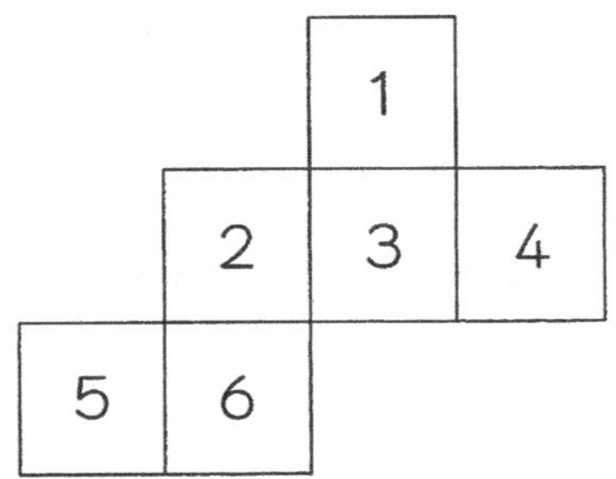

〔問題２〕　さくらさんは「<u>他はどの面に**赤**のシールをはろうかな。</u>」と言っています。立方体の全ての面に、**赤**と**青**のどちらかのシールをはるとき、**図２**の立方体の展開図（てんかいず）において、１の面以外に**赤**のシールはどの面にはればよいですか。**赤**のシールをはる面の番号の組み合わせの一つを解答らんに書きなさい。

おさむさんと**さくら**さんは、シールをはった１辺の長さが４ｃｍの立方体に、以前に作った同じ大きさの立方体２４個を加えて、**図3**のようにしきつめて並べてみたところ、**図4**のように立方体の上の面がごばんの目のようになることに気が付きました。この面上の目を一つの点とみて、その位置を指定する方法を考えています。

図3　立方体を並べたようす

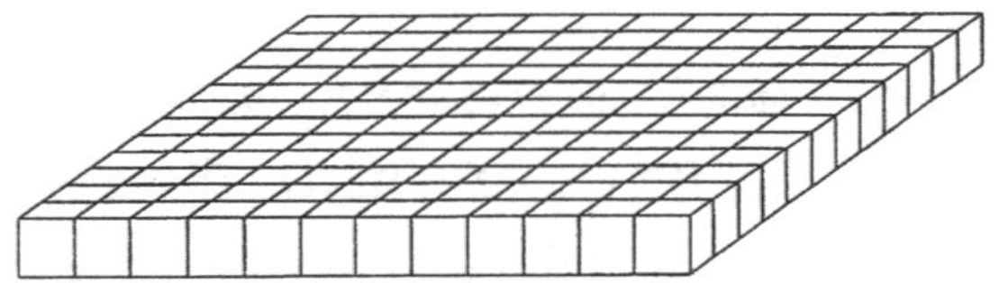

図4　並べた立方体を
真上から見たようす

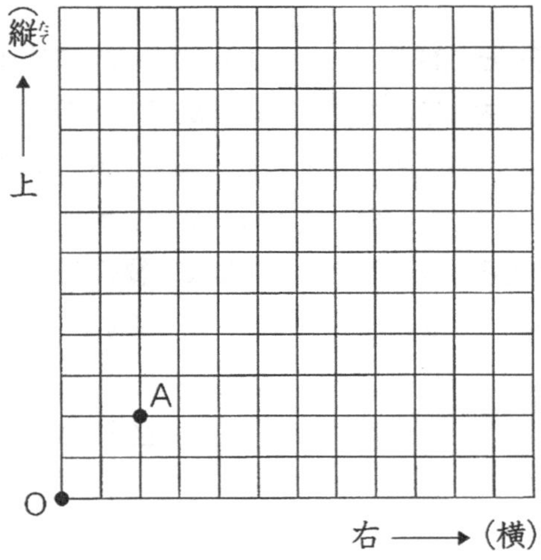

おさむ：**図4**の面上の点Ｏを（横０、縦０）とすると、点Ａは（横２、縦２）と表せるね。

さくら：それなら、点の名前（横、縦）の順にその位置を表せば、Ａ（２、２）というようにもっと簡単になるよ。

おさむ：点Ａから上に５ます移動したときの点Ｂはどうなるだろう。

さくら：Ｂ（２、７）と表せるね。

おさむ：点Ｂから１ますずつ何ますか右に移動して点Ｃ、点Ｃから１ますずつ何ますか下に移動して縦２の位置に点Ｄを指定したら、面上に長方形や正方形をかくことができるよ。

先　生：長方形や正方形をかくとき、１本の対角線を指定することで、長方形や正方形をかくこともできます。

さくら：どういうことですか。

先　生：例えば、点Ａから、ある点Ｃを指定して２点を直線で結ぶと、その直線Ａ－Ｃを対角線とする長方形や正方形をかくことができます。

おさむ：長方形や正方形をかくときには、４個の点を指定するよりも対角線となる２個の点を指定するほうが簡単ですね。

さくら：２個の点を指定するときには、どのように表すのですか。

先　生：『対角線：Ａ（２、２）・Ｃ（９、８）』と表すだけです。

おさむ：とても短く表現できますね。

先　生：では、新たに直線A—Eを対角線とする面積が288cm^{2}となる長方形か正方形をかいてみましょう。このとき、点Eの位置がどこになるか考えてみましょう。ただし、直線A—Eを対角線とする長方形か正方形は**図4**の面上にあります。

〔問題3〕　先生は「点Eの位置がどこになるか考えてみましょう。」と言っています。A（2、2）のとき、面積が288cm^{2}となる点Eの位置を、E（△、□）のように答えなさい。ただし、答えは1通りではありません。考えられるうちの一つを解答らんに書きなさい。

次に、**おさむ**さんと**さくら**さんは、今回シールをはった立方体に以前のクラブ活動のときにシールをはっておいた**赤**、**青**、**緑**の立方体を加えて、色ごとに分けて並べています。

おさむ：**赤**の立方体を、縦の列の数が横の列の数より3列多い長方形に並べてみたら、3個足りないよ。

さくら：縦を1列少なくすればいいと思うよ。

おさむ：できた。けれども4個余ったよ。

さくら：**青**の立方体は、縦の列の数が横の列の数より2列多い長方形に並べてみよう。

おさむ：**青**は7個足りないね。

さくら：縦を1列少なくすると1個余るね。

おさむ：**緑**の立方体は、縦の列の数が横の列の数より8列多い長方形に並べてみよう。

さくら：**緑**は3個足りないね。縦を1列少なくすると3個余るよ。

おさむ：**赤**、**青**、**緑**の立方体はそれぞれいくつあるのかな。

さくら：列と余りの個数から計算してみよう。

〔問題4〕　さくらさんは「列と余りの個数から計算してみよう。」と言っています。立方体の**赤**、**青**、**緑**から1色を選び○で囲み、選んだ色の立方体の個数を解答らんに書きなさい。

先　生：それでは、これらの立方体を使ってゲームを始めましょう。

おさむ：どんなゲームですか。

先　生：まず、１から６までの数字が書かれた**大きい**さいころと**小さい**さいころを１個ずつ用意します。この２個のさいころを使って対戦ゲームをします。

さくら：どのように対戦するのですか。

先　生：先ほど作った**赤**と**青**の２色のシールをはった立方体を、上の面が全て**赤**になるように６個ずつ、ゲームボード上に並べます。

おさむさんと**さくら**さんは、立方体を**図５**のように並べました。

図５　ゲームボード上に立方体を並べたようす

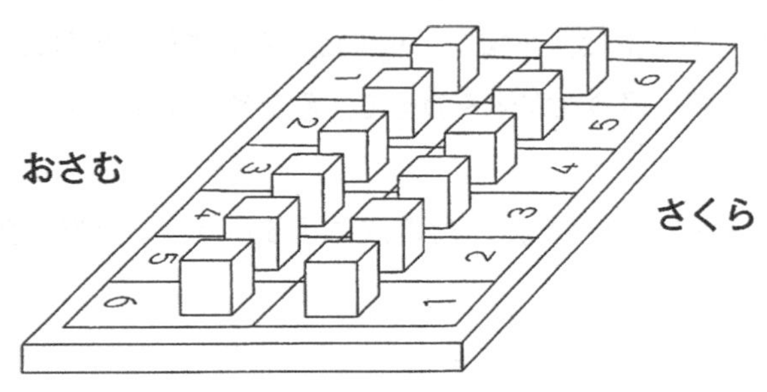

先　生：それでは、対戦ゲームのルールを説明します。対戦する２人のどちらかが、**大きい**さいころと**小さい**さいころの両方を同時にふります。さいころをふった人は、自分の前に並んでいる６個の立方体のうち、**大きい**さいころで出た数字の**約数**と同じ番号の立方体の上の面の色を変えます。

さくら：はじめは上の面が全て**赤**なので、**青**に変えるということですね。

先　生：そうです。次に、自分の前に並んでいる６個の立方体のうち、**小さい**さいころで出た数字と同じ番号の立方体の上の面の色を変えます。

おさむ：上の面が**青**のときは、また**赤**に変わってしまうのですね。

先　生：そのとおりです。２人が１回ずつさいころをふって、**青**の面の数が多かった方が勝ちです。

〔問題５〕　さくらさんが２個のさいころを同時にふったところ、さくらさんの前に並んでいる６個の立方体の上の面は、**赤**と**青**がちょうど３面ずつとなりました。**大きい**さいころと**小さい**さいころで出た数字はどのようであったかを答えなさい。ただし、答えは１通りではありません。考えられるうちの一つを解答らんに書きなさい。

2021(R3) 桜修館中等教育学校
K 教英出版

まなぶさんと**ひとし**さんが工作クラブにやって来て、ゲームに参加することになりました。

先　生：４人で対戦しましょう。上の面を全て**赤**に戻(もど)します。では、４人でゲームを行うためのルールを説明します。

> ○ ゲームのルール
> ・２人ずつ１ゲームを行う。
> ・全員と対戦する総当たり戦とする。
> ・得点は、勝ちが３点、引き分けが１点、負けが０点とする。

先　生：得点の多い順に順位を決めます。
まなぶ：もし、得点が同じだった場合はどうするのですか。
先　生：２人以上の得点が同じ場合は、同じ順位としましょう。

４人とも２人ずつ対戦が終わったところで、途中経過(とちゅうけいか)について次のような会話をしています。

ひとし：４人とも、あと１人と対戦するから、残り２ゲーム行えば、総当たり戦は終わるね。
先　生：ここまでの得点はみんなちがっています。１位は**まなぶ**さん、２位は**おさむ**さん、３位は**さくら**さん、４位は**ひとし**さんです。
おさむ：１位の**まなぶ**さんと４位の**ひとし**さんの得点は３点しか差がないから、まだだれが１位になるか分からないな。
さくら：<u>私(わたし)も１位になることができるね。</u>

〔問題６〕　さくらさんは「<u>私も１位になることができるね。</u>」と言っています。さくらさんが１位になるためには、次のゲームでだれと対戦して勝てばよいですか。そして、最後のゲームでだれとだれが対戦して、どのような結果になればよいですか。解答らんの〔　〕には名前を書き、**【　】**の中には対戦結果を書きなさい。

2 **太郎**さんと**花子**さんは、木材をテーマにした調べ学習をする中で、**先生**と話をしています。

太　郎：社会科の授業で、森林は、主に天然林と人工林に分かれることを学んだね。

花　子：天然林は自然にできたもので、人工林は人が植林して育てたものだったね。

太　郎：調べてみると、日本の森林面積のうち、天然林が約５５％、人工林が約４０％で、残りは竹林などとなっていることが分かりました。

先　生：人工林が少ないと感じるかもしれませんが、世界の森林面積にしめる人工林の割合は１０％以下ですので、それと比べると、日本の人工林の割合は高いと言えます。

花　子：昔から日本では、生活の中で、木材をいろいろな使い道で利用してきたことと関係があるのですか。

先　生：そうですね。木材は、建築材料をはじめ、日用品や燃料など、重要な資源として利用されてきました。日本では、天然林だけでは木材資源を持続的に得ることは難しいので、人が森林を育てていくことが必要だったのです。

太　郎：それでは、人工林をどのように育ててきたのでしょうか。

先　生：**図1**は、人工林を育てる森林整備サイクルの例です。

図1　人工林を育てる森林整備サイクルの例

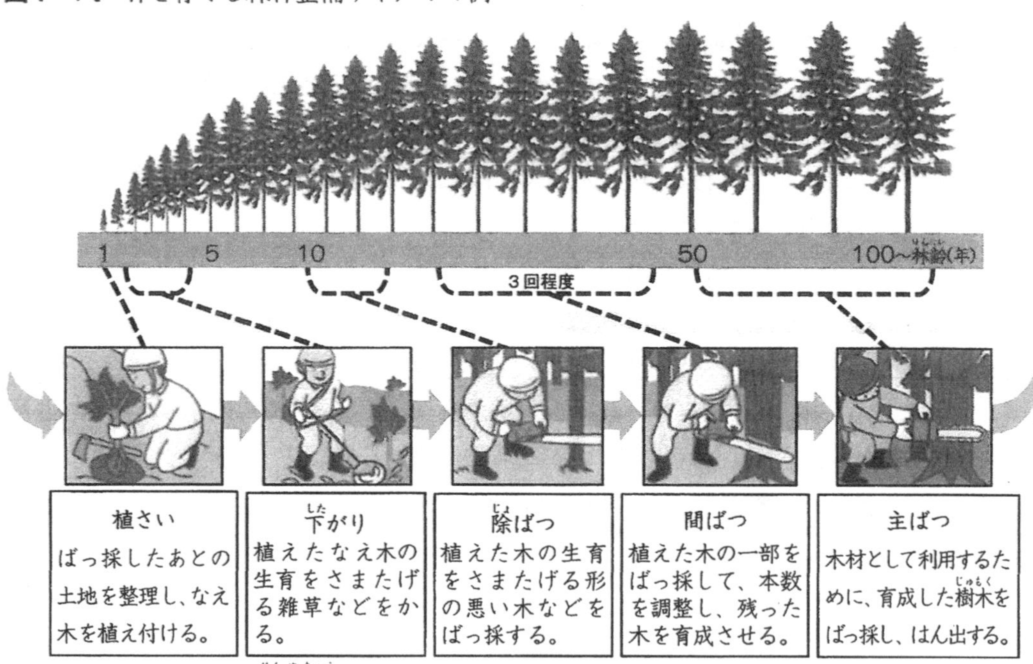

（林野庁「森林・林業・木材産業の現状と課題」より作成）

先　生：これを見ると、なえ木の植え付けをしてから、木材として主ばつをするまでの木の成長過程と、植え付けてからの年数、それにともなう仕事の内容が分かりますね。一般的に、森林の年齢である林齢が、５０年を経過した人工林は、太さも高さも十分に育っているため、主ばつに適していると言われます。

花　子：今年植えたなえ木は、５０年後に使うことを考えて、植えられているのですね。

解答用紙

適性検査Ⅰ

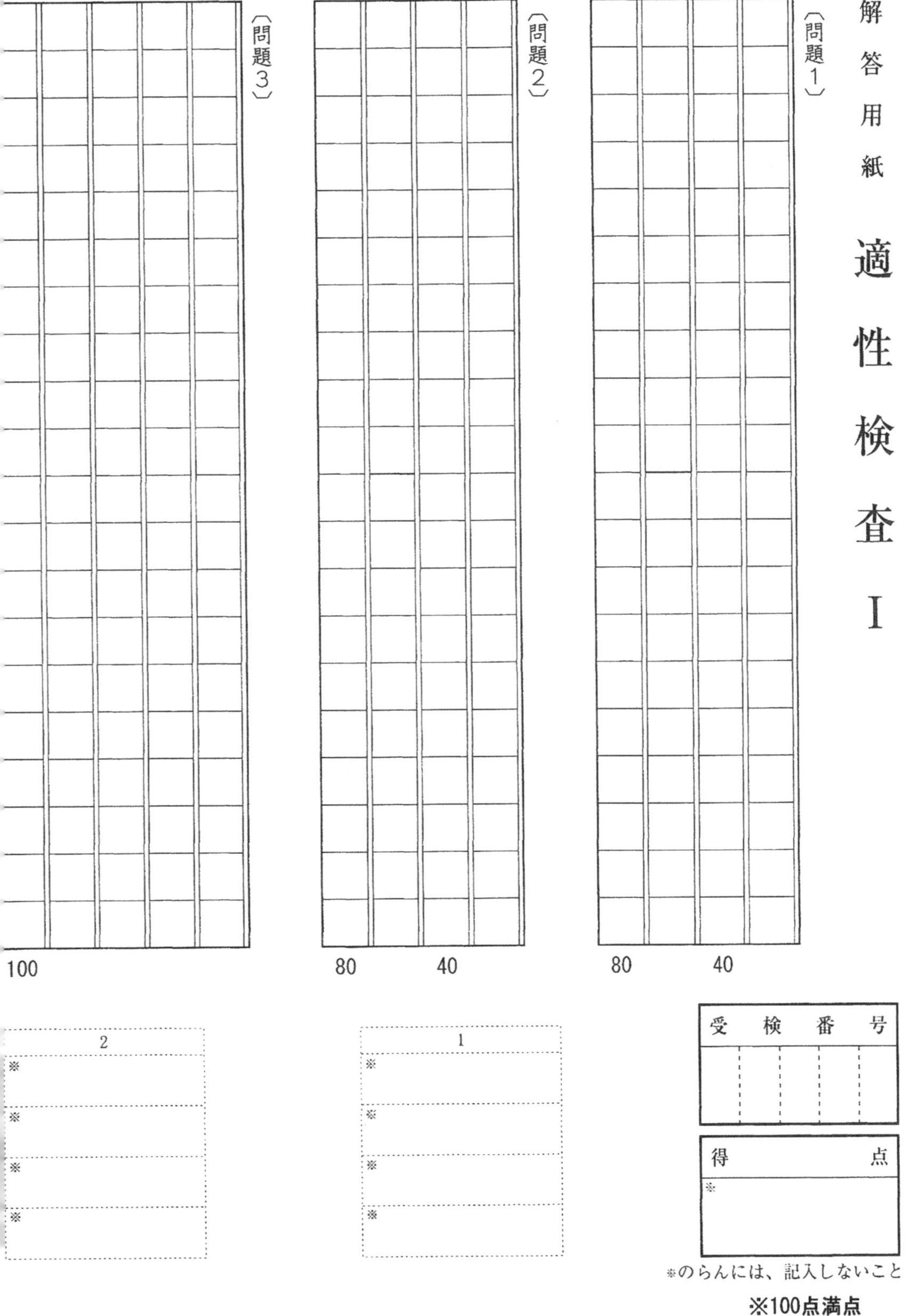
〔問題1〕

80　40

〔問題2〕

80　40

〔問題3〕

100

1
※
※
※
※

2
※
※
※
※

受検番号

得点
※

※のらんには、記入しないこと

※100点満点

解答用紙　適性検査Ⅱ

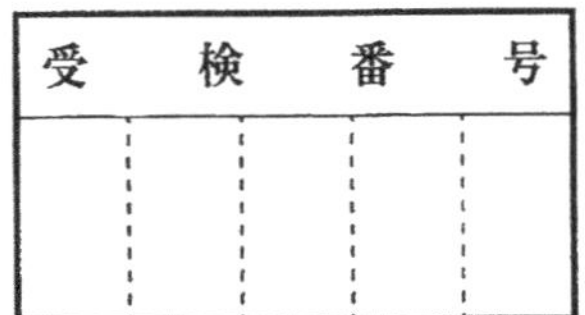

受　検　番　号

得　点
※

※のらんには、記入しないこと

※100点満点

1

〔問題１〕6点

シールの大きさ	大	小
枚数	枚	枚

※

〔問題２〕4点

※

〔問題３〕8点

Ｅ（　　　、　　　）

※

〔問題４〕6点

赤 ・ 青 ・ 緑

個

※

〔問題５〕6点

さいころの大きさ	**大きい**さいころ	**小さい**さいころ
出た数字		

※

〔問題６〕10点

さくらさんは〔　　　　　〕さんと対戦して勝ち、

そして、最後のゲームで

〔　　　　　〕さんと〔　　　　　〕さんが対戦して、

【　　　　　　　　　　】。

※

2

〔問題１〕15点

※

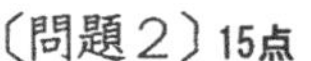
〔問題２〕15点

（選んだ二つを○で囲みなさい。）

図3　　図4　　図5

※

3

〔問題１〕 14点

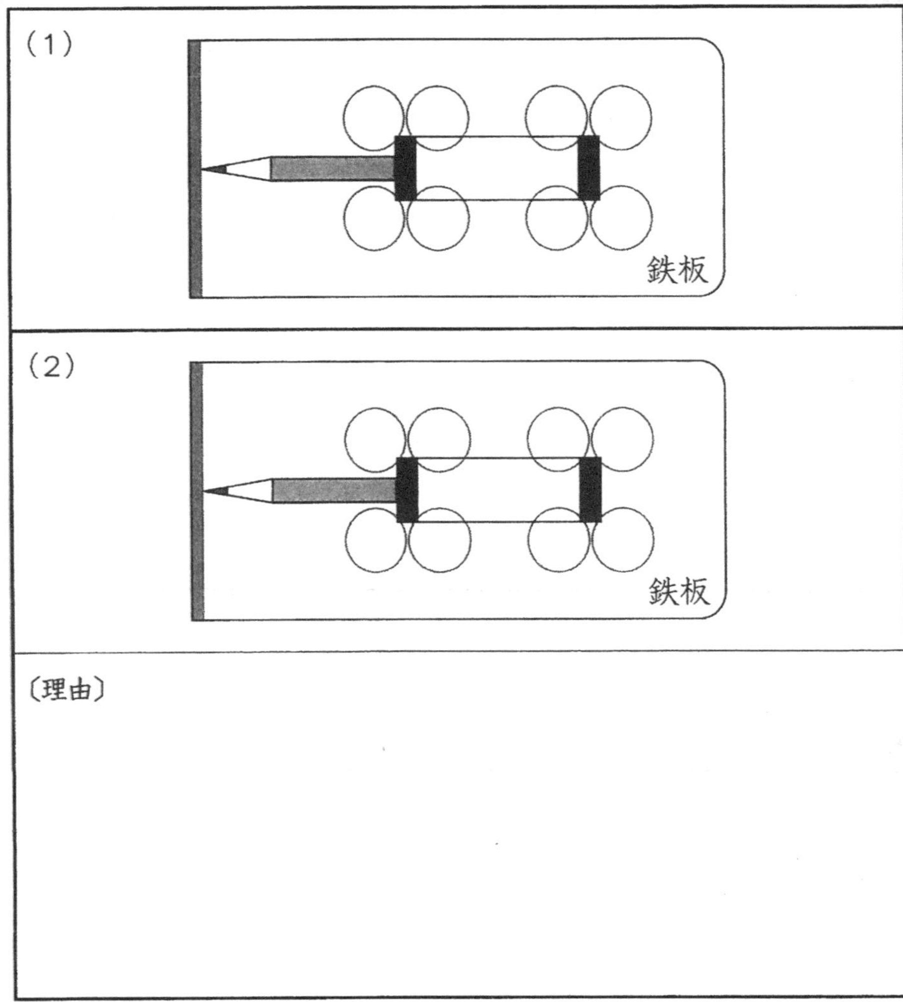

※

〔問題２〕 16点

（１） 個
（２）〔大きい場合〕
〔理由〕

※

（３　桜修館）

500　400　300　200

4
※

3
※
※
※
※

先　生：人工林を育てるには、長い期間がかかることが分かりましたね。次は、これを見てください。

図2　人工林の林齢別面積の構成

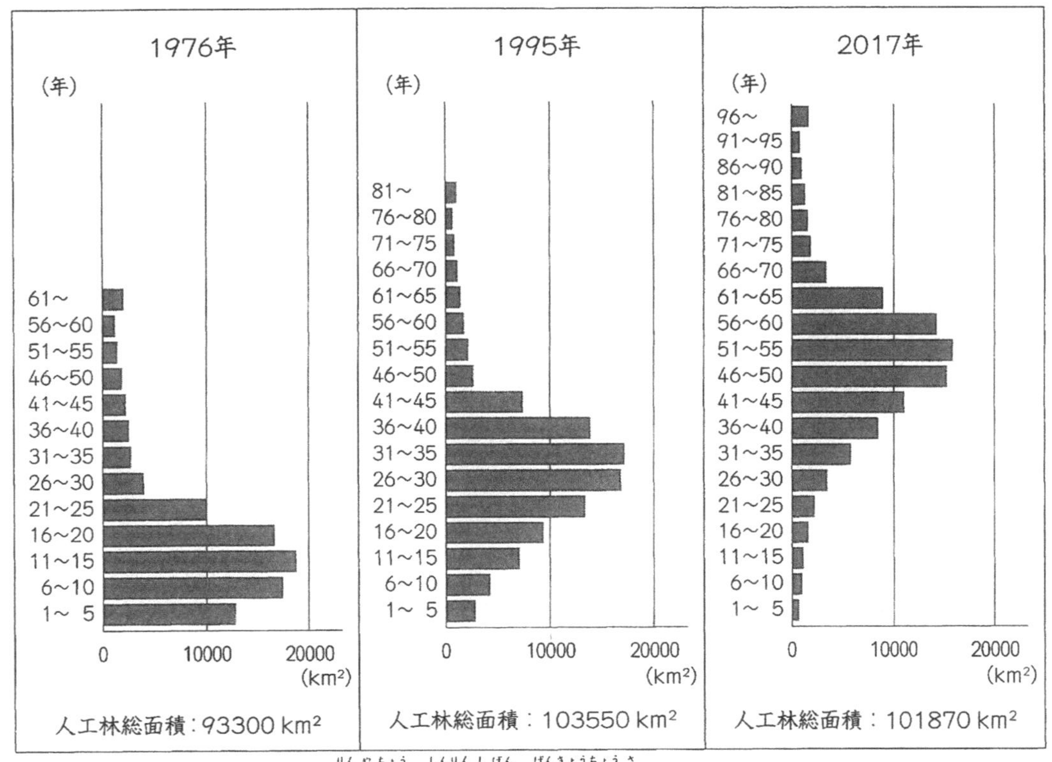

(林野庁「森林資源の現況調査」より作成)

先　生：**図2**は、人工林の林齢別面積の移り変わりを示しています。

太　郎：２０１７年では、林齢別に見ると、４６年から６０年の人工林の面積が大きいことが分かります。

花　子：人工林の総面積は、１９９５年から２０１７年にかけて少し減っていますね。

先　生：日本の国土の約3分の2が森林で、森林以外の土地も都市化が進んでいることなどから、これ以上、人工林の面積を増やすことは難しいのです。

太　郎：そうすると、人工林を維持するためには、主ばつした後の土地に植林をする必要があるということですね。

先　生：そのとおりです。では、これらの資料から、<u>２０年後、４０年後といった先を予想してみると、これからも安定して木材を使い続けていく上で、どのような課題があると思いますか。</u>

〔問題１〕　先生は「<u>２０年後、４０年後といった先を予想してみると、これからも安定して木材を使い続けていく上で、どのような課題があると思いますか。</u>」と言っています。持続的に木材を利用する上での課題を、これまでの会話文や**図１**の人工林の林齢と成長に着目し、**図2**から予想される人工林の今後の変化にふれて書きなさい。

花　子：人工林の育成には、森林整備サイクルが欠かせないことが分かりました。**図1**を見ると、林齢が５０年以上の木々を切る主ばつと、それまでに３回程度行われる間ばつがあります。高さや太さが十分な主ばつされた木材と、成長途中で間ばつされた木材とでは、用途にちがいはあるのですか。

先　生：主ばつされた木材は、大きな建築材として利用できるため、価格も高く売れます。間ばつされた木材である間ばつ材は、そのような利用は難しいですが、うすい板を重ねて作る合板や、紙を作るための原料、燃料などでの利用価値があります。

太　郎：間ばつ材は、多く利用されているのですか。

先　生：いいえ、そうともいえません。間ばつ材は、ばっ採作業や運ぱんに多くのお金がかかる割に、高く売れないことから、間ばつ材の利用はあまり進んでいないのが現状です。間ばつは、人工林を整備していく上で、必ず行わなければならないことです。間ばつ材と呼ばれてはいますが、木材であることに変わりはありません。

花　子：そうですね。間ばつ材も、重要な木材資源として活用することが、資源の限られた日本にとって大切なことだと思います。

先　生：**図3**は、間ばつ材を使った商品の例です。

図3　間ばつ材を使用した商品

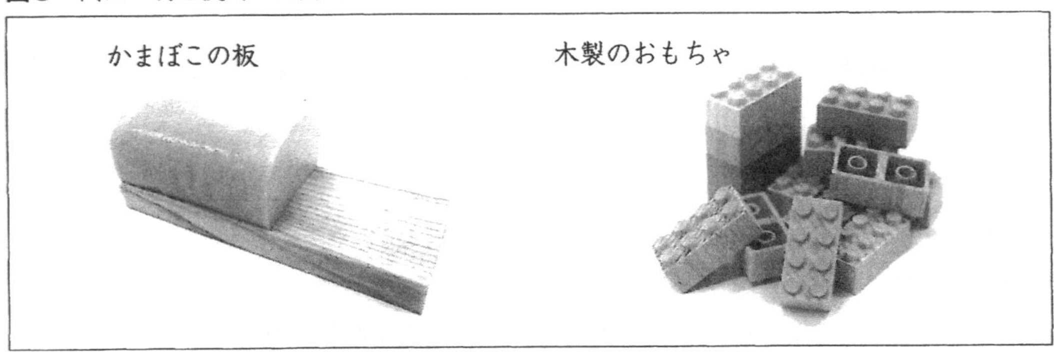

太　郎：小さい商品なら、間ばつ材が使えますね。おもちゃは、プラスチック製のものをよく見ますが、間ばつ材を使った木製のものもあるのですね。

花　子：**図3**で取り上げられたもの以外にも、間ばつ材の利用を進めることにつながるものはないか調べてみよう。

太　郎：私も間ばつ材に関する資料を見つけました。

図4　間ばつ材に関する活動

紙コップに印刷された間ばつ材マーク
小学生向け間ばつ体験

（全国森林組合連合会　間伐材マーク事務局ホームページより）　（和歌山県観光連盟ホームページより）

太　郎：図4の間ばつ材マークは、間ばつ材を利用していると認められた製品に表示されるマークです。間ばつや、間ばつ材利用の重要性などを広く知ってもらうためにも利用されるそうです。

花　子：図4の間ばつ体験をすることで、実際に林業にたずさわる人から、間ばつの作業や、間ばつ材について聞くこともできるね。私も間ばつ材の利用を進めることに関する資料を見つけました。

図5　林業に関する資料

高性能の林業機械を使った間ばつの様子

（中部森林管理局ホームページより）

間ばつ材の運ぱんの様子

（長野森林組合ホームページより）

花　子：木材をばっ採し運び出す方法は、以前は、小型の機具を使っていましたが、**図5**のような大型で高性能の林業機械へと変わってきています。

先　生：間ばつ材の運ぱんの様子も、**図5**をみると、大型トラックが大量の木材を運んでいることが分かります。国としても、このような木材を運び出す道の整備を推進しているのですよ。

太　郎：機械化が進み、道が整備されることで、効率的な作業につながりますね。

先　生：これらの資料を見比べてみると、間ばつ材についての見方が広がり、それぞれ関連し合っていることが分かりますね。

花　子：間ばつ材の利用を進めるためには、さまざまな立場から取り組むことが大切だと思いました。

〔問題2〕　花子さんは、「間ばつ材の利用を進めるためには、さまざまな立場から取り組むことが大切だと思いました。」と言っています。「**図3**　間ばつ材を使用した商品」、「**図4**　間ばつ材に関する活動」、「**図5**　林業に関する資料」の三つから二つの図を選択した上で、選択した図がそれぞれどのような立場の取り組みで、その二つの取り組みがどのように関連して、間ばつ材利用の促進につながるのかを説明しなさい。

3 花子さん、太郎さん、先生が磁石について話をしています。

花　子：磁石の力でものを浮かせる技術が考えられているようですね。

太　郎：磁石の力でものを浮かせるには、磁石をどのように使うとよいのですか。

先　生：図1のような円柱の形をした磁石を使って考えてみましょう。この磁石は、一方の底面がN極になっていて、もう一方の底面はS極になっています。この磁石をいくつか用いて、ものを浮かせる方法を調べることができます。

図1　円柱の形をした磁石

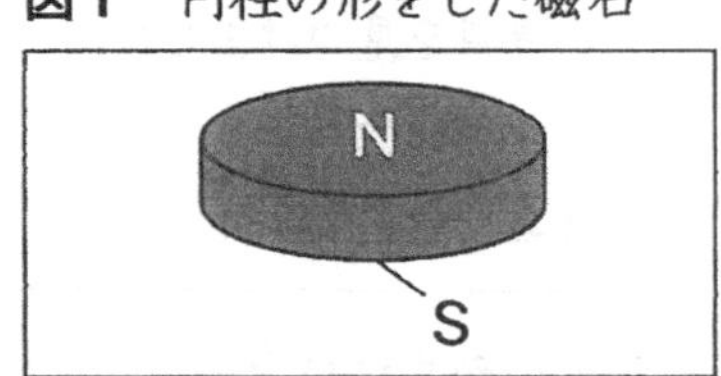

花　子：どのようにしたらものを浮かせることができるか実験してみましょう。

二人は先生のアドバイスを受けながら、次の手順で**実験1**をしました。

実験1

手順1　**図1**のような円柱の形をした同じ大きさと強さの磁石をたくさん用意する。そのうちの1個の磁石の底面に、**図2**のように底面に対して垂直にえん筆を接着する。

手順2　**図3**のようなえん筆がついたつつを作るために、透明なつつを用意し、その一方の端に手順1でえん筆を接着した磁石を固定し、もう一方の端に別の磁石を固定する。

手順3　**図4**のように直角に曲げられた鉄板を用意し、一つの面を地面に平行になるように固定し、その鉄板の上に4個の磁石を置く。ただし、磁石の底面が鉄板につくようにする。

手順4　鉄板に置いた4個の磁石の上に、手順2で作ったつつを**図5**のように浮かせるために、えん筆の先を地面に垂直な鉄板の面に当てて、手をはなす。

手順5　鉄板に置いた4個の磁石の表裏や位置を変えて、つつを浮かせる方法について調べる。ただし、上から見たとき、4個の磁石の中心を結ぶと長方形になるようにする。

図2　磁石とえん筆

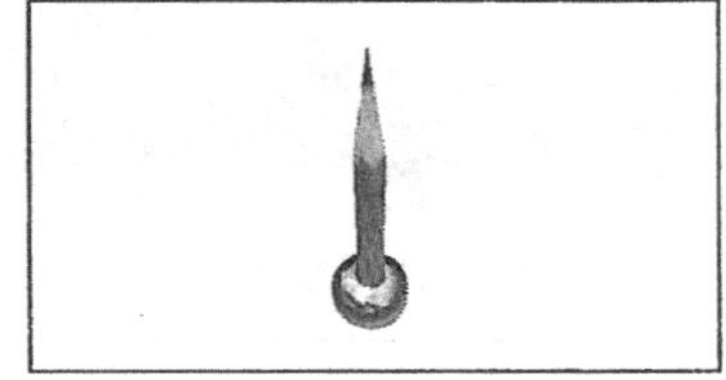

図3　えん筆がついたつつ

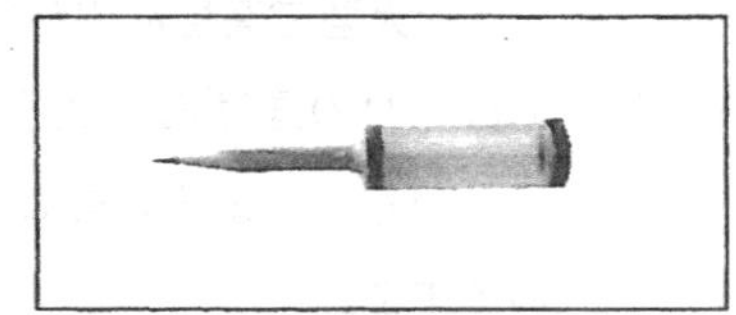

図4　鉄板と磁石4個

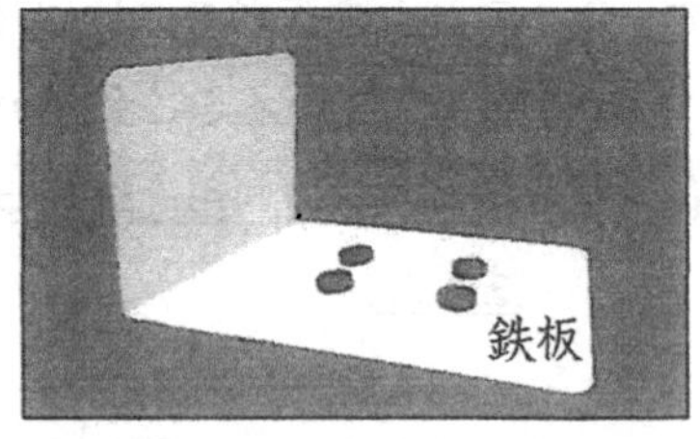

図5　磁石の力で浮かせたつつ

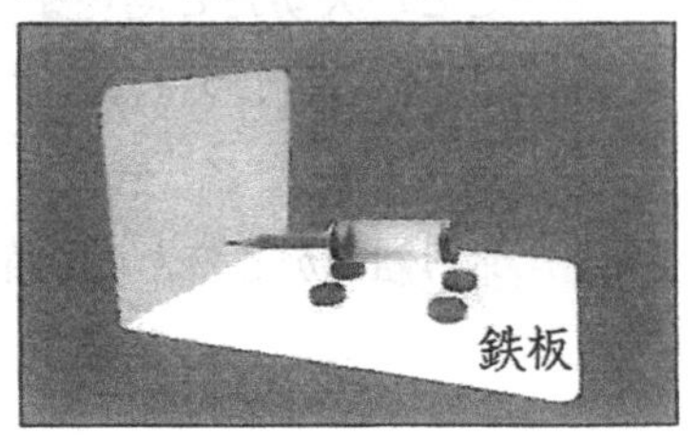

太　郎：つつに使う２個の磁石の**N**極と**S**極の向きを変えると、**図6**のように(あ)～(え)の４種類のえん筆がついたつつをつくることができるね。

図6　４種類のつつ

(あ)のつつ	(い)のつつ	(う)のつつ	(え)のつつ
N S　N S	S N　S N	N S　S N	S N　N S

花　子：(あ)のつつを浮かせてみましょう。

太　郎：鉄板を上から見たとき、**図7**の**ア**や**イ**のようにすると、**図5**のように(あ)のつつを浮かせることができたよ。

図7　上から見た(あ)のつつと、鉄板に置いた４個の磁石の位置と上側の極

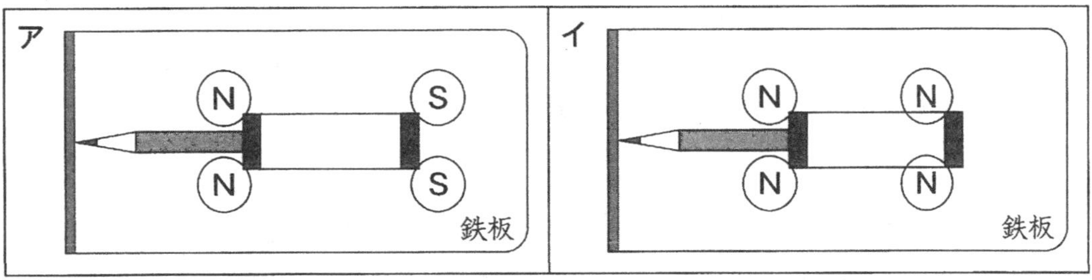

花　子：(あ)のつつを浮かせる方法として、**図7**の**ア**と**イ**の他にも組み合わせがいくつかありそうだね。

太　郎：そうだね。さらに、(い)や(う)、(え)のつつも浮かせてみたいな。

〔問題１〕（１）**実験１**で**図7**の**ア**と**イ**の他に(あ)のつつを浮かせる組み合わせとして、４個の磁石をどの位置に置き、上側をどの極にするとよいですか。そのうちの一つの組み合わせについて、解答らんにかかれている８個の円から、磁石を置く位置の円を４個選び、選んだ円の中に磁石の上側が**N**極の場合は**N**、上側が**S**極の場合は**S**を書き入れなさい。

（２）**実験１**で(え)のつつを浮かせる組み合わせとして、４個の磁石をどの位置に置き、上側をどの極にするとよいですか。そのうちの一つの組み合わせについて、（１）と同じように解答らんに書き入れなさい。また、書き入れた組み合わせによって(え)のつつを浮かせることができる理由を、(あ)のつつとのちがいにふれ、**図7**の**ア**か**イ**をふまえて文章で説明しなさい。

花　子：黒板に画用紙をつけるとき、**図8**のようなシートを使うことがあるね。

太　郎：そのシートの片面(かためん)は磁石になっていて、黒板につけることができるね。反対の面には接着剤(せっちゃくざい)がぬられていて、画用紙にそのシートを貼(は)ることができるよ。

花　子：磁石となっている面は、N極とS極のどちらなのですか。

先　生：磁石となっている面にまんべんなく鉄粉をふりかけていくと、鉄粉は**図9**のように平行なすじを作って並(なら)びます。これは、**図10**のようにN極とS極が並んでいるためです。このすじと平行な方向を、A方向としましょう。

太　郎：接着剤がぬられている面にさまざまな重さのものを貼り、磁石となっている面を黒板につけておくためには、どれぐらいの大きさのシートが必要になるのかな。

花　子：シートの大きさを変えて、**実験2**をやってみましょう。

図8　シートと画用紙

図9　鉄粉の様子

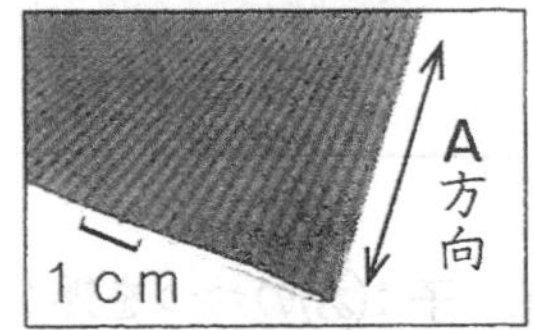

図10　N極とS極

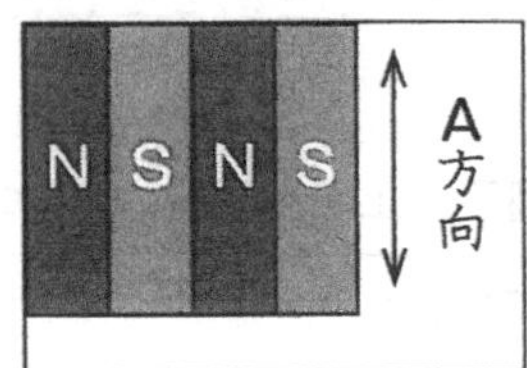

二人は次の手順で**実験2**を行い、その記録は**表1**のようになりました。

実験2

手順1　表面が平らな黒板を用意し、その黒板の面を地面に垂直に固定する。

手順2　シートの一つの辺がA方向と同じになるようにして、1辺が1cm、2cm、3cm、4cm、5cmである正方形に、シートをそれぞれ切り取る。そして、接着剤がぬられている面の中心に、それぞれ10cmの糸の端(はし)を取り付ける。

手順3　**図11**のように、1辺が1cmの正方形のシートを、A方向が地面に垂直になるように磁石の面を黒板につける。そして糸に10gのおもりを一つずつ増やしてつるしていく。おもりをつるしたシートが動いたら、その時のおもりの個数から一つ少ない個数を記録する。

手順4　シートをA方向が地面に平行になるように、磁石の面を黒板につけて、手順3と同じ方法で記録を取る。

手順5　1辺が2cm、3cm、4cm、5cmである正方形のシートについて、手順3と手順4を行う。

図11　**実験2**の様子

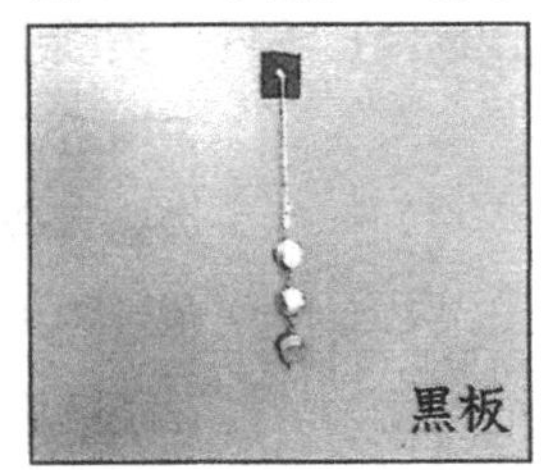

表1　**実験2**の記録

正方形のシートの1辺の長さ（cm）	1	2	3	4	5
A方向が地面に垂直(すいちょく)なときの記録（個）	0	2	5	16	23
A方向が地面に平行なときの記録（個）	0	2	5	17	26

太　郎：さらに多くのおもりをつるすためには、どうするとよいのかな。

花　子：おもりをつるすシートとは別に、シートをもう１枚用意し、磁石の面どうしをつけるとよいと思うよ。

先　生：それを確かめるために、**実験２**で用いたシートとは別に、一つの辺が**Ａ**方向と同じになるようにして、１辺が１ｃｍ、２ｃｍ、３ｃｍ、４ｃｍ、５ｃｍである正方形のシートを用意しましょう。次に、そのシートの接着剤がぬられている面を動かないように黒板に貼って、それに同じ大きさの**実験２**で用いたシートと磁石の面どうしをつけてみましょう。

太　郎：それぞれのシートについて、**Ａ**方向が地面に垂直であるときと、**Ａ**方向が地面に平行であるときを調べてみましょう。

二人は新しくシートを用意しました。そのシートの接着剤がぬられている面を動かないように黒板に貼りました。それに、同じ大きさの**実験２**で用いたシートと磁石の面どうしをつけて、**実験２**の手順３～５のように調べました。その記録は**表２**のようになりました。

表２　磁石の面どうしをつけて調べた記録

正方形のシートの１辺の長さ（ｃｍ）	１	２	３	４	５
Ａ方向が地面に垂直なシートに、 **Ａ**方向が地面に垂直なシートをつけたときの記録（個）	０	３	７	１６	２７
Ａ方向が地面に平行なシートに、 **Ａ**方向が地面に平行なシートをつけたときの記録（個）	１	８	１９	４３	５０
Ａ方向が地面に垂直なシートに、 **Ａ**方向が地面に平行なシートをつけたときの記録（個）	０	０	１	２	３

〔問題２〕（１）　１辺が１ｃｍの正方形のシートについて考えます。**Ａ**方向が地面に平行になるように磁石の面を黒板に直接つけて、**実験２**の手順３について２ｇのおもりを用いて調べるとしたら、記録は何個になると予想しますか。**表１**をもとに、考えられる記録を一つ答えなさい。ただし、糸とシートの重さは考えないこととし、つりさげることができる最大の重さは、１辺が３ｃｍ以下の正方形ではシートの面積に比例するものとします。

（２）　次の①と②の場合の記録について考えます。①と②を比べて、記録が大きいのはどちらであるか、解答らんに①か②のどちらかを書きなさい。また、①と②のそれぞれの場合について**Ａ**方向とシートの面の**Ｎ**極や**Ｓ**極にふれて、記録の大きさにちがいがでる理由を説明しなさい。

①　**Ａ**方向が地面に垂直なシートに、**Ａ**方向が地面に平行なシートをつける。

②　**Ａ**方向が地面に平行なシートに、**Ａ**方向が地面に平行なシートをつける。

適性検査Ⅰ

注意

1 問題は**2ページ**にわたって印刷してあります。
2 検査時間は**四十五分**で、終わりは**午前九時四十五分**です。
3 声を出して読んではいけません。
4 答えは全て解答用紙に明確に記入し、**解答用紙だけを提出しなさい。**
5 答えを直すときは、きれいに消してから、新しい答えを書きなさい。
6 **受検番号**を解答用紙の決められたらんに記入しなさい。

東京都立桜修館中等教育学校

次の**文章A**は、科学史家の村上陽一郎が「教養」とは何かについて書いた本の一部分で、「多くの知識やその広がりが教養の一要素になっている」と述べたあとに続くものです。**文章B**も同じ本の一部分で、「教養を身につけるとは、きちんとした人間として、正しいと思う方向に向かって自分を造り上げていくことなのではないか」と述べたあとに続くものです。この二つの文章を読んで、あとの**問題**に答えなさい。（＊印の付いている言葉には、文章のあとに〈言葉の説明〉があります。）

文章A

でも私は、教養にはもう一つ、決定的に大きな要素が含まれている、と確信しています。それは、自らを立てることに必要なのが教養だと思うのです。「立てる」と言っても、「人より先にする」という意味ではなく、「揺るがない自分を造り上げる」という意味です。あるいは、自分に対して＊則を課し、その則の下で行動できるだけの力をつける、と言い換えてもいいかもしれません。

文章B

つまり、何を材料にして自分を造り上げるか。広い知識や広い体験は決定的に大事な材料の一つですけど、全部ではない。造り上げるというと、いかにも何かがちがちに造り上げた完成品ができてしまうように見えますけど、そうじゃないんですね。自分というものを固定化するのではなく、むしろいつも「開かれて」いて、それを「自分」であると見なす作業、そういう意味での造り上げる行為は実は永遠に、死ぬまで続くわけです。

（村上陽一郎「あらためて教養とは」新潮文庫刊による）

〈言葉の説明〉

則…人の行動や判断のよりどころとなる考え方。

問題

この二つの文章は、それぞれどのようなことを言いたかったのだとあなたは考えますか。解答らん①には、文章Aについて百字以内、解答らん②には、文章Bについて百四十字以内で、それぞれあなたの考えを分かりやすく書きましょう。なお、文章Aについては「教養とは」という書き出しで、また、文章Bについては「教養を身につけるとは」という書き出しで書きましょう。（それぞれの解答らんには、あらかじめ書き出しの語句が印刷されています。）

また、この二つの文章を読んで、あなたは「自分を造り上げる」ためには何が必要だと考えますか。解答らん③に、あなたの考えを、自分の体験や経験などを交えながら、いくつかの段落（だんらく）に分けて、四百字以上、五百字以内で分かりやすく書きましょう。

（書き方のきまり）

○　題名、名前は書かずに一行めから書き始めましょう。
○　書き出しや、段落（だんらく）をかえるときは、一ます空けて書きましょう。ただし、解答らん①と②については、あらかじめ印刷されている語句に続けて書き出すこととし、段落をかえてはいけません。
○　行をかえるのは段落をかえるときだけとします。会話などを入れる場合は、行をかえてはいけません。
○　読点（とうてん）→　、や　句点→　。かぎ→「　などはそれぞれ一ますに書きましょう。ただし、句点とかぎ→　。」は、同じますに書きましょう。
○　読点や句点が行の一番上にきてしまうときは、前の行の一番最後の字といっしょに同じますに書きましょう。
○　書き出しや、段落をかえて空いたますも字数として数えます。
○　最後の段落の残りのますは、字数として数えません。
○　文章を直すときは、消しゴムでていねいに消してから書き直しましょう。

適性検査Ⅱ

注　　意

1　問題は **1** から **3** までで、１８ページにわたって印刷してあります。

2　検査時間は**４５分**で、終わりは**午前１１時００分**です。

3　声を出して読んではいけません。

4　計算が必要なときは、この問題用紙の余白を利用しなさい。

5　答えは全て解答用紙に明確に記入し、**解答用紙だけを提出しなさい。**

6　答えを直すときは、きれいに消してから、新しい答えを書きなさい。

7　**受検番号**を解答用紙の決められたらんに記入しなさい。

東京都立桜修館中等教育学校

1 放課後に教室で、**おさむ**さん、**さくら**さん、**先生**は、算数クラブの活動前に、授業で使った学校の三角定規(じょうぎ)などを整理しています。

おさむ：三角定規の形は二種類しかないけれども、大きさはさまざまだね。
さくら：同じ長さの辺をもつ三角定規を組み合わせると、**図1**のような図形ができるよ。

図1 三角定規(じょうぎ)を組み合わせた図形

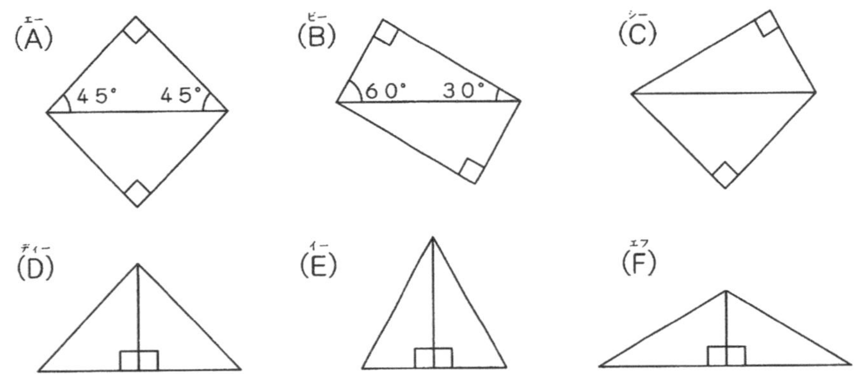

さくら：(A) は正方形だから、**図2**のようにこの図形のすべての頂点(ちょうてん)が接するように円がかけるね。
おさむ：そうだね。(B) や (D) も長方形と直角二等辺三角形だから、それぞれの図形がぴったりと入る円がかけるね。

図2 **図1**の (A) (B) (D) がぴったりと入る円の様子

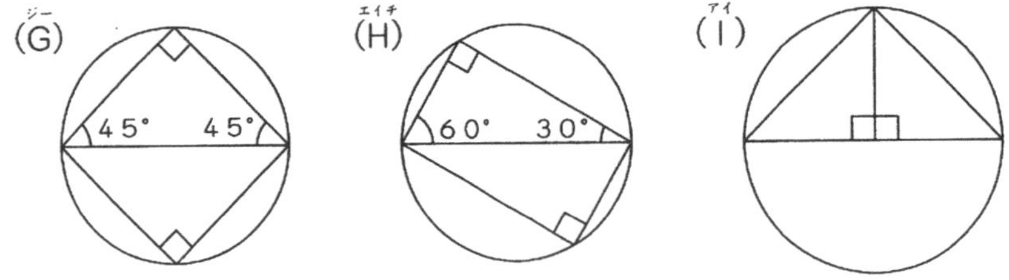

おさむ：(F) はどうかな。
先　生：(F) は正六角形の一部だから (F) がぴったりと入る円がかけますよ。
さくら：三角定規をすきまや重なりがないように組み合わせて、正六角形を作ってみよう。

〔問題1〕 さくらさんは実際に正六角形を作ってみました。完成した正六角形には、右の**図3**の①から⑤の三角定規(じょうぎ)が何枚(なんまい)か使われています。使われた三角定規の枚数(まいすう)を答えなさい。ただし、答えは一通りではありません。そのうちの一つを答えなさい。なお、使われなかった三角定規の解答らんは空らんにしなさい。

図3　教室にある三角定規の大きさとその枚数

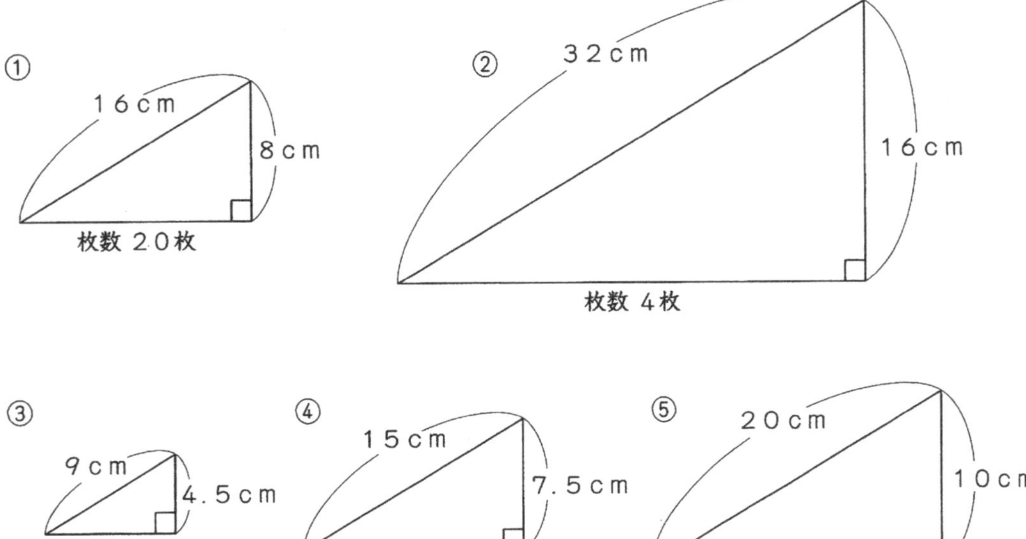

さくら：正方形がぴったりと入る円は、下の**図4**のように正方形の対角線が円の直径になるね。

おさむ：正六角形は一番長い対角線が円の直径になるんだ。

さくら：正六角形がぴったりと入る円の直径を引いて、別の頂点から直径の両はしに線を引くと、三角定規と同じ形の直角三角形ができるね。

おさむ：本当だ。正八角形も一番長い対角線が直径になるように円をかいて、正六角形と同じようにすると、正八角形でも直角三角形ができるね。

図4　正多角形の対角線と円の直径

〔問題2〕　おさむさんは「正六角形と同じようにすると、正八角形でも直角三角形ができるね。」と言っています。その理由を「円の中心」「二等辺三角形」という二つの言葉を使って説明しなさい。

おさむさんたちは、三角定規を引き出しにかたづけようとしています。それぞれの引き出しには、**図5**のような模様のシールがはってあります。

おさむ：先生、この模様はなんですか。

先　生：これは、算数の授業で使う道具を分類するための模様です。

さくら：どういうことですか。

先　生：横の1列めは道具の種類です。
左から分度器、三角定規❶（45°、45°、90°）、三角定規❷（30°、60°、90°）、直線定規、コンパスを表しています。横の2列めは使われている材質です。左から木、プラスチック、鉄、アルミニウム、竹を表しています。つまり、**図5**は道具の種類はコンパスで、プラスチックと鉄でできているということを表している模様です。

おさむ：横の3列めは何を表していますか。

先　生：横の3列めは長さを測ることができる道具だけにある模様で、一番長い辺の長さを表しています。例えば、長さは**図6**のように表します。

図5　シールの模様

1列め					■
2列め		■	■		
3列め					

図6　長さの表し方の例

長さの表し方					長さ
					0cm
■					1cm
	■				2cm
		■			4cm
■		■			5cm
■	■	■			7cm
■			■		9cm
		■		■	20cm

おさむ：なるほど。では、道具を引き出しにかたづけよう。

〔問題3〕　おさむさんは「道具を引き出しにかたづけよう。」と言っています。机の上には、下の**ア**、**イ**、**ウ**の道具があります。どの道具をかたづけるかを**ア**、**イ**、**ウ**から一つ選び、解答用紙に○をつけなさい。次に、どの模様がついた引き出しにかたづければよいかを考え、その模様を解答用紙の図にかきなさい。

> **ア**　一番長い辺が16cmのプラスチックでできた三角定規❶
> **イ**　一番長い辺が12cmのアルミニウムでできた三角定規❷
> **ウ**　一番長い辺が30cmの竹でできた直線定規

三角定規を引き出しにかたづけると、**先生**からお話がありました。

先　生：教室のかたづけが終わったので、クラブ活動を始めます。さあ、このパズルを使ってみなさんで考えてみましょう。ルールは次のようになっています。

○ パズルのルール

・ 一面が黒、もう一面が白の正方形の板を用意する。**図7**のように、最初はすべて黒の面がみえる状態にして並(なら)べる。

・ 一人が「**あ、い、う、え、お、か、き、く**」の中から5個の文字を選ぶ。このとき、同じ文字を2回以上選んでもよい。

・ 選んだ文字が表す縦(たて)または横の1列すべてをひっくり返す。

・ ひっくり返された後の図を見て、選んだ5個の文字を他の人が考える。

図7　正方形の板の並(なら)べ方

先　生：では、さくらさん、まずは2個の文字でやってみましょう。「**か**」、「**い**」の2個の文字の場合はどうなるでしょうか。

さくら：まず、「**か**」が表す横1列をひっくり返して**図8**のようにします。次に「**い**」が表す縦(たて)1列をひっくり返して**図9**のようにします。

図8　「**か**」の文字を選んだ結果

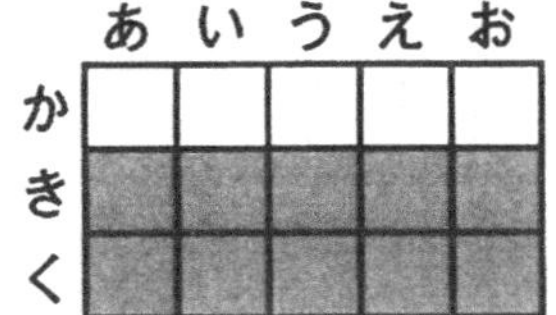

図9　「**か**」、「**い**」と文字を選んだ結果

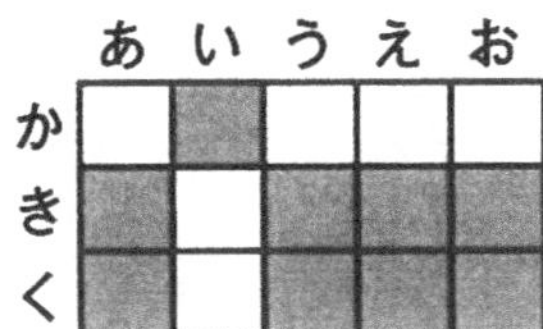

先　生：「**か**」、「**い**」、「**か**」と文字を選んだ結果は**図10**のようになります。

図10　「**か**」、「**い**」、「**か**」と文字を選んだ結果

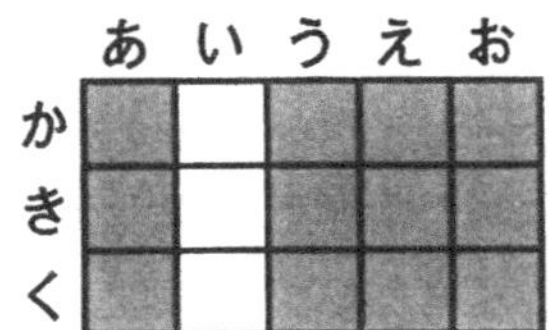

おさむ：ルールがわかりました。さっそくパズルをやってみよう。

〔問題４〕 先生が選んだ５個の文字で正方形の板をひっくり返した結果が、**図１１**のようになりました。先生が選んだ５個の文字を答えなさい。ただし、答えは一通りではありません。考えられる文字の組み合わせのうちの一つを答えなさい。

図１１ ５個の文字でひっくり返した結果

	あ	い	う	え	お
か					
き					
く					

さくら：下の**図１２**は、私(わたし)が夏休みの自由研究で定規(じょうぎ)とコンパスを使ってデザインした作品だよ。

おさむ：円と直線を組み合わせてかいたんだね。

さくら：できた図形に三種類の模様(もよう)をつけたんだ。

先　生：円と直線を組み合わせると、いろいろな図形ができておもしろいですね。では、この図形について考えてみましょう。

図１２ 円と直線を組み合わせてかいた作品

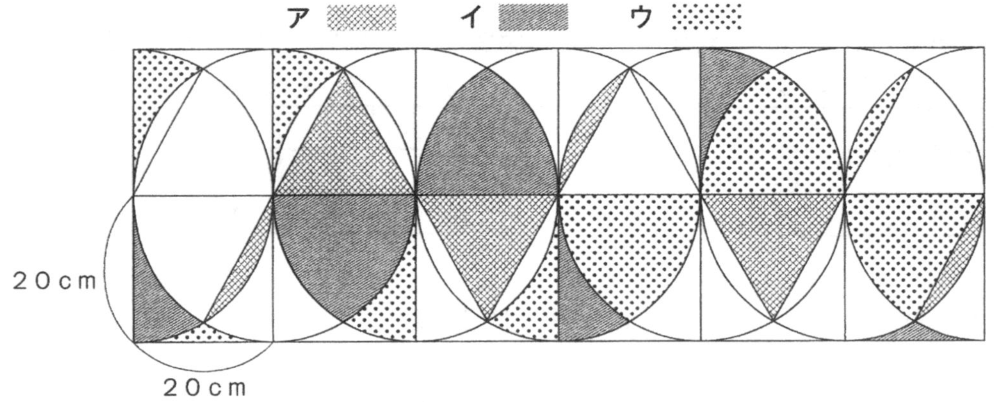

〔問題５〕 **図１２**についている模様(もよう)は**ア**（　）、**イ**（　）、**ウ**（　）の三種類です。**ア**、**イ**、**ウ**から一つ選び、解答用紙に○をつけ、選んだ模様がついている部分の面積の和を求めなさい。ただし、円周率は３．１４とし、計算の結果が小数になる場合は、小数第二位を四捨五入(ししゃごにゅう)して小数第一位までの数で答えなさい。

このページには問題は印刷されていません。

2 花子さんと太郎さんは、図書室でバスについて先生と話をしています。

花　子：昨日、バスに乗ってとなりの駅に行ったとき、たくさんのバスが行き来していましたよ。

太　郎：たくさんのバスがあるということは、行き先がちがっていたり、バスの種類もいろいろあったりするのでしょうか。バスの種類や台数はどれぐらいあるのでしょう。

花　子：バスのことについて、調べてみましょう。

花子さんと太郎さんは、次の資料（**図1**、**図2**、**表1**）を見つけました。

図1　日本国内の乗合バスの合計台数の移り変わり

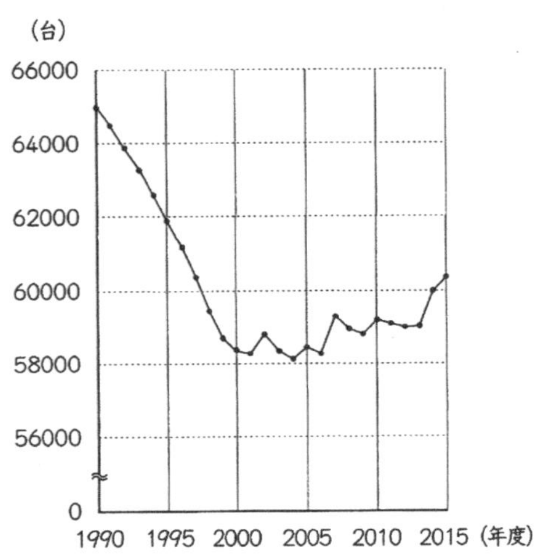

図2　日本国内の乗合バスが１年間に実際に走行したきょりの移り変わり

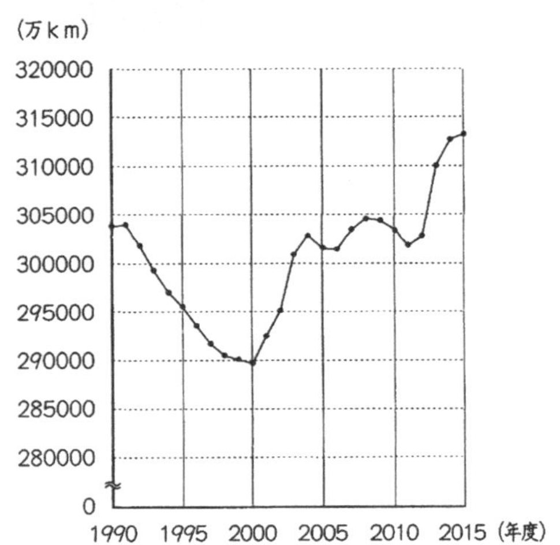

（公益社団法人日本バス協会「２０１８年度版（平成３０年度）日本のバス事業」より作成）

太　郎：資料に書いてある乗合バスとは、どんなバスのことですか。

先　生：バスの種類は大きく分けて、乗合バスと、貸切バスがあります。決められた経路を時刻表に従って走るバスは、乗客の一人一人が料金をはらいます。このようなバスを乗合バスといいます。６年生の校外学習などでは、学校でいらいをしたバスで見学コースをまわってもらいましたね。このようなバスを貸切バスといいます。

表1　乗合バスに関する主な出来事

	主な出来事
1995 (平成7) 年度	● 東京都武蔵野市で、地域の人たちの多様な願いにこまやかに応えるため、新しいバスサービス「コミュニティバス」の運行を開始した。
1996 (平成8) 年度	● 都営バスなどがノンステップバスの導入を開始した。
1997 (平成9) 年度	● 国がオムニバスタウン事業を開始した。(オムニバスタウン事業とは、全国から14都市を指定し、バス交通を活用して、安全で豊かな暮らしやすいまちづくりを国が支えんする制度のこと。)
2001 (平成13)年度	● バスの営業を新たに開始したり、新たな路線を開設したりしやすくするなど、国の制度が改められた。また、利用そく進等のため、割引運賃の導入などのサービス改善がはかられた。
2006 (平成18)年度	● 貸切バスで運行していた市町村のバスのサービスを、乗合バスでの運行と認めることや、コミュニティバスでは地域の意見を取り入れて運賃の設定ができるようにすることなど、国の制度が改められた。
2012 (平成24)年度	● 都営バスの全車両がノンステップバスとなった。

(「国土交通白書」や「都営バスホームページ」などより作成)

花　子：コミュニティバスは小型のバスで、私たちの地域でも走っていますね。

先　生：1995(平成7)年度以降、コミュニティバスを導入する地域が増えて、2016(平成28)年度には、全国の約80%の市町村で、コミュニティバスが運行されているという報告もあります。小型のコミュニティバスは、せまい道路を走ることができるという長所があります。

太　郎：ノンステップバスとは、出入口に段差がないバスのことですね。

先　生：**図1**や**図2**の資料からどんなことが分かりますか。

花　子：1990年度から2000年度までは、どちらの資料も減少を示していますね。

太　郎：2001年度以降の変化も考えてみましょう。

〔問題1〕　1990年度から2000年度までにかけて減少していた乗合バスの合計台数や1年間に実際に走行したきょりと比べて、2001年度から2015年度にかけてどのような移り変わりの様子がみられるか、**図1**と**図2**のどちらかを選び、その図から分かる移り変わりの様子について、**表1**と関連付けて、あなたの考えを書きなさい。

太　郎：先日、祖父が最近のバスは乗りやすくなったと言っていたのだけれども、最近のバスは何か変化があるのでしょうか。

先　生：２０１２（平成２４）年度に都営バスの全車両がノンステップバスになったように、日本全国でもノンステップバスの車両が増えてきています。

花　子：私が昨日乗ったのもノンステップバスでした。

太　郎：**図3**の資料を見ると、車内に手すりがたくさんあるようですね。

先　生：ノンステップバスが増えてきた理由について、**表2**の資料をもとに考えてみましょう。

図3　乗合バスの様子

バスの正面

降車（こうしゃ）ボタンの位置

バスの出入口

車内の様子

解答用紙

適性検査Ⅰ

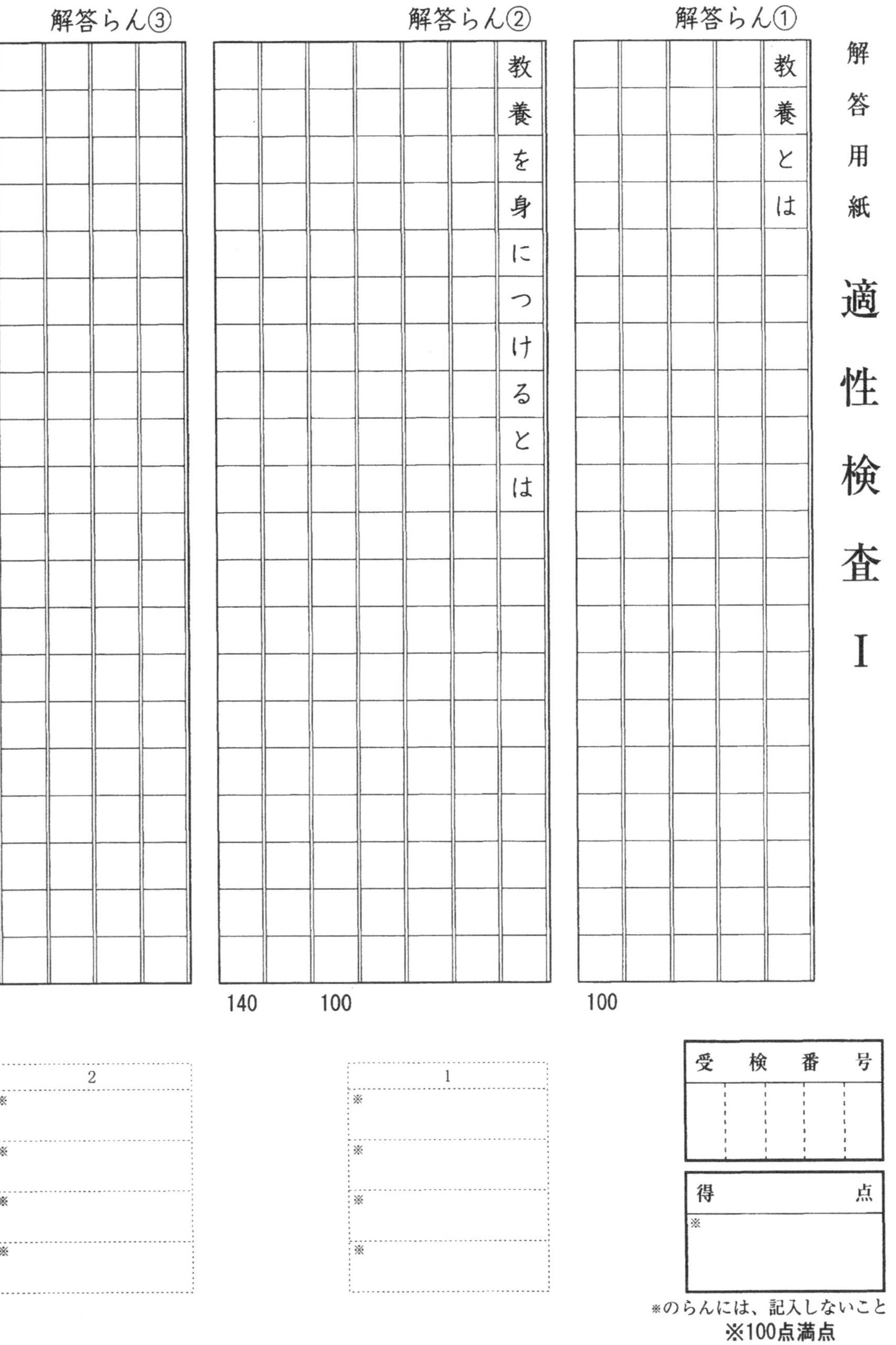

受	検	番	号

得点
※

※のらんには、記入しないこと

※100点満点

解答用紙　適性検査Ⅱ

受検番号	得点
	※

※のらんには、記入しないこと
※100点満点

1

〔問題１〕6点

三角定規(じょうぎ)	①	②	③	④	⑤
枚数(まいすう)	枚	枚	枚	枚	枚

※

〔問題２〕10点

※

〔問題３〕10点

ア ・ イ ・ ウ

１列め					
２列め					
３列め					

※

〔問題４〕8点

※

〔問題５〕6点

ア ・ イ ・ ウ

cm²

※

2

〔問題1〕10点

〔選んだ図〕

〔あなたの考え〕

※

〔問題2〕8点

〔設計の工夫〕（選んだ二つをそれぞれ ◯ で囲みなさい。）

出入口の高さ　　手すりの素材　　ゆかの素材　　降車ボタンの位置

車いすスペースの設置　　フリースペースの設置　　固定ベルトの設置

優先席の配置

〔期待されている役割〕

※

〔問題3〕12点

〔課題〕

〔あなたの考え〕

※

3

〔問題１〕６点

〔選んだプロペラ〕	
〔示す値(あたい)のちがい〕	g

※

〔問題２〕14点

(1)〔モーター〕	〔プロペラ〕
(2)〔選んだ予想〕	の予想
〔予想が正しくなる場合〕	あります ・ ありません
〔理由〕	

※

〔問題３〕10点

(1)
(2)

※

（2　桜修館）

500　400　300　200

4
※

3
※
※
※
※

表2　２０１５（平成２７）年度以降のノンステップバスの標準的な設計の工夫の一部

・出入口の高さ	・車いすスペースの設置
・手すりの素材	・フリースペースの設置
・ゆかの素材	・固定ベルトの設置
・降車ボタンの位置	・優先席の配置

（公益社団法人日本バス協会「２０１８年度版（平成３０年度）日本のバス事業」より作成）

花　子：ノンステップバスは、いろいろな人が利用しやすいように、設計が工夫されているようですね。

太　郎：このような工夫にはどのような役割が期待されているのでしょうか。

〔問題２〕　太郎さんが「このような工夫にはどのような役割が期待されているのでしょうか。」と言っています。**表２**から設計の工夫を二つ選び、その二つの工夫に共通する役割として、どのようなことが期待されているか、あなたの考えを書きなさい。

太　郎：バスの車両は、いろいろな人が利用しやすいように、工夫したつくりになっていることが分かりました。バスの車両以外にも、何か工夫があるのでしょうか。

花　子：私は、路面に「バス優先」と書かれた道路を見たことがあります。２車線の道路のうち、一方の道路には「バス優先」と書かれていました。

先　生：一般の自動車も通行できますが、乗合バスが接近してきたときには、「バス優先」と書かれた車線から出て、道をゆずらなければいけないというきまりがあります。バス以外の一般の自動車の運転手の協力が必要ですね。

太　郎：**図４**のような資料がありました。この資料の説明には、「このシステムがある場所では、乗合バスからの信号を受信する通信機が設置されています。この通信機が乗合バスからの信号を感知すると、乗合バスの通過する時刻を予測して、バスの進行方向の青信号が点灯している時間を長くしたり、赤信号の点灯している時間を短くしたりするなど、乗合バスが通過しやすくしています。」と書いてあります。この仕組みのことを「公共車両優先システム」というそうです。

図４　公共車両優先システム

（千葉県警察ホームページ「新交通管理システム・ＰＴＰＳ調査報告」より作成）

先　生：「公共車両優先システム」は、乗合バスを常に青信号で通過させるための仕組みではありませんが、バスの信号待ちの時間を短くする効果があります。また、花子さんが見た「バス優先」の車線とあわせて利用されている場所もあるようです。

花　子：この仕組みがある場所では、バスが通過するときと、通過しないときとでは、青信号や赤信号の点灯時間が変わるというのはおもしろいですね。この仕組みがある場所では、実際にどのような変化がみられたのでしょうか。

先　生：ここに、**図５**、**図６**、**図７**の三つの資料があります。

図５　公共車両優先システムが導入された区間

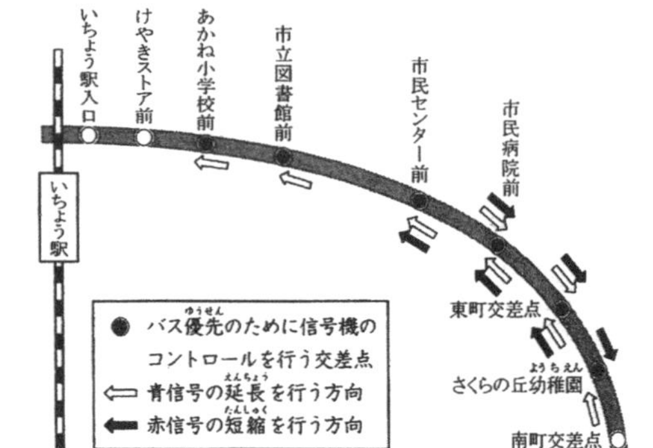

（千葉県警察ホームページ「新交通管理システム・ＰＴＰＳ調査報告」より作成）

図6　調査した区間のバスの平均運行時間

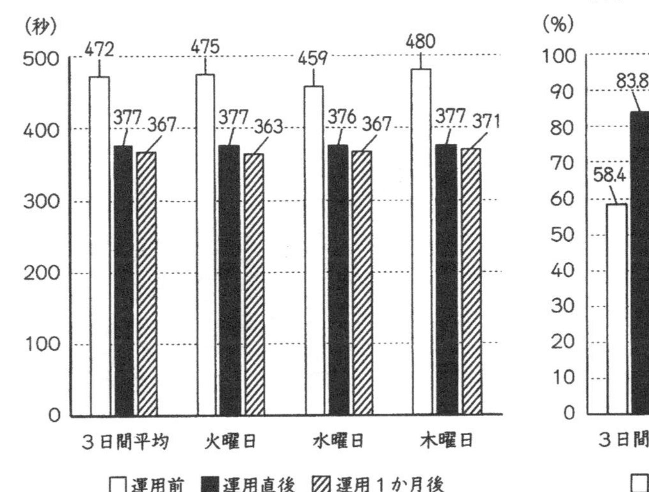

図7　時刻表(じこくひょう)に対するバスの運行状きょう（7分間の所要時間の経路を8分以内で運行した割合(わりあい)）

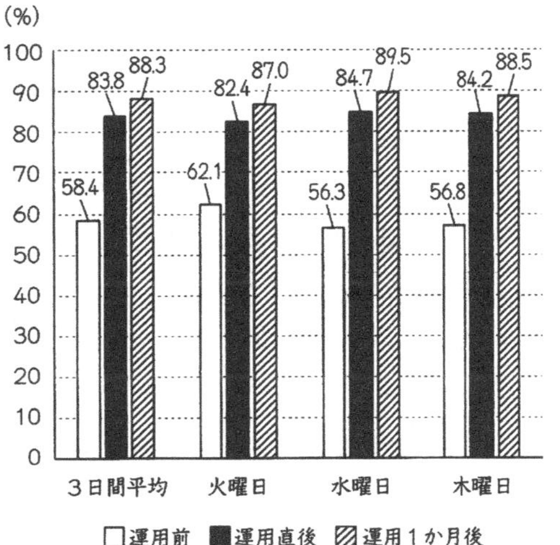

（千葉県警察ホームページ「新交通管理システム・ＰＴＰＳ調査報告」より作成）

太　郎：図6で、「公共車両優先システム」の運用前と運用後を比べると、調査した区間をバスで移動するときに、かかる時間が短縮(たんしゅく)されたようですね。

花　子：バスの時刻表に対しても、ほぼ時間どおりに運行しているようです。

太　郎：時間どおりにバスが運行してくれると便利だから、この仕組みをまだ導入していない地域があったら、導入していけばよいですね。

花　子：<u>先生の話や、**図4～図7**の資料からは、「バス優先」の車線や「公共車両優先システム」がこのままでよいとはいえないと思います。</u>

〔問題3〕　花子さんは、「<u>先生の話や、**図4～図7**の資料からは、「バス優先」の車線や「公共車両優先システム」がこのままでよいとはいえないと思います。</u>」と言っています。あなたは、「バス優先」の車線や「公共車両優先システム」にどのような課題があると考えますか。また、その課題をどのように解決すればよいか、あなたの考えを書きなさい。

3 **花子**さん、**太郎**さん、**先生**が車の模型について話をしています。

花　子：モーターで走る車の模型を作りたいな。

太　郎：プロペラを使って車の模型を作ることができますか。

先　生：プロペラとモーターとかん電池を組み合わせて、**図1**のように風を起こして走る車の模型を作ることができます。

花　子：どのようなプロペラがよく風を起こしているのかな。

太　郎：それについて調べる実験はありますか。

先　生：電子てんびんを使って、**実験1**で調べることができます。

花　子：**実験1**は、どのようなものですか。

先　生：まず、**図2**のように台に固定したモーターを用意します。それを電子てんびんではかります。

太　郎：はかったら、５４．１gになりました。

先　生：次に、**図3**のようにスイッチがついたかん電池ボックスにかん電池を入れます。それを電子てんびんではかります。

花　子：これは、４８．６gでした。

先　生：さらに、プロペラを**図2**の台に固定したモーターにつけ、そのモーターに**図3**のボックスに入ったかん電池をつなげます。それらを電子てんびんではかります。その後、電子てんびんにのせたままの状態でスイッチを入れると、プロペラが回り、電子てんびんの示す値が変わります。ちがいが大きいほど、風を多く起こしているといえます。

太　郎：**表1**の**A**～**D**の４種類のプロペラを使って、**実験1**をやってみましょう。

図1　風を起こして走る車の模型

車の模型の進む向き

図2　台に固定したモーター

図3　ボックスに入ったかん電池

表1　4種類のプロペラ

	A	B	C	D
プロペラ				
中心から羽根のはしまでの長さ（cm）	5.4	4.9	4.2	2.9
重さ（g）	7.5	2.7	3.3	4.2

スイッチを入れてプロペラが回っていたときの電子てんびんの示す値は、**表2**のようになりました。

表2　プロペラが回っていたときの電子てんびんの示す値

プロペラ	A	B	C	D
電子てんびんの示す値（g）	123.5	123.2	120.9	111.8

〔問題1〕 **表1**の**A**～**D**のプロペラのうちから一つ選び、そのプロペラが止まっていたときに比べて、回っていたときの電子てんびんの示す値は何gちがうか求めなさい。

花　子：図1の車の模型から、モーターの種類やプロペラの種類の組み合わせをかえて、図4のような車の模型を作ると、速さはどうなるのかな。

太　郎：どのようなプロペラを使っても、①モーターが軽くなればなるほど、速く走ると思うよ。

花　子：どのようなモーターを使っても、②プロペラの中心から羽根のはしまでの長さが長くなればなるほど、速く走ると思うよ。

図4　車の模型

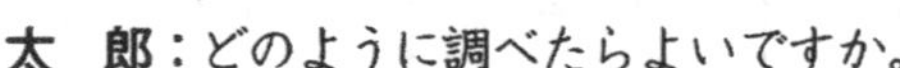

太　郎：どのように調べたらよいですか。

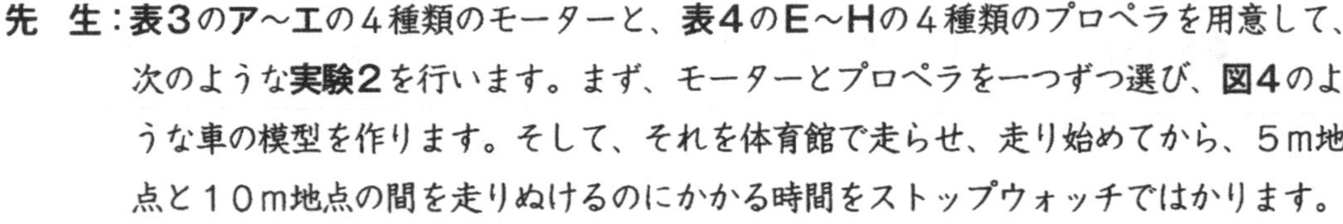

先　生：**表3**の**ア**～**エ**の４種類のモーターと、**表4**の**E**～**H**の４種類のプロペラを用意して、次のような**実験2**を行います。まず、モーターとプロペラを一つずつ選び、**図4**のような車の模型を作ります。そして、それを体育館で走らせ、走り始めてから、５ｍ地点と１０ｍ地点の間を走りぬけるのにかかる時間をストップウォッチではかります。

表3　４種類のモーター

	ア	イ	ウ	エ
モーター				
重さ（g）	１８	２１	３０	４４

表4　４種類のプロペラ

	E	F	G	H
プロペラ				
中心から羽根のはしまでの長さ（cm）	４．０	５．３	５．８	９．０

花　子：モーターとプロペラの組み合わせをいろいろかえて、**実験２**をやってみましょう。

実験２で走りぬけるのにかかった時間は、**表５**のようになりました。

表５　５ｍ地点から１０ｍ地点まで走りぬけるのにかかった時間（秒）

		モーター			
		ア	**イ**	**ウ**	**エ**
プロペラ	**E**	3.8	3.1	3.6	7.5
	F	3.3	2.9	3.2	5.2
	G	3.8	3.1	3.1	3.9
	H	4.8	4.0	2.8	4.8

〔問題２〕（１）　**表５**において、車の模型が最も速かったときのモーターとプロペラの組み合わせを書きなさい。

（２）　**表５**から、①の予想か②の予想が正しくなる場合があるかどうかを考えます。

太郎さんは、「①モーターが軽くなればなるほど、速く走ると思うよ。」と予想しました。①の予想が正しくなるプロペラは**E**～**H**の中にありますか。

花子さんは、「②プロペラの中心から羽根のはしまでの長さが長くなればなるほど、速く走ると思うよ。」と予想しました。②の予想が正しくなるモーターは**ア**～**エ**の中にありますか。

①の予想と②の予想のどちらかを選んで解答らんに書き、その予想が正しくなる場合があるかどうか、解答らんの「あります」か「ありません」のどちらかを丸で囲みなさい。また、そのように判断した理由を説明しなさい。

太　郎：モーターとプロペラを使わずに、ほを立てた車に風を当てると、動くよね。

花　子：風を車のななめ前から当てたときでも、車が前に動くことはないのかな。調べる方法は何かありますか。

先　生：**図5**のようにレールと車輪を使い、長方形の車の土台を動きやすくします。そして、**図6**のように、ほとして使う三角柱を用意します。次に、車の土台の上に**図6**の三角柱を立てて、**図7**のようにドライヤーの冷風を当てると、車の動きを調べることができます。

太　郎：車の動きを調べてみましょう。

二人は先生のアドバイスを受けながら、次のような1～4の手順で**実験3**をしました。

1　工作用紙で**図6**の三角柱を作る。その三角柱の側面が車の土台と垂直(すいちょく)になるように底面を固定し、車を作る。そして、車をレールにのせる。

2　**図8**のように、三角柱の底面の最も長い辺のある方を車の後ろとする。また、真上から見て、車の土台の長い辺に対してドライヤーの風を当てる角度をⓐとする。さらに、車の土台の短い辺と、三角柱の底面の最も長い辺との間の角度をⓘとする。

3　ⓐが20°になるようにドライヤーを固定し、ⓘを10°から70°まで10°ずつ変え、三角柱に風を当てたときの車の動きを調べる。

4　ⓐを30°から80°まで10°ごとに固定し、ⓘを手順3のように変えて車の動きを調べる。

実験3の結果を、車が前に動いたときには○、後ろに動いたときには×、3秒間風を当てても動かなかったときには△という記号を用いてまとめると、**表6**のようになりました。

図5　レールと車輪と車の土台

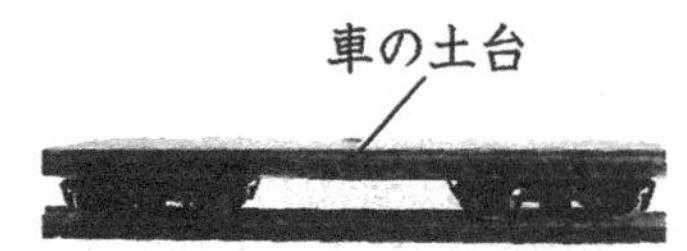

図6　ほとして使う三角柱

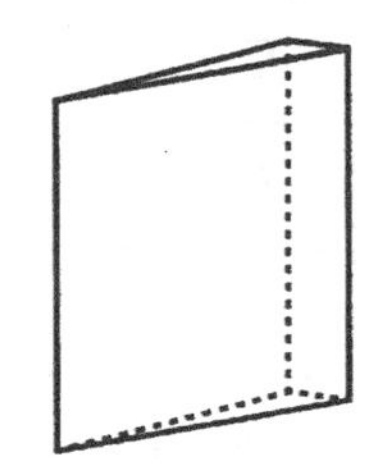

図7　車とドライヤー

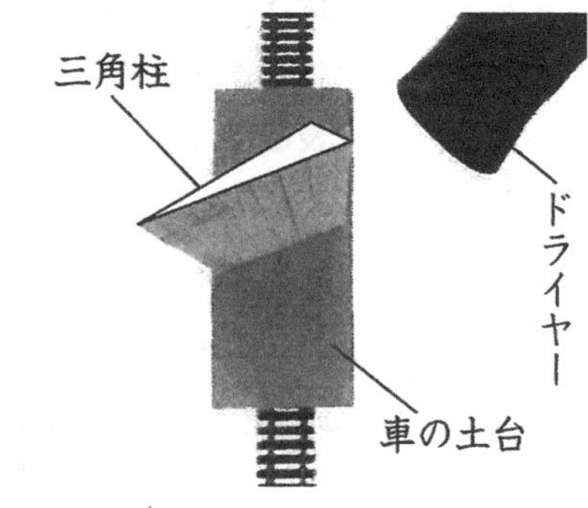

図8　**実験3**を真上から表した図

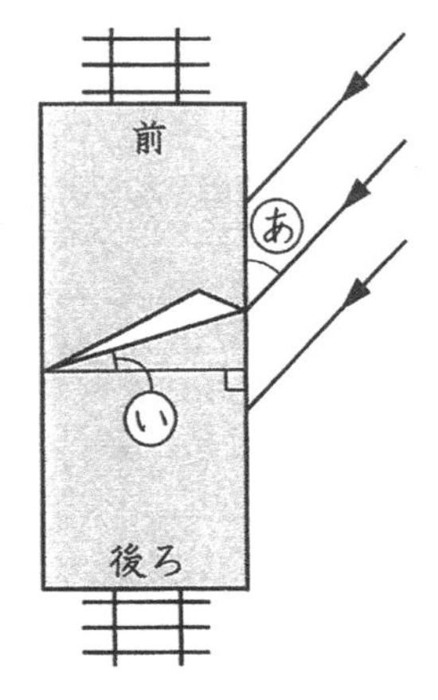

表6　実験3の結果

		ⓘ						
		10°	20°	30°	40°	50°	60°	70°
Ⓐ	20°	×	×	×	×	×	×	×
	30°	×	×	×	×	×	×	×
	40°	×	×	×	×	△	△	△
	50°	×	×	×	△	○	○	○
	60°	×	×	△	○	○	○	○
	70°	×	△	○	○	○	○	○
	80°	△	○	○	○	○	○	○

花　子：風をななめ前から当てたときでも、車が前に動く場合があったね。

太　郎：車が前に動く条件は、どのようなことに注目したら分かりますか。

先　生：Ⓐとⓘの和に注目するとよいです。

花　子：表7の空らんに、○か×か△のいずれかの記号を入れてまとめてみよう。

表7　車の動き

		Ⓐとⓘの和					
		60°	70°	80°	90°	100°	110°
Ⓐ	20°						
	30°						
	40°						
	50°						
	60°		★				
	70°						
	80°						

〔問題3〕（1）　**表7**の★に当てはまる記号を○か×か△の中から一つ選び、書きなさい。

（2）　**実験3**の結果から、風をななめ前から当てたときに車が前に動く条件を、あなたが作成した**表7**をふまえて説明しなさい。

適性検査Ⅰ

注意

1 問題は**2ページ**にわたって印刷してあります。
2 検査時間は**四十五分**で、終わりは**午前九時四十五分**です。
3 声を出して読んではいけません。
4 答えは全て解答用紙に明確に記入し、**解答用紙だけを提出しなさい。**
5 答えを直すときは、きれいに消してから、新しい答えを書きなさい。
6 **受検番号**を解答用紙の決められたらんに記入しなさい。

東京都立桜修館中等教育学校

次の **文章A**・**文章B** を読んで、あとの **問題** に答えなさい。（＊印の付いている言葉には、文章のあとに〈言葉の説明〉があります。）

文章A

わかろうとあせったり、意味を考えめぐらしたりなどしても、味は出てくるものではない。だから早く飲み込もうとせずに、ゆっくりと舌の上でころがしていればよいのである。そのうちに、おのずから＊湧然として味がわかってくる。

（和辻哲郎「露伴先生の思い出」による）

文章B

大事なことは、困難な問題に直面したときに、すぐに結論を出さないで、問題が自分のなかで立体的に見えてくるまでいわば潜水しつづけるということなのだ。それが、知性に肺活量をつけるということだ。

（鷲田清一「わかりやすいはわかりにくい？　臨床哲学講座」ちくま新書による）

〈言葉の説明〉

湧然…水などがわき出る様子。

問題

右の **文章A** は明治から昭和にかけて活やくした哲学者・和辻哲郎が、小説家・幸田露伴との思い出について書いた文章の一部分で、師である幸田露伴から学んだ、俳句を楽しむときの心構えを述べたものです。**文章B** は現代の哲学者・鷲田清一が、知性について書いた文章の一部分で、物事を考えたり判断したりするときの心構えを述べたものです。

この二つの文章は、同じようなことを述べていますが、その中には、ちがいもあります。あなたはこの二つの文章の共通する点と、異なる点を、どのように読み取りましたか。解答らん①には、物事に向き合うときの心構えについて共通する点を、二十字以上、四十字以内で分かりやすく書きましょう。解答らん②には、それぞれの筆者が伝えたいことについて異なる点を、「Aは……。」、段落をかえて「Bは……。」という構成で、全体で百四十字以上、百六十字以内で分かりやすく書きましょう。

また、この二つの文章を読んで、あなたはどのようなことを考えましたか。解答らん③に、あなたの考えを、いくつかの段落に分けて、四百字以上、五百字以内で分かりやすく書きましょう。

〈書き方のきまり〉

○ 題名、名前は書かずに一行めから書き始めましょう。

○ 書き出しや、段落をかえるときは、一ます空けて書きましょう。ただし、解答らん①については、一ますめから書き始めましょう。

○ 行をかえるのは段落をかえるときだけとします。会話などを入れる場合は、行をかえてはいけません。

○ 読点↓ 、 や 句点↓ 。 かぎ↓ 「 などはそれぞれ一ますに書きましょう。ただし、句点とかぎ↓ 。」 は、同じますに書きましょう。

○ 読点や句点が行の一番上にきてしまうときは、前の行の一番最後の字といっしょに同じますに書きましょう。

○ 書き出しや、段落をかえて空いたますも字数として数えます。

○ 最後の段落の残りのますは、字数として数えません。

○ 文章を直すときは、消しゴムでていねいに消してから書き直しましょう。

適性検査Ⅱ

注　　意

1　問題は **1** から **3** までで、１８ページにわたって印刷してあります。

2　検査時間は**４５分**で、終わりは**午前１１時００分**です。

3　声を出して読んではいけません。

4　計算が必要なときは、この問題用紙の余白を利用しなさい。

5　答えは全て解答用紙に明確に記入し、**解答用紙だけを提出しなさい。**

6　答えを直すときは、きれいに消してから、新しい答えを書きなさい。

7　**受検番号**を解答用紙の決められたらんに記入しなさい。

東京都立桜修館中等教育学校

1 **おさむ**さんと**さくら**さんは学校の家庭科クラブに所属しており、クッキーを作ってプレゼント交かんをすることにしました。

おさむ：クッキーの味を決めるのに、家庭科クラブの１５人全員にアンケートをとったよ。

さくら：このアンケートでは、紅茶味（こうちゃあじ）、まっ茶味、ミルク味、オレンジ味、ココア味の五つのクッキーの味について、好むか好まないかを選たくしてもらったよね。

おさむ：そうだよ。このアンケートの結果から分かることをまとめよう。

＜アンケートの結果＞

・紅茶味を好む人は８人で、全員まっ茶味も好む。

・ミルク味を好む人は６人で、全員紅茶味も好む。

・オレンジ味を好む人は５人で、全員まっ茶味を好まない。

・５人はオレンジ味もココア味も好まない。

・オレンジ味を好む人の中に、ココア味も好む人がいる。

・ココア味を好む人の中に、ミルク味も好む人がいる。

〔問題１〕 おさむさんは「このアンケートの結果から分かることをまとめよう。」と言っています。そこで、さくらさんはアンケートの結果から、確実に言えることをまとめました。さくらさんがまとめた下のそれぞれの文の空らん（　①　）～（　③　）に当てはまるクッキーの味を答えなさい。ただし、答えは一通りではありません。考えられるもののうちの一つを書きなさい。

・紅茶味を好む人は、全員（　①　）味を好まない。

・ミルク味を好む人の中に、（　②　）味を好まない人がいる。

・（　③　）味を好む人の中に、オレンジ味を好む人はいない。

おさむ：調べた料理の本には、卵（たまご）１個に対してバター２００ｇ、砂糖（さとう）１６０ｇ、小麦粉４００ｇの分量の割合（わりあい）でクッキーを作ると書いてあったよ。

さくら：その分量の割合を基準に、私はココアの粉を入れて、ココア味のクッキーを作りたいな。

おさむ：私はまっ茶の粉を入れて、まっ茶味のクッキーを作りたいな。

さくら：私が調べたクッキーを作るための分量の割合を**表１**にまとめてみたよ。

おさむ：家庭科室にある材料も調べて**表２**にまとめてみたよ。

さくら：家庭科室にある材料と分量でクッキーを作るためには、どうしたらいいかな。

表1　ココア味のクッキーとまっ茶味のクッキーを作るための分量の割合（わりあい）

ココア味のクッキー	小麦粉とココアの粉を合わせた重さに対してココアの粉の重さは10%
まっ茶味のクッキー	小麦粉の重さに対してまっ茶の粉の重さは5%

表2　家庭科室にある材料

バター：200ｇ	ココアの粉：50ｇ
小麦粉：360ｇ	まっ茶の粉：15ｇ
砂糖（さとう）：200ｇ	卵（たまご）：10個

〔問題2〕　さくらさんは「家庭科室にある材料と分量でクッキーを作るためには、どうしたらいいかな。」と言っています。そこで、おさむさんは次のように文でまとめました。

最初に、文の空らん（　①　）には、ココア、まっ茶のどちらか一つを選び、解答用紙に○をつけなさい。次に、そのクッキーの生地（きじ）を最も多く作るために必要な小麦粉の分量と、味を決める粉の分量を計算し、空らん（　②　）、（　③　）に当てはまる数字を整数で答えなさい。ただし、卵の分量の割合は考えないものとします。

（　①　）味のクッキーを作る場合、小麦粉を（　②　）ｇ、（　①　）の粉を（　③　）ｇはかりとる。

おさむ：分量が計算できたので、今度は計量しよう。
さくら：計量カップの一番上の目盛（めも）りが200になっているけれども、単位が消えていてよく分からないな。
おさむ：水をその目盛りまで入れて、水だけの重さを量ってみるのはどうかな。
さくら：ちょうど200ｇになるね。砂糖も一番上の目盛りまで入れると200ｇになるのかな。
おさむ：それはちがうと思うよ。

〔問題3〕　おさむさんは「それはちがうと思うよ。」と言っています。あなたは、その理由をどのように考えますか。次の三つの語句を全て用いて答えなさい。

重さ　・　計量カップ　・　体積

おさむ：クッキーの生地(きじ)ができたら、今度は型でぬこう。

さくら：家庭科室には型A（1辺5cmの正方形）と型B（1辺6cmの正方形）があるよ。

おさむ：生地をのばして広げると40cm × 50cmの長方形になったよ。

さくら：<u>型Aと型Bのクッキーをそれぞれできるだけ多く、同じ枚数(まいすう)になるように作りたいな。</u>

〔問題4〕　さくらさんは「<u>型Aと型Bのクッキーをそれぞれできるだけ多く、同じ枚数(まいすう)になるように作りたいな。</u>」と言っています。型Aと型Bからできるクッキーの枚数は何枚ずつですか。枚数を答えなさい。ただし、型でぬくときに、余った生地は何度でもこねてのばすことで一定の厚さのクッキーを作れるものとします。

おさむ：型でぬいたクッキーの生地を、オーブンの調理用の角皿に並べて焼こう。

さくら：焼いたときにくっついたら困るから、となりとは1cm、角皿の内側のふちからは5mmはなしておきたいな。

おさむ：角皿の内側の大きさは40cm × 40cm だよ。

さくら：**図1**のように並べることになるね。

おさむ：両方とも同じぐらいの枚数で、一度にできるだけ多く焼きたいな。

さくら：何枚ずつ並べられるか考えてみよう。

図1　型でぬいたクッキーの生地の並べ方の例

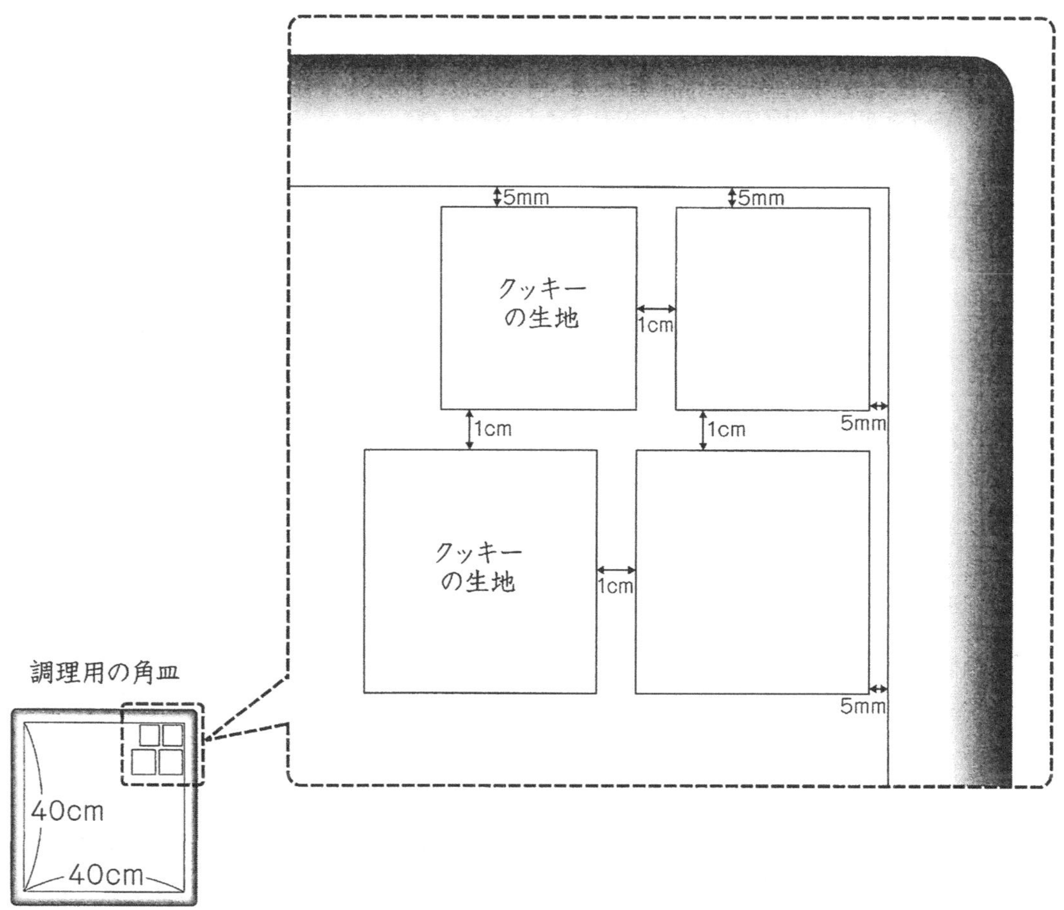

〔問題5〕　調理用の角皿に型Aでぬいたクッキーの生地と、型Bでぬいたクッキーの生地の枚数の差が3枚以内になるように並べます。角皿に並べたクッキーの生地の面積の和が、角皿の面積の6割以上となるとき、型でぬいたクッキーの生地はそれぞれ何枚並べることができますか。ただし、答えは一通りではありません。考えられる枚数の組み合わせのうちの一つを書きなさい。

おさむ：次はプレゼント交かん用のクッキーを入れる箱を準備しよう。

さくら：箱のまわりにひもをかけた方がプレゼントらしく見えるよね。

おさむ：そうだね。1辺が8cmの立方体に**図2**のようにひもをかけて、ちょう結びで結ぶと、そのちょう結びの部分に30cm使って、ひもの全体の長さは94cmになったよ。

さくら：8cm×8cm×5cmの直方体の箱だとどうなるかな。

おさむ：箱の置き方によって、ひもの長さは変わりそうだね。

さくら：箱の置き方は、**図3**のように二通り考えられるよね。

図2　ひものかけ方

図3　箱の置き方

ア

8cm
8cm
面あ
5cm

でぬられた面を面㋐とする。

イ

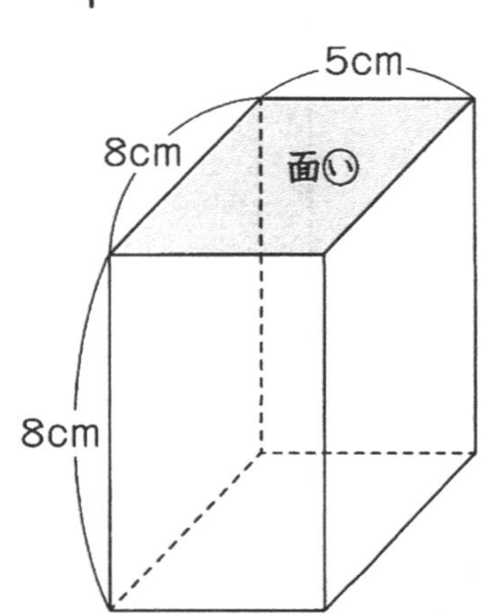

でぬられた面を面㋑とする。

〔問題6〕（1）　**図2**と同じひものかけ方をするとき、**図3**の**ア**と**イ**のどちらかの箱の置き方を選び、解答用紙に○をつけ、使うひもの全体の長さを答えなさい。ただし、**図3**の**ア**の置き方ではちょう結びの部分は面㋐に接し、**イ**の置き方ではちょう結びの部分は面㋑に接することとし、それぞれちょう結びの部分には30cm使うこととします。

（2）　（1）で選んだ箱の置き方でひもをかけたとき、ひもの通る直線を解答用紙の展開図（てんかいず）に直線定規を用いて書きなさい。ただし、解答用紙にはちょう結びの部分は書かないものとします。また、解答用紙の1ますの1辺は、実際には1cmであることとします。

このページには問題は印刷されていません。

2 校外学習で昼食時におとずれた都立公園で**花子**さんと**太郎**さんが、外国人旅行者について話をしています。

花　子：都立公園には外国人が大勢見学におとずれているね。
太　郎：先生も、最近は日本をおとずれる外国人の数が増えていると言っていたよ。
花　子：日本をおとずれる外国人の数はいつごろから多くなってきたのかな。
太　郎：私たちが生まれたころと比べて、どのくらい増えているのだろうか。
花　子：日本をおとずれる外国人の数の変化を調べてみようよ。
太　郎：国外に行く日本人もたくさんいるだろうから、日本をおとずれる外国人の数と比べてみるのもおもしろそうだよ。校外学習から帰ったら、調べてみよう。

花子さんと太郎さんは、校外学習の後、図書館に行き、次の資料（**図1**）を見つけました。

図1　日本人の出国者数と、日本への外国人の入国者数の移り変わり

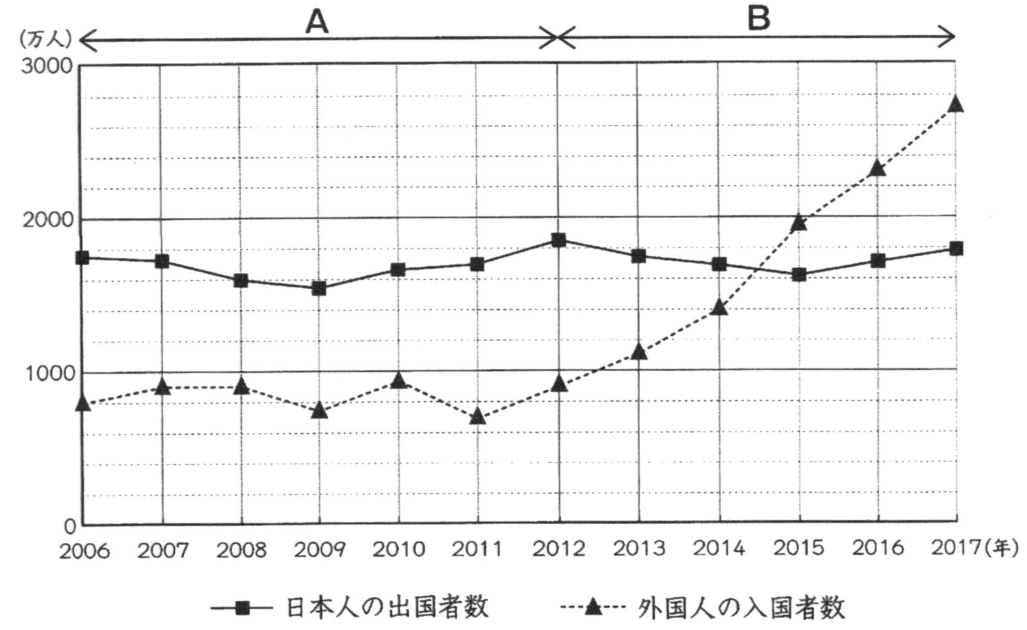

（法務省の資料より作成）

花　子：2006（平成18）年から2012（平成24）年までの間（**図1**の**A**の期間）では、［（あ）］。2012（平成24）年は日本人の出国者数は、外国人の入国者数の約［（い）］倍であることが分かるね。
太　郎：2012（平成24）年から2017（平成29）年までの間（**図1**の**B**の期間）では、［（う）］。外国人の入国者数は、2017（平成29）年には2012（平成24）年と比べて約［（え）］倍になっていることが分かるね。

〔問題1〕 花子さんと太郎さんは、**図1**をもとに日本人の出国者数と、日本への外国人の入国者数を比べて、それぞれの変化のようすについて話し合っています。二人の会話中の（あ）から（え）の空らんのうち（あ）と（う）には当てはまる文を、（い）と（え）には当てはまる整数を答えなさい。

花　子：観光を目的として日本をおとずれる外国人旅行者について、調べてみようよ。

太　郎：日本をおとずれる外国人旅行者について、こんな資料（**図2**）があったよ。この資料の「延べ宿はく者数」は、例えば一人が2はくした場合を2として数えているよ。

図2　外国人旅行者の延べ宿はく者数の移り変わり

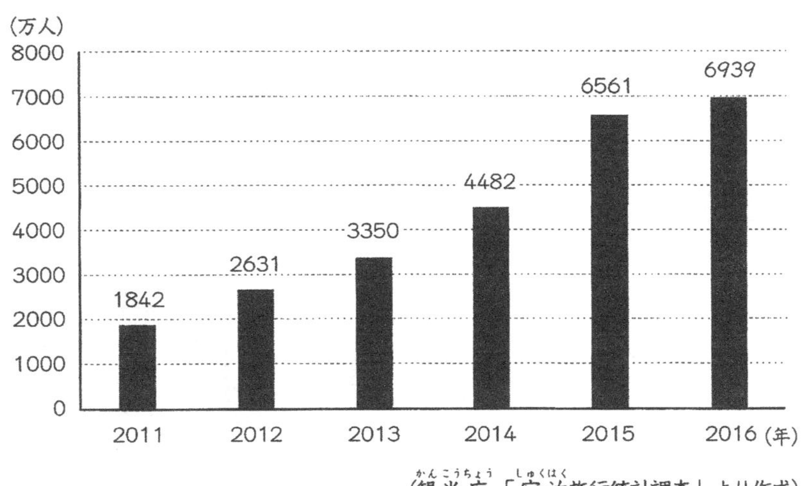

（観光庁「宿泊旅行統計調査」より作成）

太　郎：外国人旅行者の延べ宿はく者数が2011（平成23）年には約1842万人だったのに対し、2016（平成28）年には約6939万人になっていて、約4倍に増えていることが分かるね。

花　子：日本のどのような地域で外国人旅行者の延べ宿はく者数が増えているのかな。

太　郎：こんな資料（**図3**）があったよ。これは、長野県松本市、岐阜県高山市、和歌山県西牟婁郡白浜町という三つの地域における外国人旅行者の延べ宿はく者数の移り変わりを示しているよ。

図3　三つの地域の外国人旅行者の延べ宿はく者数の移り変わり

長野県松本市

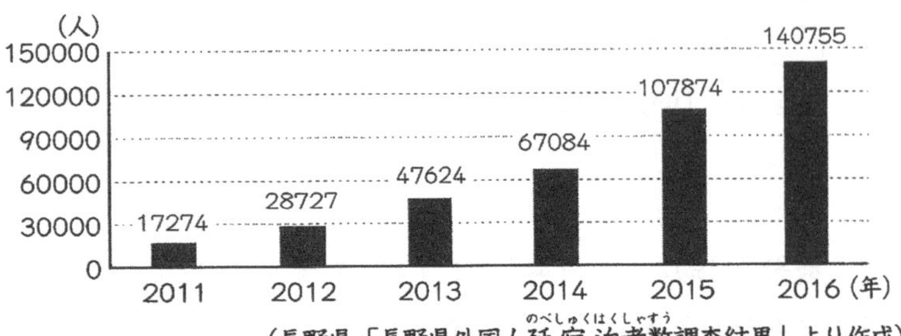

(長野県「長野県外国人延宿泊者数調査結果」より作成)

岐阜県高山市

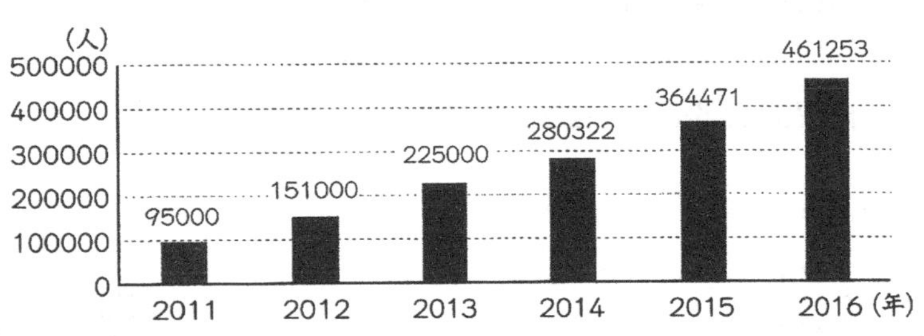

(高山市「高山市外国人観光客宿泊統計」より作成)

和歌山県西牟婁郡白浜町

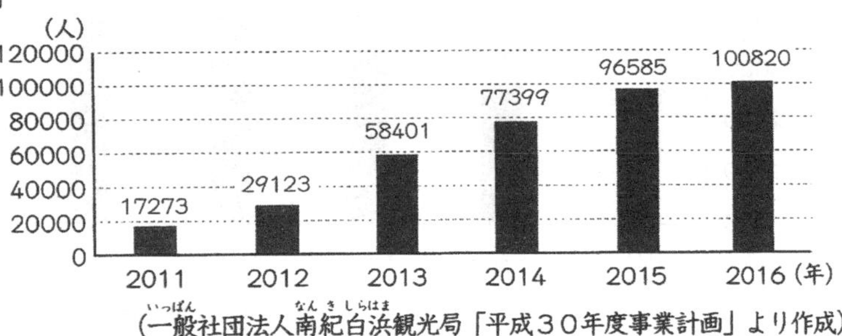

(一般社団法人南紀白浜観光局「平成３０年度事業計画」より作成)

花　子：この三つの地域は、外国人旅行者の延べ宿はく者数がここ数年で大はばに増えた地域だね。地図上の位置や、どのような地域かなどをもう少し調べてみようよ。(**図4**、**表1**、**表2**)

図4

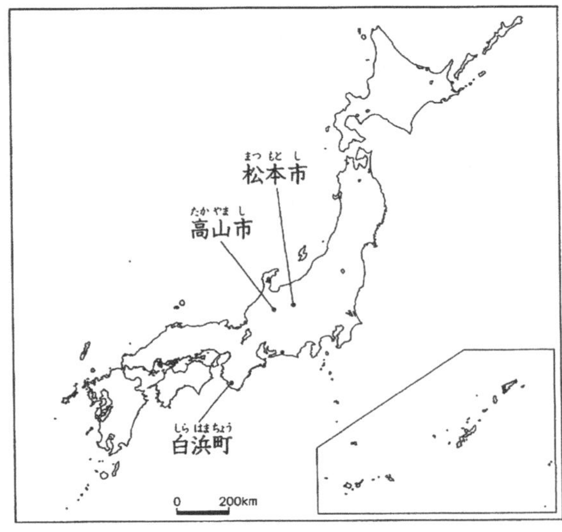

解答用紙

適性検査Ⅰ

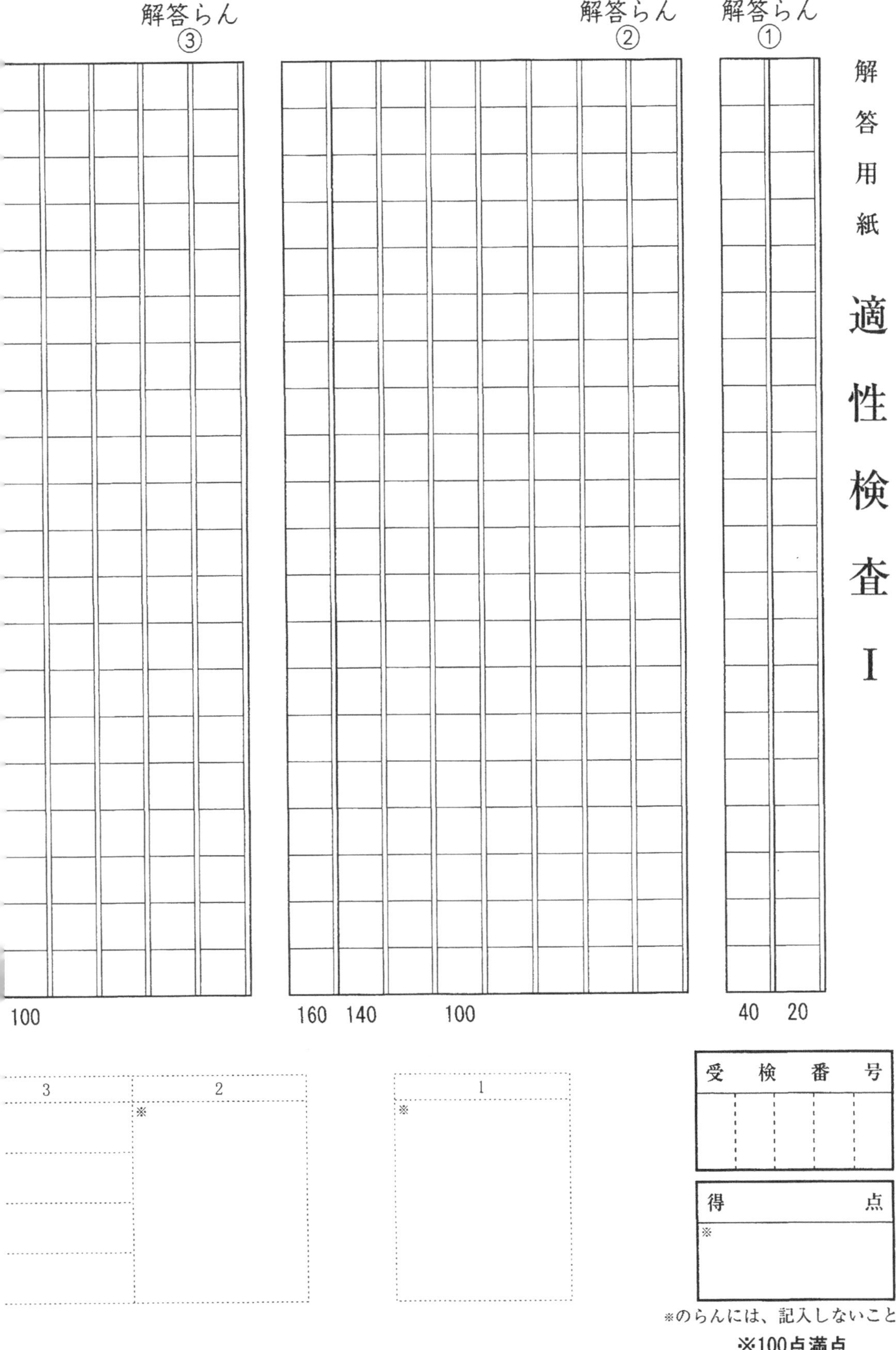

受検番号

得点

※

※のらんには、記入しないこと

※100点満点

解答用紙　適性検査Ⅱ

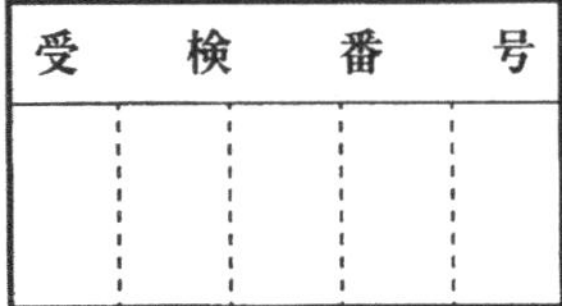

得　　　点
※

※のらんには、記入しないこと

※100点満点

1

〔問題１〕12点

① ② ③ ※

〔問題２〕8点

① ココア・まっ茶 ② g ③ g ※

〔問題３〕4点

※

〔問題４〕4点

枚 ※

〔問題５〕4点

型A 枚 型B 枚 ※

〔問題６〕8点

（1） ア・イ cm

（2）

※

１ますの１辺は、実際には１cmであることとする。

2

〔問題1〕12点

(あ)
(い)　　　　　　倍
(う)
(え)　　　　　　倍

※

〔問題2〕8点

〔選んだ地域〕
〔あなたの考え〕

※

〔問題3〕10点

〔役割1〕
〔役割2〕

※

3

〔問題1〕 6点

〔比べたい紙〕
〔基準にするもの〕
〔和紙は水を何倍吸(す)うか〕　　　　倍

※

〔問題2〕 12点

〔選んだ紙〕
〔せんいの向き〕　　　　方向
〔理由〕

※

〔問題3〕 12点

（1）
（2）

※

500

400

300

200

6
※

5	4
※	※
※	
※	
※	

表1　花子さんが調べた三つの地域の主な観光資源

松本市	松本城、スキー場、古い街なみ、温泉、そば打ち体験
高山市	合しょう造りの民家、豊かな自然、鍾乳洞、古い街なみ、温泉
白浜町	砂浜、温泉、美しい景観、パンダ

（各市町ホームページなどより作成）

表2　太郎さんが調べた三つの地域が行っている外国人旅行者のための取り組み

松本市	・中部国際空港との連けい（鉄道やバスへのスムーズな乗りつぎなど） ・観光情報サイトのじゅう実 ・多言語表記などのかん境整備 ・観光産業をになう人材の確保と育成
高山市	・海外への職員派けん ・多言語パンフレットの作成 ・伝統文化とふれ合う場の提供 ・通訳案内士の養成
白浜町	・観光案内看板の多言語化 ・観光情報サイトのじゅう実 ・外国人向けの観光案内の動画作成 ・多言語によるアンケート調査

（各市町ホームページなどより作成）

太　郎：三つの地域にはいろいろな観光資源があることが分かるね。

花　子：この三つの地域は、観光資源があることの他に、外国人旅行者におとずれてもらうために、さまざまな取り組みをしているね。

太　郎：外国人旅行者が旅行中に困ったことを調査した結果（**表3**）を見つけたけれど、このような資料を活用しながら、それぞれの取り組みを進めているのかな。

表3　日本をおとずれた外国人旅行者が旅行中に困ったこと

○情報通信かん境が十分でない。
○クレジットカード支はらいが利用できない場所がある。
○多言語対応が不十分である。
・し設等のスタッフとコミュニケーションがとれない。（英語が通じないなど）
・表示が少ない。分かりにくい。（観光案内板など）
・多言語の地図やパンフレットの入手場所が少ない。
・公共交通の利用方法が分からない。（乗りかえ方法など）
・外国の通貨を円に両がえできる場所が分からない。

（観光庁「訪日外国人旅行者の国内における受入環境整備に関するアンケート結果」平成29年より作成）

〔問題2〕　松本市、高山市、白浜町の三つの地域から一つを選び、その地域で外国人旅行者の延べ宿はく者数がここ数年で大はばに増えているのは、観光資源があることの他にどのような理由が考えられるか、**表2**と**表3**をふまえてあなたの考えを書きなさい。

花　子：外国人旅行者のためのパンフレットやガイドブックには、具体的にどのような工夫がされているのかな。

太　郎：東京駅では日本語と日本語以外の言語で書かれている駅構内・周辺案内図があって、もらってきたので日本語の案内図と比べてみようよ。

花　子：案内図（**図5**、**図6**）には、いろいろなマークがたくさんかいてあるね。

太　郎：このマークは案内用図記号というそうだよ。

花　子：この案内図の中の「インフォメーションセンター（案内所）」、「エレベーター」、「郵便ポスト」、「バスのりば」を表すマーク（**図7**）は、今までに見かけたことがあるよ。

図5　日本語の東京駅構内・周辺案内図の一部

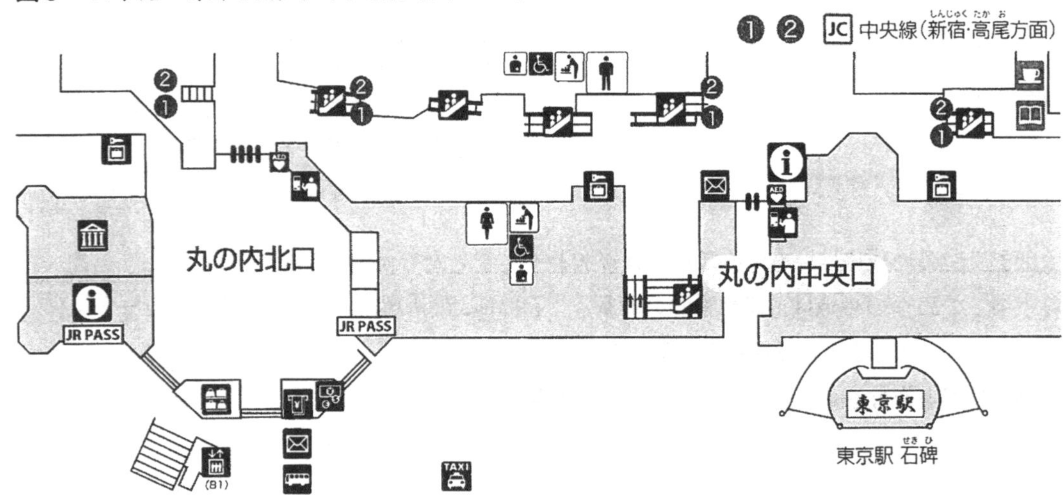

（東京ステーションシティー運営協議会「東京駅構内・周辺案内マップ」より作成）

図6　英語の東京駅構内・周辺案内図の一部

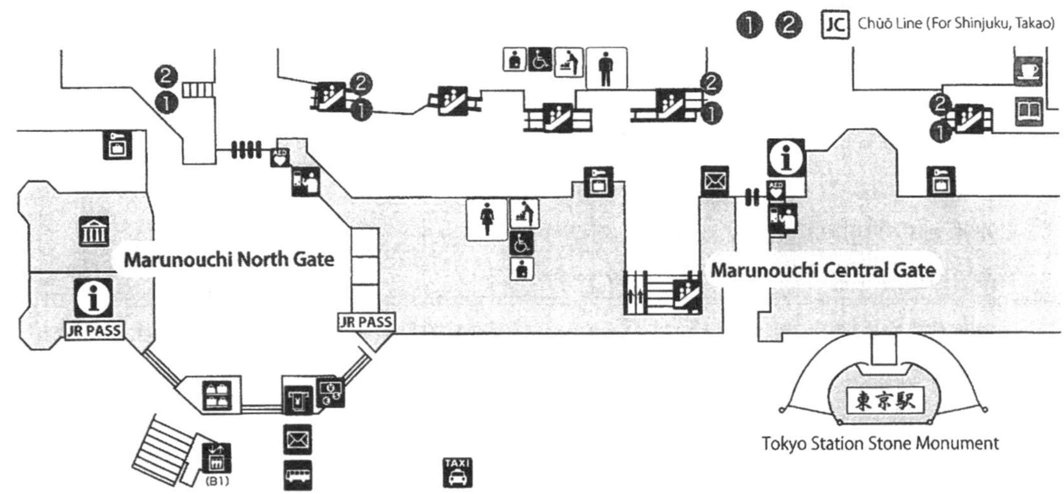

（東京ステーションシティー運営協議会「東京駅構内・周辺案内マップ」より作成）

図7　花子さんが今までに見かけたことがあるマーク

太　郎：このようなマークは外国人旅行者もふくめて、子供（こども）から高れい者まで、さまざまな人に役立っているようだね。

〔問題3〕　太郎さんは「さまざまな人に役立っているようだね。」と言っていますが、案内用図記号にはどのような役割（やくわり）があるか、あなたの考えを二つ説明しなさい。答えは、解答らんの役割1、役割2に分けて書きなさい。

このページには問題は印刷されていません。

3 **太郎**さん、**花子**さん、**先生**が先日の校外学習について話をしています。

太　郎：校外学習の紙すき体験で、和紙は水をよく吸うと教えてもらったね。
花　子：和紙と比べて、プリント用の紙、新聞紙、工作用紙などのふだん使っている紙は、水の吸いやすさにちがいがありそうだね。和紙と比べてみよう。

二人は先生のアドバイスを受けながら、和紙、プリント用の紙、新聞紙、工作用紙について、**実験1**をしました。

実験1　水の吸いやすさを調べる実験

1　実験で使う紙の面積と重さをはかる。
2　容器に水を入れ、水の入った容器全体の重さを電子てんびんではかる。
3　この容器の中の水に紙を1分間ひたす。
4　紙をピンセットで容器の上に持ち上げ、３０秒間水を落とした後に取り除く。
5　残った水の入った容器全体の重さを電子てんびんではかる。
6　2の重さと5の重さの差を求め、容器から減った水の重さを求める。

太　郎：**実験1**の結果を**表1**のようにまとめたよ。
花　子：容器から減った水の重さが多いほど、水を吸いやすい紙といえるのかな。
太　郎：実験で使った紙は、面積も重さもそろっていないから、水の吸いやすさを比べるにはどちらか一方を基準にしたほうがいいよね。
花　子：紙の面積と紙の重さのどちらを基準にしても、水の吸いやすさについて、比べることができるね。

表1　**実験1**の結果

	和紙	プリント用の紙	新聞紙	工作用紙
紙の面積（cm^2）	４０	８０	２００	５０
紙の重さ（g）	０．２	０．５	０．８	１．６
減った水の重さ（g）	０．８	０．７	２．１	２

〔問題1〕　和紙の水の吸いやすさについて、あなたが比べたい紙をプリント用の紙、新聞紙、工作用紙のうちから一つ選びなさい。さらに、紙の面積と紙の重さのどちらを基準にするかを書き、あなたが比べたい紙に対して、和紙は水を何倍吸うかを**表1**から求め、小数で答えなさい。ただし、答えが割りきれない場合、答えは小数第二位を四捨五入して小数第一位までの数で表すこととする。

花　子：紙すき体験では、あみを和紙の原料が入った液に入れて、手であみを前後左右に動かしながら原料をすくったね。

太　郎：和紙の原料は、コウゾやミツマタなどの植物のせんいだったよ。

花　子：**図1**を見ると、和紙は、せんいの向きがあまりそろっていないことが分かるね。

図1　和紙のせんいの拡大写真

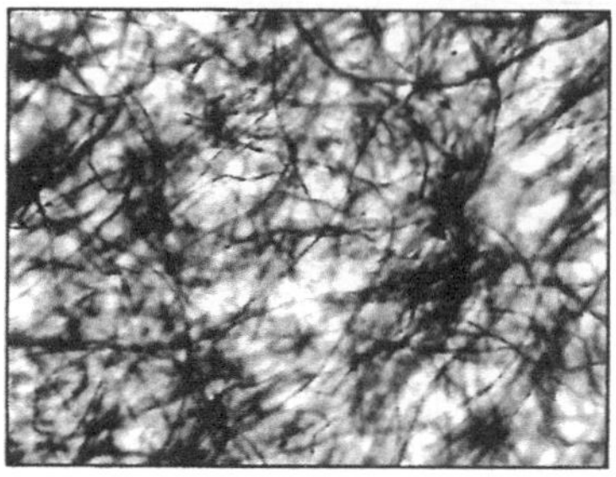

太　郎：ふだん使っている紙は、和紙とどのようにちがうのですか。

先　生：学校でふだん使っている紙の主な原料は、和紙とは別の植物のせんいです。また、機械を使って、あみを同じ向きに動かし、そこに原料をふきつけて紙を作っています。だから、和紙と比べると、より多くのせんいの向きがそろっています。

花　子：ふだん使っている紙のせんいの向きを調べてみたいです。

先生は、プリント用の紙、新聞紙、工作用紙のそれぞれについて、一つの角を選び、**A**方向・**B**方向と名前をつけて、**図2**のように示しました。

図2　方向の名前のつけ方

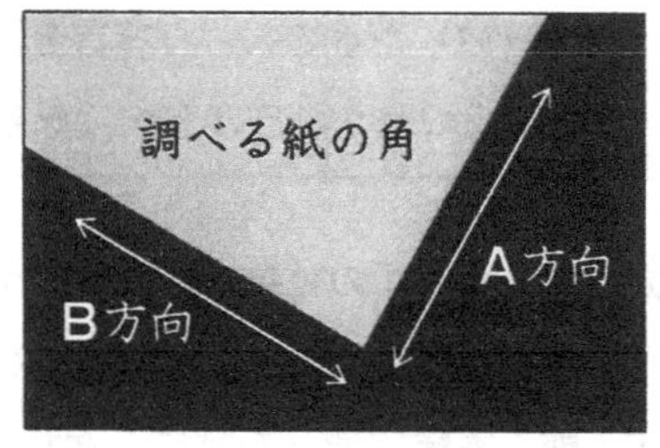

太　郎：それぞれの紙について、せんいの向きが**A**方向と**B**方向のどちらなのかを調べるには、どのような実験をしたらよいですか。

先　生：**実験2**と**実験3**があります。**実験2**は、紙の一方の面だけを水にぬらした時の紙の曲がり方を調べます。ぬらした時に曲がらない紙もありますが、曲がる紙については、曲がらない方向がせんいの向きです。

花　子：それぞれの紙について、先生が選んだ一つの角を使って同じ大きさの正方形に切り取り、**実験2**をやってみます。

実験2の結果は、**図3**のようになりました。

図3　実験2の結果

プリント用の紙	新聞紙	工作用紙
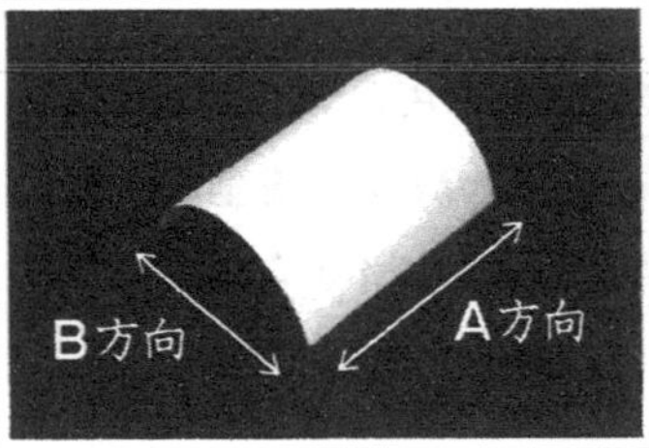 B方向　A方向	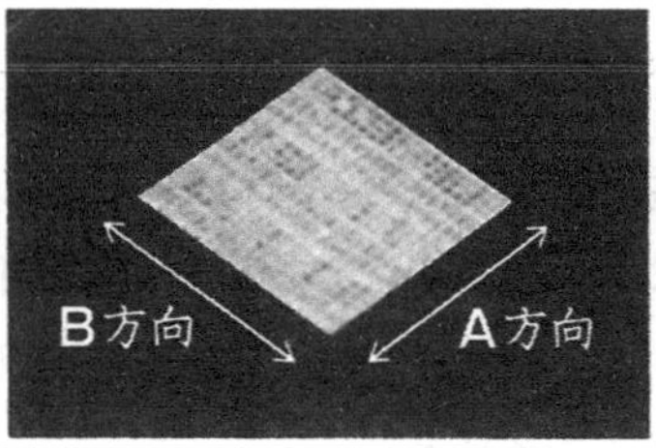 B方向　A方向	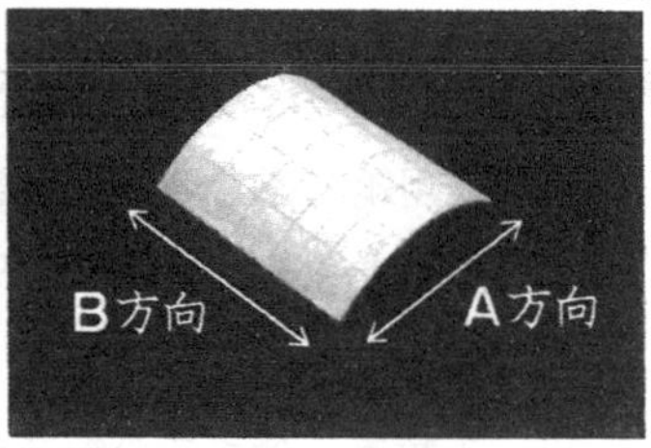 B方向　A方向

花　子：**実験3**はどのようなものですか。

先　生：短冊の形に切った紙の垂れ下がり方のちがいを調べます。紙には、せんいの向きに沿って長く切られた短冊の方が垂れ下がりにくくなる性質がありますが、ちがいが分からない紙もあります。

太　郎：短冊は、同じ大きさにそろえた方がいいよね。

花　子：**A**方向と**B**方向は、紙を裏返さずに**図2**で示された方向と同じにしないといけないね。

二人は、**図2**で先生が方向を示した紙について、**図4**のように**A**方向に長い短冊**A**と、**B**方向に長い短冊**B**を切り取りました。そして、それぞれの紙について**実験3**を行いました。その結果は、**図5**のようになりました。

図4　短冊の切り取り方

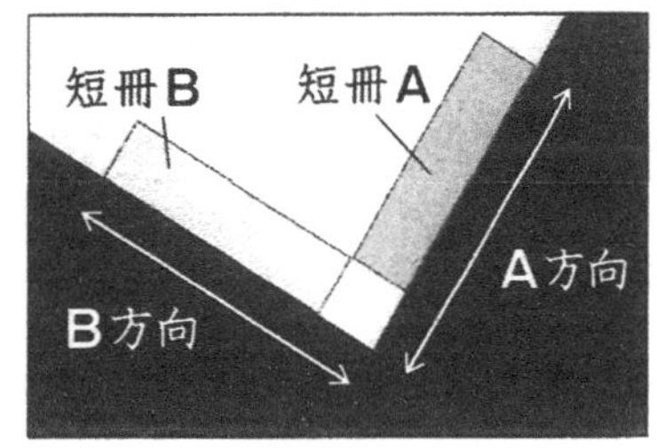

図5　**実験3**の結果

	プリント用の紙	新聞紙	工作用紙
短冊A			
短冊B			

太　郎：**実験2**と**実験3**の結果を合わせれば、プリント用の紙、新聞紙、工作用紙のせんいの向きが分かりそうですね。

〔問題2〕　プリント用の紙、新聞紙、工作用紙のうちから一つ選び、選んだ紙のせんいの向きは、**図2**で示された**A**方向と**B**方向のどちらなのか答えなさい。また、そのように答えた理由を**実験2**の結果と**実験3**の結果にそれぞれふれて説明しなさい。

太　郎：私(わたし)たちが校外学習ですいた和紙を画用紙にはって、ろう下のかべに展示(てんじ)しようよ。

先　生：昔から使われているのりと同じようなのりを使うといいですよ。

花　子：どのようなのりを使っていたのですか。

先　生：でんぷんの粉と水で作られたのりです。それをはけでぬって使っていました。次のような手順でのりを作ることができます。

〔のりの作り方〕
1　紙コップに２gのでんぷんの粉を入れ、水を加える。
2　割(わ)りばしでよく混ぜて、紙コップを電子レンジに入れて２０秒間加熱する。
3　電子レンジの中から紙コップを取り出す。
4　ふっとうするまで２と３をくり返し、３のときにふっとうしていたら、冷ます。

太　郎：加える水の重さは決まっていないのですか。

先　生：加える水の重さによって、紙をはりつけたときのはがれにくさが変わります。

花　子：なるべく紙がはがれにくくなるのりを作るために加える水の重さを調べたいです。

先　生：そのためには、加える水の重さを変えてできたのりを使って、**実験４**を行うといいです。

太　郎：どのような実験ですか。

先　生：**実験4**は、和紙をのりで画用紙にはってから1日おいた後、**図6**のようにつけたおもりの数を調べる実験です。同じ重さのおもりを一つずつ増やし、和紙が画用紙からはがれたときのおもりの数を記録します。

花　子：おもりの数が多いほど、はがれにくいということですね。

先　生：その通りです。ここに実験をするためのでんぷんの粉が5回分ありますよ。はけでぬるためには、加える水の重さは１回あたり５０g以上は必要です。また、紙コップからふきこぼれないように、１５０g以下にしておきましょう。

太　郎：のりしろは5回とも同じがいいですね。

図6　実験４のようす
（横からの図）

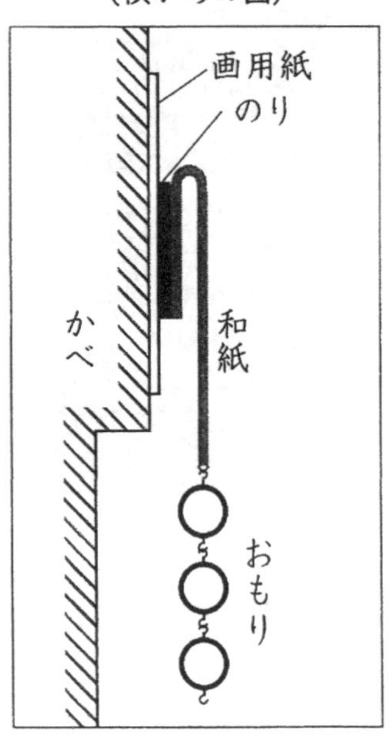

二人は、１回めとして、加える水の重さを５０gにしてできたのりを使って、**実験４**を行いました。そして、２回めと３回めとして、加える水の重さをそれぞれ６０gと７０gにしてできたのりを使って、**実験４**を行いました。その結果は、**表2**のようになりました。

表2　１回めから３回めまでの**実験４**の結果

	１回め	２回め	３回め
加える水の重さ（g）	５０	６０	７０
おもりの数（個）	４４	４６	５３

花　子：さらに加える水を増やしたら、どうなるのかな。たくさん実験したいけれども、でんぷんの粉はあと２回分しか残っていないよ。

先　生：では、あと２回の実験で、なるべく紙がはがれにくくなるのりを作るために加える水の重さを何gにすればよいか調べてみましょう。のりを作る手順は今までと同じにして、４回めと５回めの**実験４**の計画を立ててみてください。

太　郎：では、４回めは、加える水の重さを１００gにしてやってみようよ。

花　子：５回めは、加える水の重さを何gにしたらいいかな。

太　郎：それは、４回めの結果をふまえて考える必要があると思うよ。

花　子：なるほど。４回めで、もし、おもりの数が［**（あ）**］だとすると、次の５回めは、加える水の重さを［**（い）**］にするといいね。

先　生：なるべく紙がはがれにくくなるのりを作るために、見通しをもった実験の計画を立てることが大切ですね。

〔問題３〕（１）　５回めの**実験４**に使うのりを作るときに加える水の重さを考えます。あなたの考えにもっとも近い［**（あ）**］と［**（い）**］の組み合わせを、次の**Ａ～Ｄ**のうちから一つ選び、記号で書きなさい。

Ａ　**（あ）**３５個　**（い）**　８０g
Ｂ　**（あ）**４５個　**（い）**１１０g
Ｃ　**（あ）**６０個　**（い）**　９０g
Ｄ　**（あ）**７０個　**（い）**１３０g

（２）　あなたが（１）で選んだ組み合わせで実験を行うと、なぜ、なるべく紙がはがれにくくなるのりを作るために加える水の重さを調べることができるのですか。３回めの**実験４**の結果と関連付けて、理由を説明しなさい。

適性検査Ⅰ

注意

1 問題は **2ページ**にわたって印刷してあります。
2 検査時間は**四十五分**で、終わりは**午前九時四十五分**です。
3 声を出して読んではいけません。
4 答えは全て解答用紙に明確に記入し、**解答用紙だけを提出しなさい。**
5 答えを直すときは、きれいに消してから、新しい答えを書きなさい。
6 **受検番号**を解答用紙の決められたらんに記入しなさい。

東京都立桜修館中等教育学校

次の**文章A**・**文章B**を読んで、あとの**問題**に答えなさい。

> **文章A** 水を飲んで楽むものあり。錦を衣て憂ふるものあり。
>
> **文章B** 出る月を待つべし。散る花を追ふこと勿れ。
>
> （井上哲次郎「新訂日本陽明學派の哲學」による）

問題

右の文章は江戸時代のある学者が、自分のもとで学ぶ若者のために示したいくつかの文章の一部分です。**文章A**は「水を飲んで愉快に思う人がいる。また、豪華で美しい着物を着てなげき悲しむ人がいる。」という意味です。**文章B**は「出る月を待つのがよい。散る桜を追ってはいけない。」という意味です。

この学者は、この文章を通して、どのようなことを言いたかったのだとあなたは考えますか。解答らん①に「Aは……。」、段落をかえて「Bは……。」という構成で、全体で百六十字以上、二百字以内で分かりやすく書きましょう。

また、この二つの文章に共通する物事のとらえ方・考え方はどのようなものだとあなたは考えますか。そして、その物事のとらえ方・考え方について、あなたはどのようなことを考えましたか。あなたの考えを、解答らん②にいくつかの段落に分けて、四百字以上、五百字以内で分かりやすく書きましょう。

（書き方のきまり）

○　題名、名前は書かずに一行目から書き始めましょう。

○　書き出しや、段落（だんらく）をかえるときは、ますを一字空けて書きましょう。

○　行をかえるのは段落をかえるときだけとします。会話などを入れる場合は、行をかえてはいけません。

○　読点（とうてん）↓、や　句点↓。かぎ↓「　などはそれぞれ一ますに書きましょう。ただし、句点とかぎ↓。」は、同じますに書きましょう。

○　読点や句点が行の一番上にきてしまうときは、前の行の一番最後の字といっしょに同じますに書きましょう。

○　書き出しや、段落をかえて空いたますも字数として数えます。

○　最後の段落の残りのますは、字数として数えません。

○　文章を直すときは、消しゴムでていねいに消してから書き直しましょう。

適性検査Ⅱ

注　　意

1　問題は **1** から **3** までで、１８ページにわたって印刷してあります。

2　検査時間は**４５分**で、終わりは**午前１１時００分**です。

3　声を出して読んではいけません。

4　計算が必要なときは、この問題用紙の余白を利用しなさい。

5　答えは全て解答用紙に明確に記入し、**解答用紙だけを提出しなさい。**

6　答えを直すときは、きれいに消してから、新しい答えを書きなさい。

7　**受検番号**を解答用紙の決められたらんに記入しなさい。

東京都立桜修館中等教育学校

1 **ひとし**さん、**おさむ**さん、**さくら**さんは、来月引っ越しをすることになりました。**図1**を見ながら、引っ越し先の家への道順について話をしています。

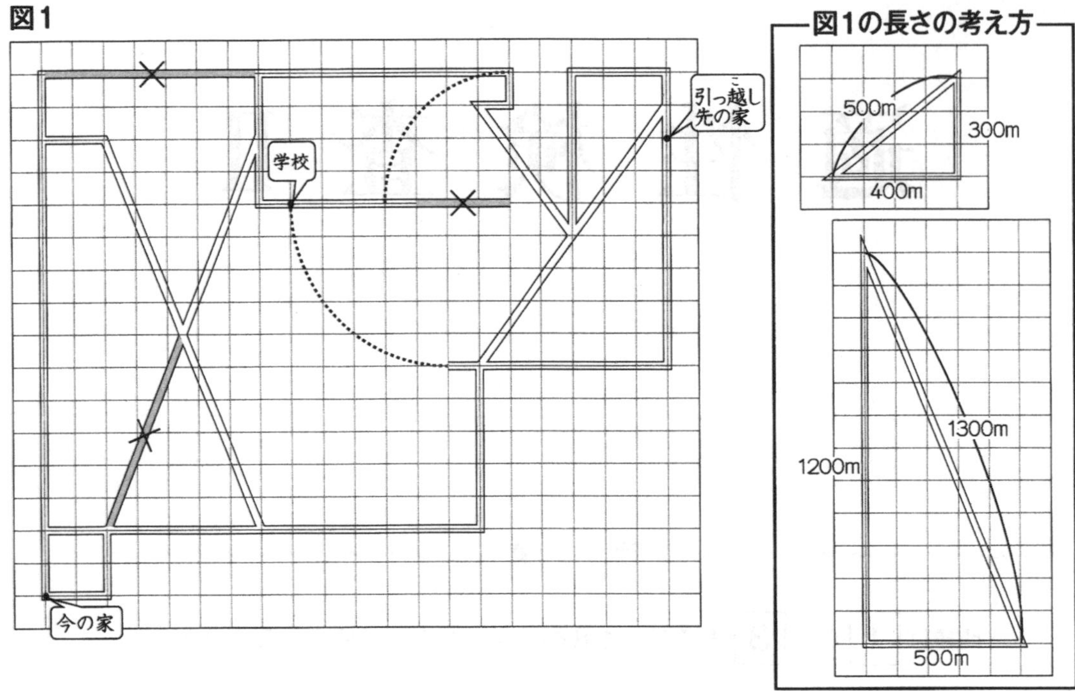

ひとし： 道をわかりやすくするために、線(══)と点線(………)を使って方眼紙に道すじを書いたよ。点線(………)の部分はコンパスを使って書いたよ。

おさむ： **図1**の１ますは０.５ｃｍだけど、実際には１００ｍを示すよ。

さくら： **図1**の縮尺は、(　ア　)分の１だ。

〔問題１〕　文中の(　ア　)に適する数を書きましょう。

ひとし： 今の家から、学校を通って引っ越し先の家に向かうことを考えよう。

おさむ： 次の条件①～④に合うように道順を考えよう。

<条件>

① 今の家から、学校を通って引っ越し先の家まで２０分間以内に着くこと。

② 移動には自転車を利用し、自転車は常に分速２５０ｍとすること。

③ 線(══)と点線(………)は、道を表し、道のりは、「**図1の長さの考え方**」を用いて**図1**の線(══)と点線(………)の長さを計測することで調べること。ただし、線(══)と点線(………)の幅は考えないこと。

④ **図1**の ✕ と ✕ は、工事中のため通らないこと。

さくら：<u>どのような道順が、考えられるかな。</u>

〔問題２〕　さくらさんは「<u>どのような道順が、考えられるかな。</u>」と言っています。条件①〜④に合う道順を考え、解答用紙の図の道すじをなぞりましょう。道順は一通りではありません。考えられるもののうちの一つを書きましょう。また、あなたが書いた道順において、今の家から学校までの道のりと、学校から引っ越し先の家までの道のりを求めましょう。ただし、円周率は３．１４とします。

ひとしさん、**おさむ**さん、**さくら**さんは**図２**の引っ越し先の家の図面を見ながら話をしています。

図２　引っ越し先の家の図面

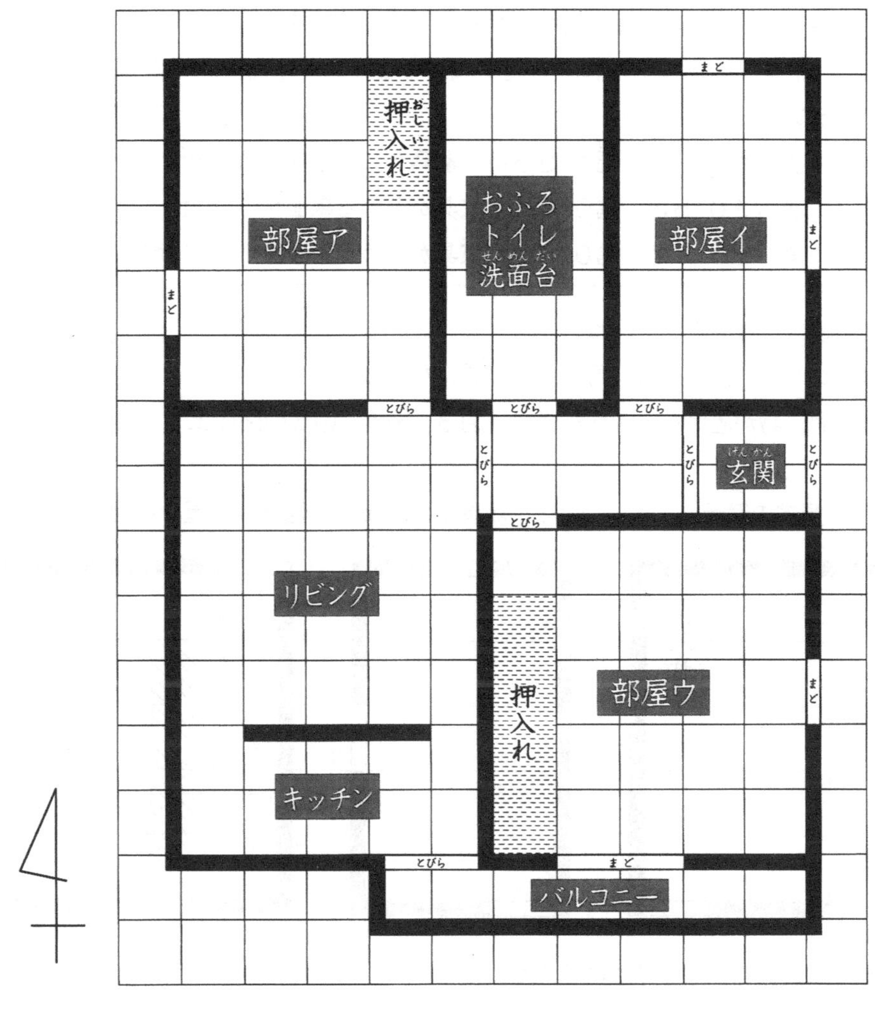

※１ますの一辺は、実際には８０ｃｍである。

ひとし：各部屋の広さを調べて、だれがどの部屋に入るかの部屋割(わ)りを決めよう。
おさむ：部屋の広さは「じょう」という単位で表されることが多いね。
さくら：「じょう」という単位を調べたら、1じょうは1.6m²ぐらいだったよ。
ひとし：ここでは1じょうは1.6m²として計算しよう。
おさむ：**図2**の1ますの一辺は、実際の80cmにあたるから面積が計算できるね。
さくら：面積が計算できたら、だれがどの部屋に入るかの部屋割りを決めよう。
おさむ：それぞれの希望をまとめると次の**表1**のようになったよ。

表1

<三人の希望>

ひとし：部屋に机(つくえ)を置きたい。

おさむ：部屋に洋服ダンスを置きたい。朝日がさしこむ部屋がいい。

さくら：ベッドを、西側のかべに長い辺が接するように置きたい。一人部屋がいい。

<家具の大きさ>

机	：奥行(おくゆ)き0.8m、幅(はば)1.25m、家具がしめる床(ゆか)面積1m²
洋服ダンス	：奥行き0.5m、幅0.8m、家具がしめる床面積0.4m²
ベッド	：奥行き1.9m、幅0.9m、家具がしめる床面積1.71m²

さくら：まどの前は、物を置けないね。
おさむ：とびらのそばや、押入(おしい)れの前も、物は置けないね。
ひとし：そうだね。物が置けないスペースには**図3**、**図4**、**図5**の図面上でしゃ線を引くね。

図3　部屋アの図面　　**図4**　部屋イの図面　　**図5**　部屋ウの図面

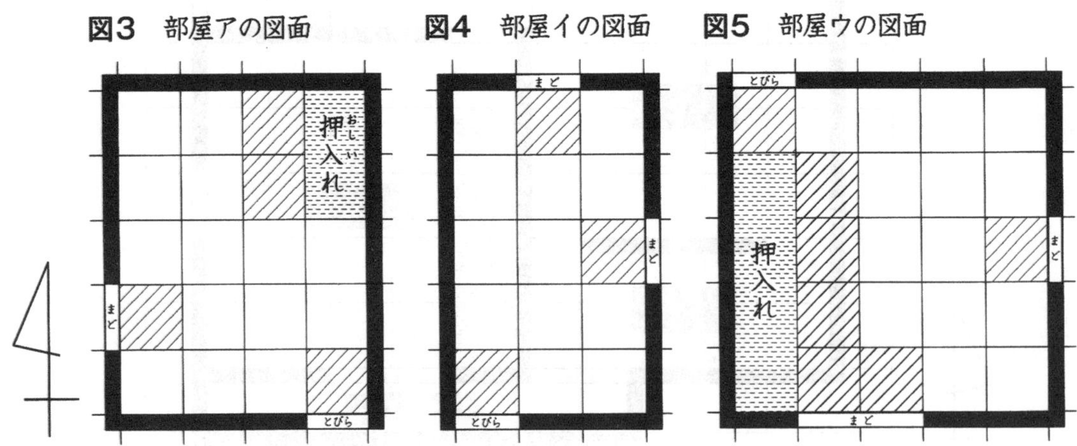

※1ますの一辺は、実際には80cmである。

さくら：押入れやしゃ線の部分を除(のぞ)いた面積は、白いますを数えて計算できそうだね。

おさむ：部屋に家具を置いた後、物が置ける残りの面積がどれぐらいかも大事だね。

ひとし：ひとつの部屋に二人が入っても、物が置ける残りの面積が４．５じょうぐらいあればいいかな。

さくら：物が置ける残りの面積を計算しながら、三人のすべての希望をかなえるように、だれがどの部屋に入るといいか調整しよう。

〔問題３〕

（１）　さくらさんは「押入れやしゃ線の部分を除(のぞ)いた面積は、白いますを数えて計算できそうだね。」と言っています。部屋ア（**図３**）、部屋イ（**図４**）、部屋ウ（**図５**）から一つを選び、解答用紙に○をつけ、図面上の押入れやしゃ線の部分を除いた面積を求めましょう。ただし、面積の単位は「じょう」で、答えは小数第二位を四捨五入(ししゃごにゅう)して小数第一位までの数にしましょう。

（２）　さくらさんは「物が置ける残りの面積を計算しながら、三人のすべての希望をかなえるように、だれがどの部屋に入るといいか調整しよう。」と言っています。三人のすべての希望をかなえ、家具を置いた後、物が置ける残りの面積を４．５じょう以上にするとき、部屋割(わ)りで考えられる組み合わせを二つ答えましょう。

ひとしさん、**おさむ**さん、**さくら**さんはおふろの浴そうの大きさや、浴そうに入るお湯の量について話をしています。

ひとし：引っ越し先の家のおふろでは、浴そうが変わるから、今の家の浴そうと比かくしよう。

おさむ：今の家の浴そうの大きさは、**図６**のとおりだよ。

さくら：４０ｃｍの高さまでお湯が入ったとき、お湯はどれくらい入るのかな。

図６　今の家の浴そうの大きさ

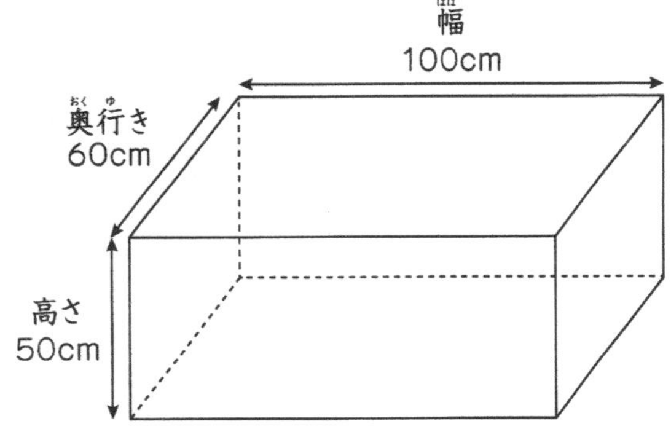

ひとし：６０ｃｍ×１００ｃｍ×４０ｃｍ＝２４００００ｃm^3で、これをリットル「Ｌ」に直すと２４０Ｌお湯が入ることになるね。

図7　引っ越し先の家の浴そうの大きさ　　**図8**　1分ごとのお湯の高さ

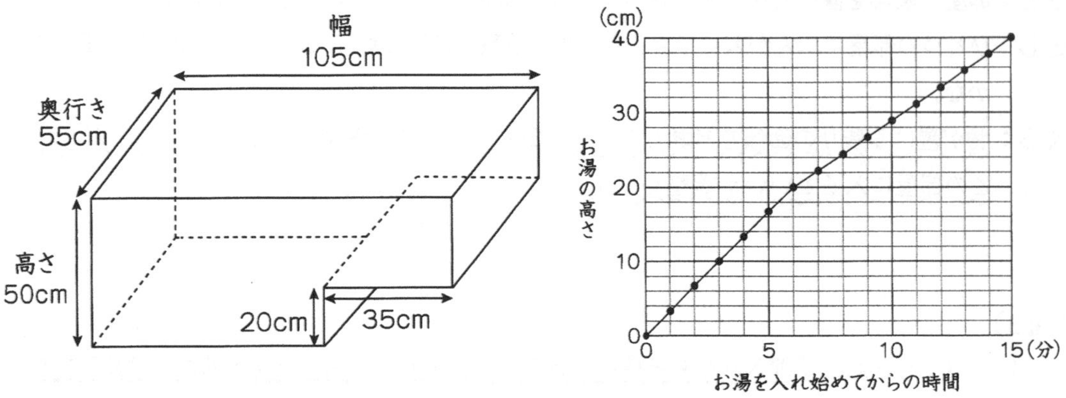

おさむ： **図7**にある引っ越し先の家の浴そうで、同じ40cmの高さまでお湯を入れたら、お湯の量はどのように変わるのかな。

ひとし： お湯の量は、浴そうの大きさから計算で求めることができても、実際にお湯がたまるまでの時間は、測ってみないとわからないね。

さくら： 1分ごとにお湯の高さを測ったら、**図8**のグラフになったよ。

おさむ： グラフの直線がとちゅうで折れているね。

さくら： 今度は、お湯の高さに注目して、かかる時間を測ってみたらどうかな。

ひとし： そうだね。お湯の高さを10cmごと、8cmごと、5cmごと、2cmごとに区切って、測ってみたらどうかな。

おさむ： お湯の高さが40cmになるまで測ってみよう。

〔問題4〕

（1）　おさむさんは「**図7**にある引っ越し先の家の浴そうで、同じ40cmの高さまでお湯を入れたら、お湯の量はどのように変わるのかな。」と言っています。これに関してさくらさんは次のように文章にまとめました。文章の（①）、（②）にあてはまる数を書きましょう。ただし、答えは小数第二位を四捨五入（ししゃごにゅう）して小数第一位までの数にしましょう。

> 今の家の浴そうは40cmの高さまでお湯が入ると240Lなのに対して、引っ越し先の家の浴そうは40cmの高さまでお湯が入ると（①）Lになる。
> よって40cmの高さまでお湯を入れるとき、今の家の浴そうにたまるお湯の量は、引っ越し先の家の浴そうにたまるお湯の量の（②）倍になる。

（2） 引っ越し先の家の浴そうで、「お湯の高さ５ｃｍごとに測った時間」と、「お湯の高さ８ｃｍごとに測った時間」を調べてグラフにしました。それぞれのグラフを次の**ア～カ**の中から一つずつ選び記号で答えましょう。

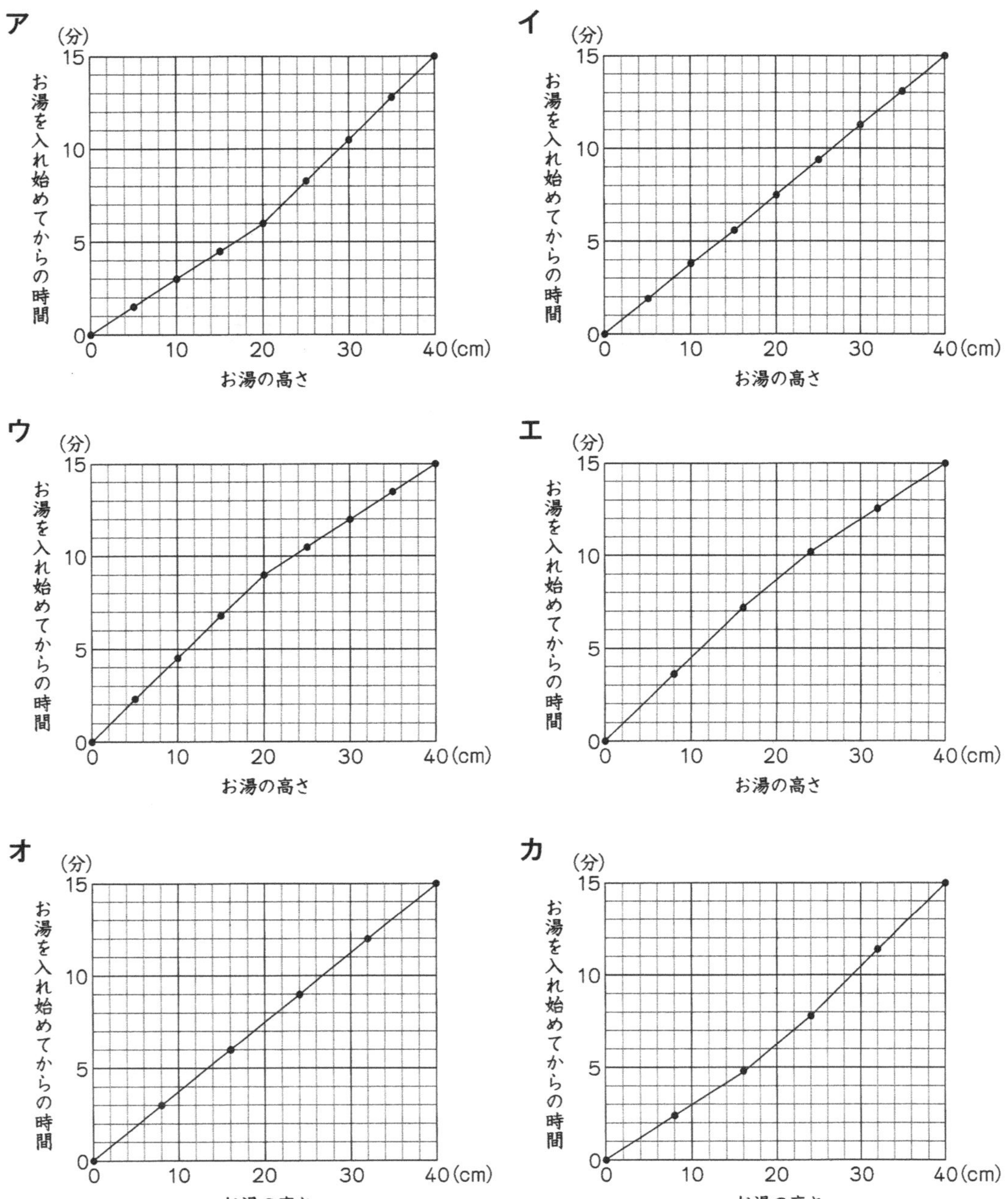

（3） 引っ越し先の浴そうで、「お湯の高さ１０ｃｍごとに測った時間」と、「お湯の高さ２ｃｍごとに測った時間」を調べてグラフにすると、二つとも「お湯の高さ５ｃｍごとに測った時間」のグラフと同じ形になりました。「お湯の高さ８ｃｍごとに測った時間」のグラフだけ異（こと）なる形となった理由を説明しましょう。

このページには問題は印刷されていません。

2 **太郎**さんと**花子**さんが調べ学習について話をしています。

太　郎：日本のくらしの変化について考えてみよう。東京オリンピック・パラリンピック競技大会が開かれるまであと２年だね。１９６４（昭和３９）年に東京で大会が行われたころと、どう変わったのかを調べてみてはどうだろう。

花　子：各家庭のテレビやラジオに電波を送るために、１９６４（昭和３９）年の東京大会の少し前の１９５８（昭和３３）年に建設されたのが東京タワーだね。

太　郎：お姉さんがとってきたこの写真（**図１**）を見て。634mの東京スカイツリーと333mの東京タワーが、同じくらいの高さに見えているよ。お姉さんは、散歩のとちゅうに立ち止まって歩道からとったと言っていたよ。

花　子：そうなんだ。地上からでも同じくらいの高さに見えるんだね。東京スカイツリーは、くらしの変化とともに都心に高いビルが増えて電波が届きにくくなったので、新たに建設されたものだよね。東京スカイツリーは東京タワーの約２倍の高さがあるのに、どうして同じくらいの高さに見えるのかな。

太　郎：どんなときに同じくらいの高さに見えるのか考えてみよう。

図１　同じくらいの高さに見える東京スカイツリーと東京タワー

〔問題１〕　どんなときに東京スカイツリーと東京タワーが同じくらいの高さに見えるのでしょうか。二人の会話を参考にして、見る場所から東京スカイツリーまでのきょりと、見る場所から東京タワーまでのきょりに着目して説明しなさい。

　ただし、東京スカイツリーが建っている場所、東京タワーが建っている場所、東京スカイツリーと東京タワーを見る場所のそれぞれの海面から測った土地の高さは、同じであるとします。

太　郎： 東京タワーが完成した次の年から工事が始まり、1964（昭和39）年の東京大会の開会より少し早く開業したのが東海道新幹線だよ。

花　子： 開業当時の東海道新幹線の路線図（**図2**）を作ったよ。○と●が停車駅よ。○は都府県庁のある都市にある駅で、●はそれ以外の都市にある駅よ。

図2　花子さんが作った開業当時の東海道新幹線の路線図

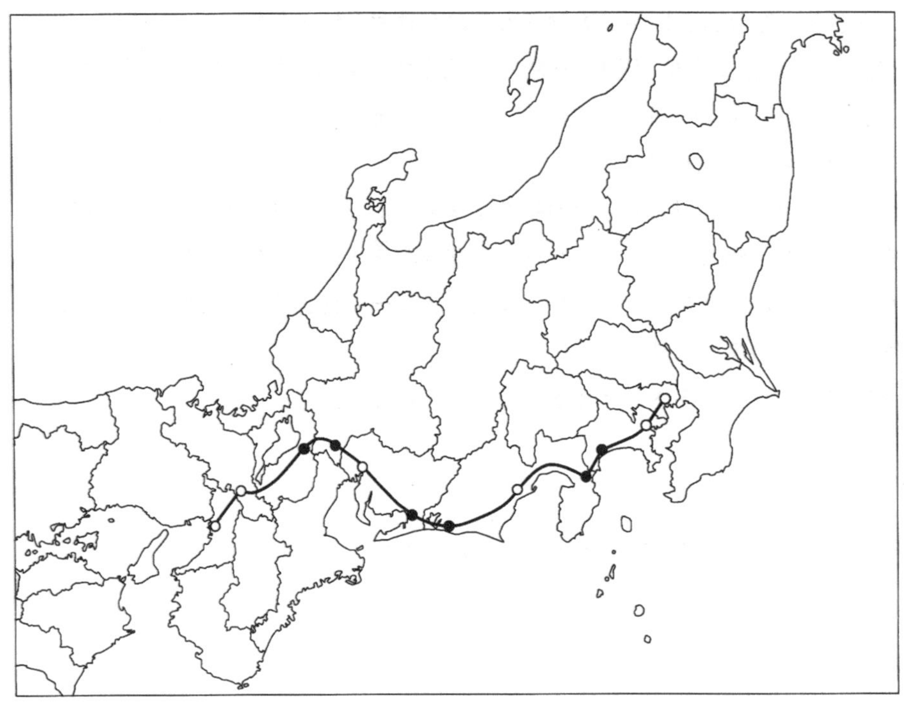

太　郎： 東海道新幹線の路線がつないでいる都市や地域には、どのような特ちょうがあるのだろう。都市や地域における人口や産業が関係しているのかな。

花　子： それを考えるために、資料を集めてみよう。

太郎さんと花子さんは、資料（**表1**・**表2**）を集めました。

表1　1960（昭和35）年における人口が多い上位8都市（単位　千人）

順位	都市	人口	順位	都市	人口
1	東京23区	8310	5	京都市	1285
2	大阪市	3012	6	神戸市	1114
3	名古屋市	1592	7	福岡市	647
4	横浜市	1376	8	川崎市	633

（総務省統計局「国勢調査」より作成）

解答用紙

適性検査 I

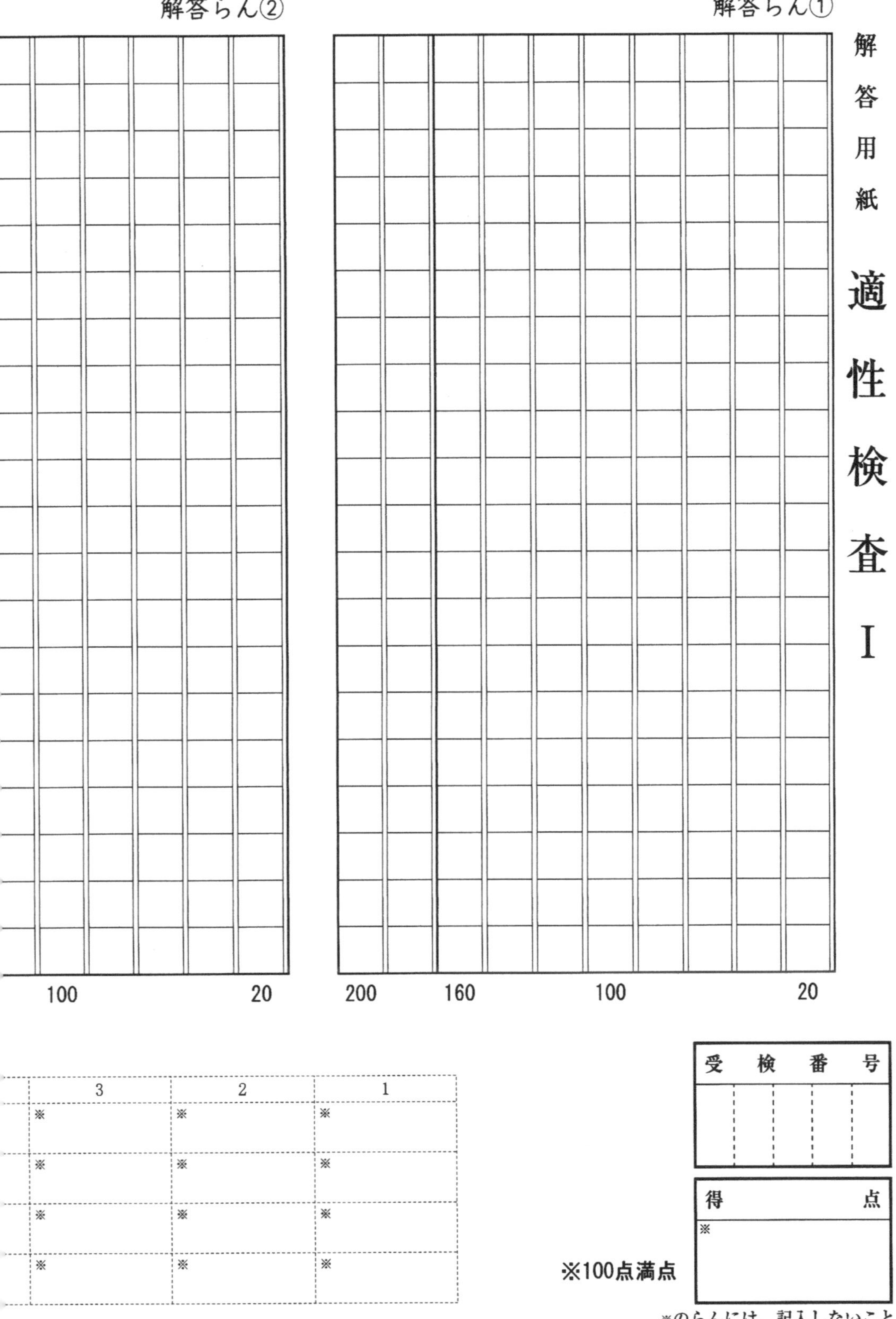

3	2	1
※	※	※
※	※	※
※	※	※
※	※	※

受検番号

得点
※

※100点満点

※のらんには、記入しないこと

解答用紙　適性検査Ⅱ

受検番号					得点
					※

※100点満点

※のらんには、記入しないこと

1 〔問題１〕　４点

ア

〔問題２〕　８点

今の家から学校までの道のり

m

学校から引っ越し先の家までの道のり

m

〔問題３〕　12点

（１）　部屋ア　・　部屋イ　・　部屋ウ　→　じょう

（２）

	ひとしさん	おさむさん	さくらさん
組み合わせ①	部屋	部屋	部屋
組み合わせ②	部屋	部屋	部屋

〔問題４〕　16点

（１）　①　　②

（２）　「お湯の高さ５ｃｍごとに測った時間」のグラフ　→

「お湯の高さ８ｃｍごとに測った時間」のグラフ　→

（３）

※

2

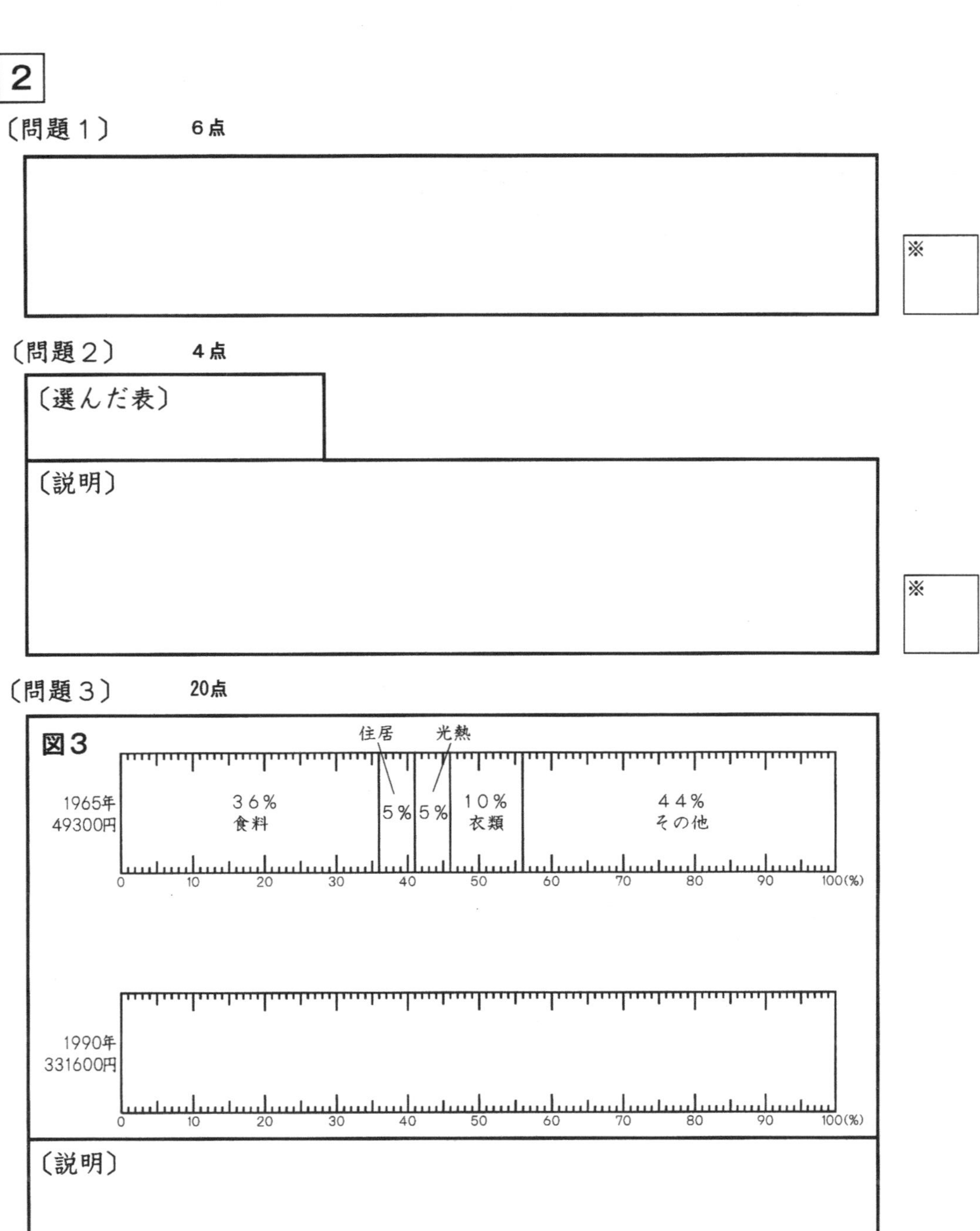

〔問題１〕
6点
※
〔問題２〕
4点
〔選んだ表〕
〔説明〕
※
〔問題３〕
20点
図3
住居
光熱
1965年
49300円
３６％
食料
５％
５％
１０％
衣類
４４％
その他
0
10
20
30
40
50
60
70
80
90
100(%)
1990年
331600円
0
10
20
30
40
50
60
70
80
90
100(%)
〔説明〕

※

3

〔問題１〕　10点

〔選んだ観察〕　　　　　　　　　　さんの観察
〔選んだ花粉〕　　　　　　　　　　の花粉
〔１ｃｍ²あたりの花粉の数〕　　　　個
〔説明〕

※

〔問題２〕　10点

（１）　（あ）	
（い）	
（２）〔選んだ図の番号〕	〔グラフの記号〕

※

〔問題３〕　10点

〔選んだ図〕
〔説明〕
〔選んだ図〕
〔説明〕

※

500　400　300　200

5	
※	※
	※
	※
	※

表2　１９６０（昭和３５）年におけるおもな工業地帯・地域の製造品出荷額（単位　億円）

順位	工業地帯・地域（ふくまれる都府県）	出荷額
1	京浜（東京都、神奈川県）	38504
2	阪神（大阪府、兵庫県）	32520
3	中京（愛知県、三重県）	16835
4	瀬戸内（岡山県、広島県、山口県、香川県、愛媛県）	12483
5	関東内陸（群馬県、栃木県、埼玉県）	6809
6	北九州（福岡県）	6465
7	東海（静岡県）	6183
8	北陸（新潟県、富山県、石川県、福井県）	6153

（経済産業省「工業統計表」より作成）

〔問題２〕　東海道新幹線の路線がつないでいる都市や地域の特ちょうとして、資料からわかることを説明しなさい。なお、説明は、「説明の書き方」にしたがって書きなさい。

「説明の書き方」

① 説明で用いる資料は「**図２**と**表１**」または「**図２**と**表２**」のどちらかの組み合わせとします。**表１**と**表２**のどちらを選んだかを、解答用紙に書きなさい。

② 「**図２**と**表１**」を選んだ時は、**図２**の新幹線が通っている**表１**の都市のうち、異なる都市を二つ以上、説明の文の中で使いなさい。
「**図２**と**表２**」を選んだ時は、**図２**の新幹線が通っている**表２**の工業地帯・地域のうち、異なる工業地帯・地域を二つ以上、説明の文の中で使いなさい。

花　子：新幹線の路線が日本のいろいろな場所に広がってきたように、時がたつにつれて人々のくらしも変わってきたと思う。

太　郎：くらしの変化をもう少しくわしく見るために、比べる年を決めよう。

花　子：１９６４（昭和３９）年の東京大会の翌年の１９６５（昭和４０）年と２５年後の１９９０（平成２）年ではどうかな。

太　郎：くらしの変化を見るために、どんなことにお金を使っていたかについて比べてみるのはどうだろう。こんな表（**表3**）を見つけたよ。

表3　働いている人がいる世帯のおおよその消費支出（１か月あたりの平均）（単位　円）

	食料	住居	光熱	衣類	その他	合計
1965年	17900	2400	2400	4900	21700	49300
1990年	80000	16500	16800	23900	194400	331600

（総務省統計局「家計調査年報」より作成）

花　子：「働いている人がいる世帯」とは働いている人がいる一つの家庭のことで、「消費支出」とは日常の生活のために実際に使ったお金のことね。表の中の「光熱」には電気代やガス代や水道代が入っていて、「衣類」には服の他にくつ等のはき物も入っているよ。

太　郎：時がたつにつれて全体的にものの値段も高くなっているから、１９６５（昭和４０）年と１９９０（平成２）年では全体の消費支出の金額はずいぶんちがっているね。

花　子：二つの年を比べるために、計算してグラフにしてみよう。私は１９６５（昭和４０）年の数字を計算してグラフにするから、太郎さんは１９９０（平成２）年の数字を計算してグラフにしてね。

図3　花子さんと太郎さんが作ったグラフ

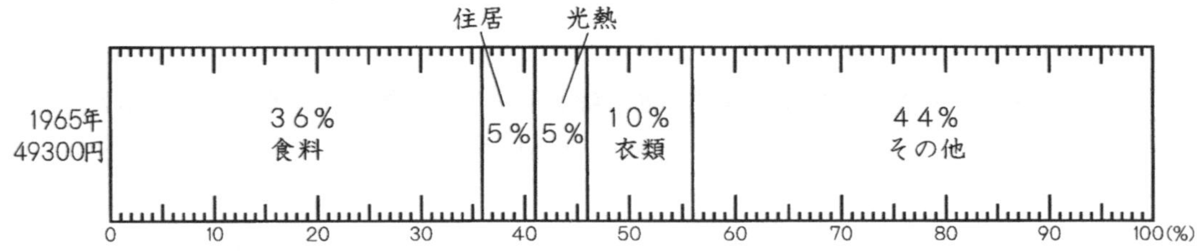

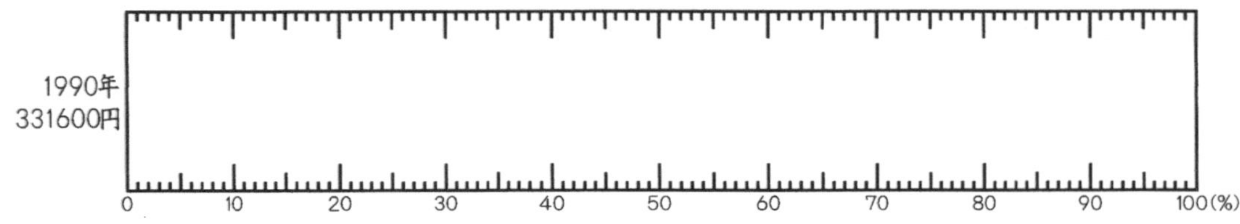

花　子：くらしの変化を考えるために、私たちが作ったグラフ（**図3**）に他の資料もあわせて、どのようなことにお金を使うようになっていったのか、考えてみようよ。

太　郎：この資料（**図4**）を使って考えよう。

図4　家庭電化製品と乗用車の普及の様子

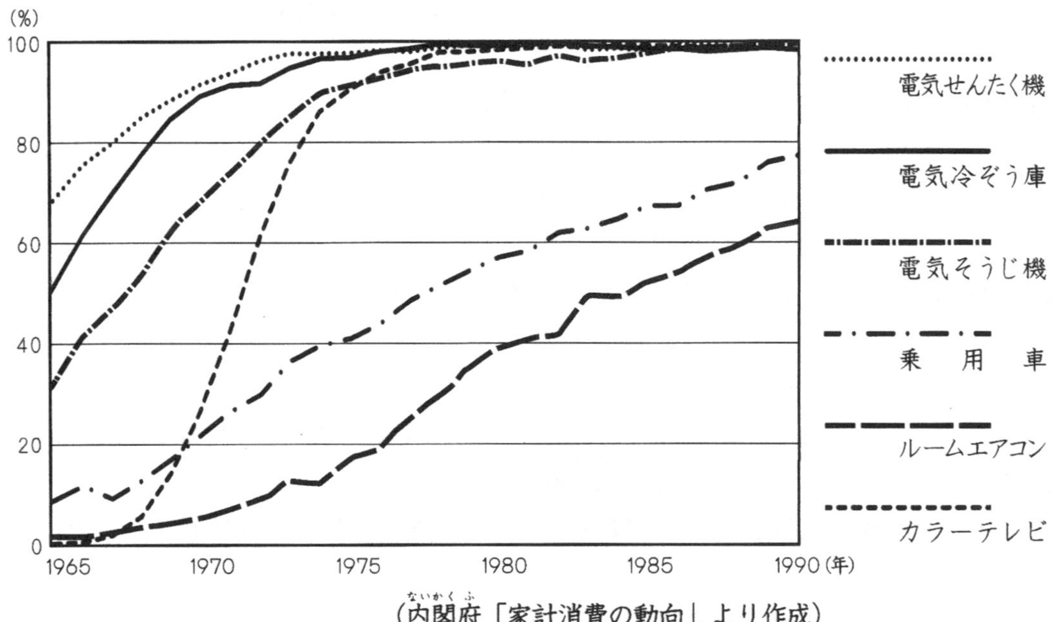

（内閣府「家計消費の動向」より作成）

〔問題3〕　花子さんが作成した1965（昭和40）年のグラフを参考にして、**表3**の1990（平成2）年の数字を計算し、解答用紙の**図3**の1990（平成2）年のグラフを完成させなさい。そのとき、「グラフの書き方」にしたがって作成しなさい。

あわせて、1965（昭和40）年から1990（平成2）年までの25年間のくらしの変化の中で、人々のお金の使い方はどのように変わっていったのでしょうか。完成させた**図3**と**図4**から読みとれることを説明しなさい。

「グラフの書き方」

① 割合は、小数第3位を四捨五入して、小数第2位まで求める。（1965年の食料の場合、17900を49300で割ったものを0．36と表す）

② ①で求めた割合を百分率で表す。（1965年の食料の場合、①で求めた0.36を36%と表す）

③ 左から順に直線定規で線を引いて区切り、何を表しているかと何%かを記入する。

④ 何を表しているかをグラフの中に書けない場合は、1965（昭和40）年の「住居」「光熱」のように線を引いて、グラフの外側にはっきり書く。

3 **太郎**さん、**花子**さん、**先生**が教室で話をしています。

太　郎：春になるとスギの花粉が多く飛ぶね。

花　子：実際はどのくらいの数の花粉が飛んでくるのかな。調べてみたいな。

先　生：飛んでいる花粉を数えるのは難しいですが、スライドガラスにワセリンという薬品をぬって外に置いておくと、そこに花粉が付くので、その数を数えることならできますよ。

太　郎：花粉は小さいので、数えるときはけんび鏡を使うのですか。

先　生：そうですね。けんび鏡で見えているはん囲は全体の一部なので、どのような倍率がふさわしいか考えて観察することが大切ですよ。

二人は先生のアドバイスを受けながら、次のような方法で花粉の数を調べました。

1　スライドガラスにワセリンをぬる。

2　屋上へ行き、平らな台の上にスライドガラスを置き、飛ばされないように固定する。

3　２４時間後に、スライドガラスを回収する。

4　ワセリンに付いた花粉をけんび鏡で観察して、$1\,\mathrm{cm}^2$あたりの花粉の数を計算で求める。

図１は二人がけんび鏡で観察した花粉の様子です。

花　子：二種類の花粉が観察できました。形がちがいますが、それぞれ何の花粉ですか。

先　生：とっ起のある方がスギの花粉、とっ起のない方がヒノキの花粉です。

太　郎：スギだけでなく、ヒノキの花粉も飛んでいるのですね。

先　生：二人は、どのような倍率で観察しましたか。

花　子：私は広いはん囲を見るために低い倍率で観察しました。花粉の付き方は均一ではないかもしれないので、広いはん囲の花粉の数を数えた方が良いと思います。

太　郎：ぼくは高い倍率で観察しました。倍率を高くすると、それぞれの花粉が大きく見えて良いと思います。

図1　けんび鏡で観察した花粉の様子

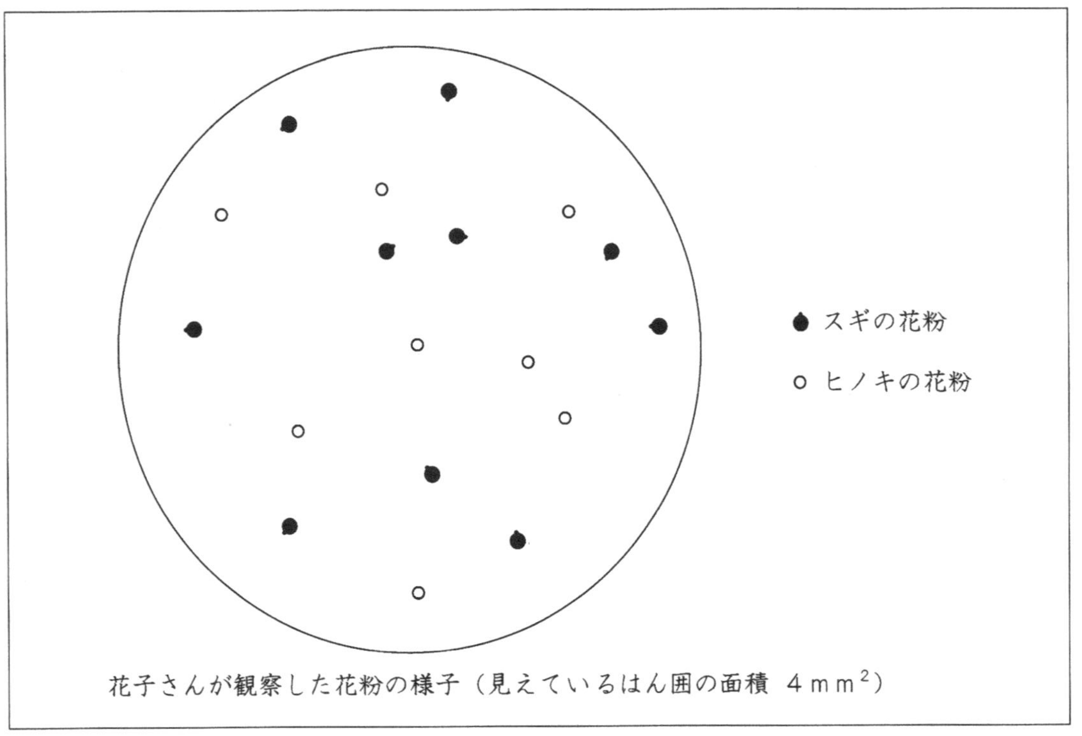

花子さんが観察した花粉の様子（見えているはん囲の面積　４ｍｍ^2）

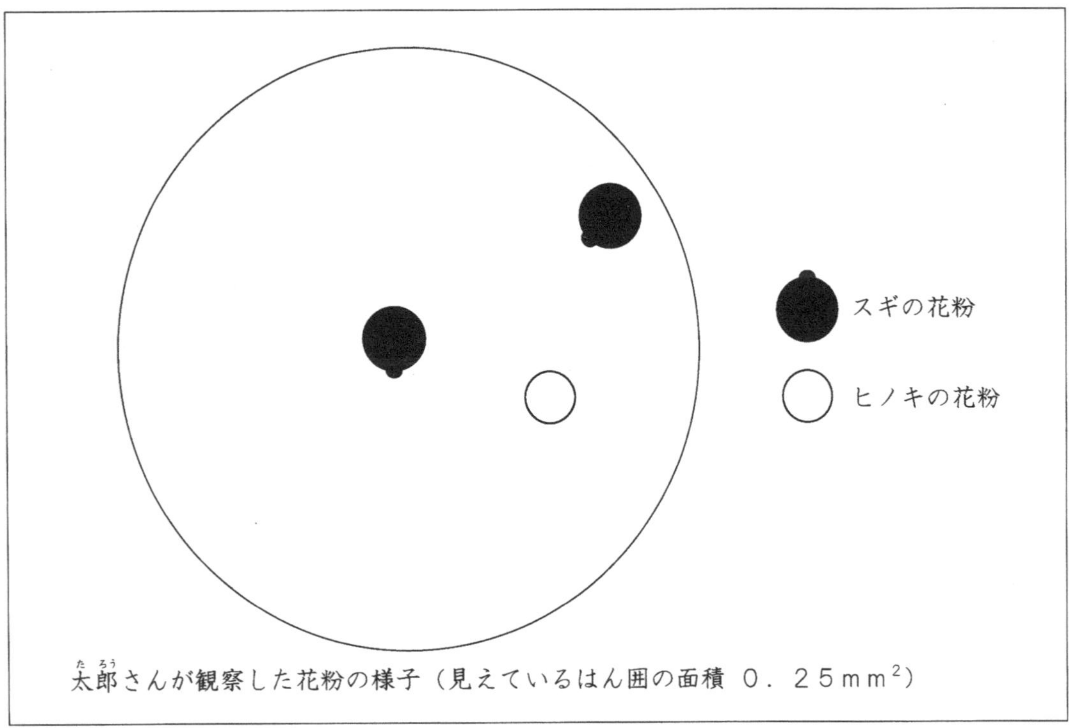

太郎さんが観察した花粉の様子（見えているはん囲の面積　０．２５ｍｍ^2）

〔問題１〕　花子さんと太郎さんの観察のうち、花粉の数を求めるのにふさわしいと思う方を選び、スギかヒノキのどちらかについて、１ｃｍ^{2}あたりの花粉の数を求めなさい。また、それをどのように求めたのかを数と言葉を使って説明しなさい。

太　郎： 春は花粉だけでなく、砂も飛んでいるね。

花　子： 黄砂のことだよね。この砂も花粉と同じようにけんび鏡で調べられますか。

先　生： この砂は、ユーラシア大陸から飛ばされてくるものです。日本まで飛ばされてくる砂の大きさは花粉よりもずっと小さいので、みなさんがけんび鏡で調べるのは難しいです。環境省などでは、ライダーという特しゅな観測装置で黄砂の観測をしています。

太　郎： どのようにして観測するのですか。

先　生： では、観測の仕組みを説明しましょう。**図2**の**A1**のように、地上の観測装置から上空に向けて特別な光を出します。光は上空に向かってまっすぐに進みますが、上空に砂がある場合には、砂に当たってはね返ります。この装置では、はね返ってきた光の量と、光がはね返ってくるまでの時間を計測しています。

太　郎： 光が進むのに、時間がかかるのですか。

先　生： そうですよ。例えば、太陽の光が地球まで進むのに8分以上かかります。

図2　上空の砂の様子と観測装置を使った計測結果

A1

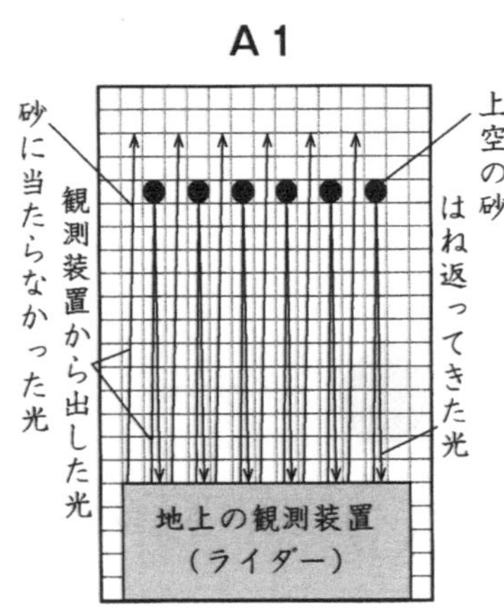

B1

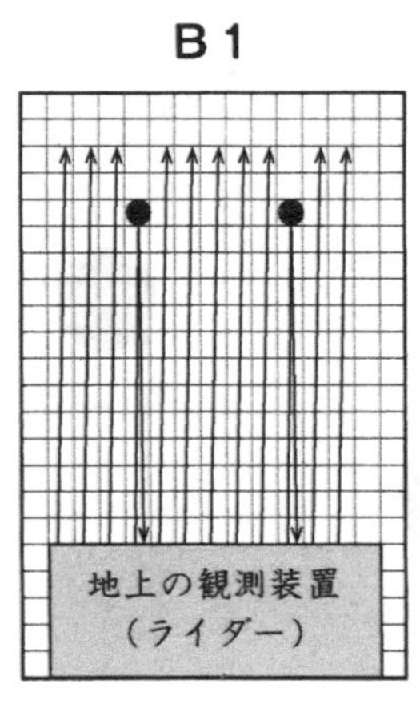

C1

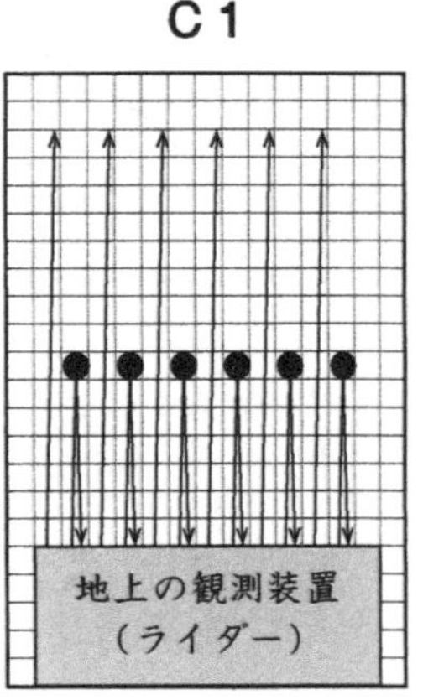

A2

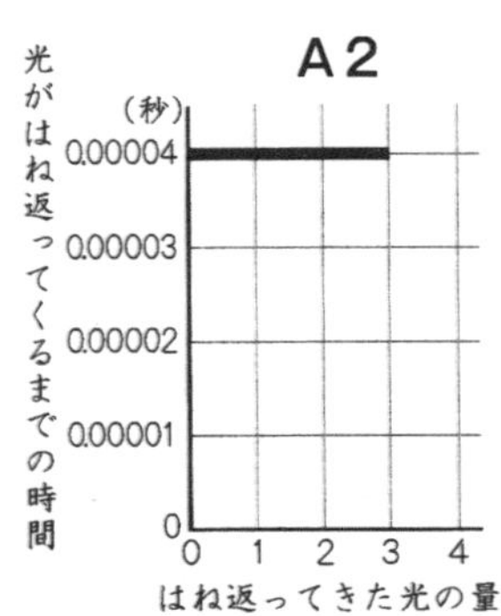

B2

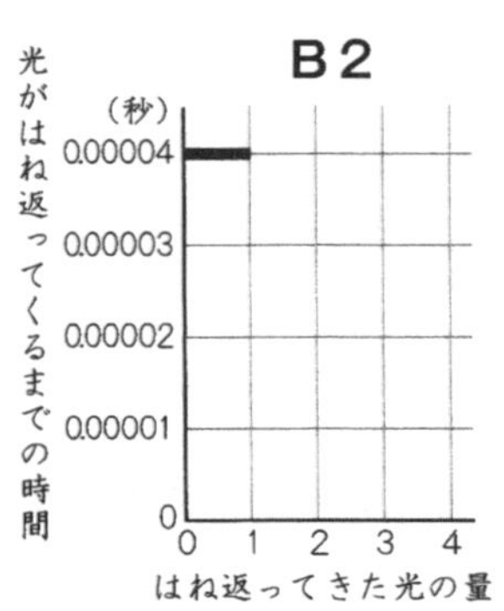

C2

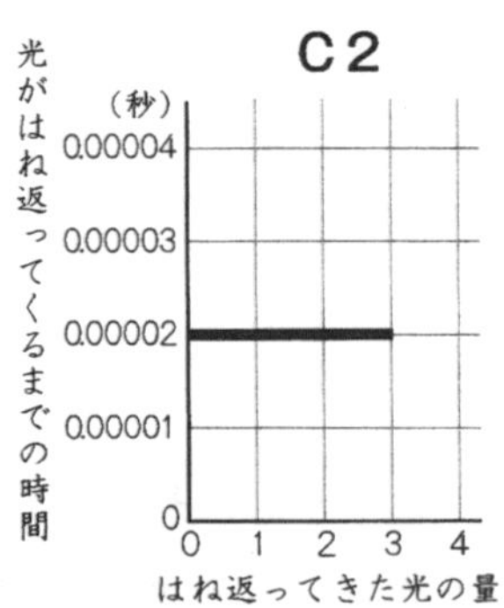

花　子： はね返ってきた光の量と、はね返ってくるまでの時間から何が分かるのですか。

先　生： もう一度、**図2**を見てください。ここでは光はどんなきょりを進んでも弱くならないものとし、上空の砂は同じ高さに並(なら)んでいるものとします。**図2**の**A1**のように砂がある場合の計測結果が**A2**のグラフになります。グラフの横軸(よこじく)の数が大きいほど、砂に当たってはね返ってきた光の量が多いことを示します。

花　子： なるほど。**B1**のように砂がある場合の計測結果が**B2**のグラフで、**C1**のように砂がある場合の計測結果が**C2**のグラフということですね。

先　生： その通りです。計測結果から上空の砂についてどのようなことが分かるか、説明できますか。

太　郎： はい。はね返ってきた光の量が多いほど［　(あ)　］ということが分かります。

花　子： 光がはね返ってくるまでの時間が長いほど［　(い)　］ということも分かります。

〔問題2〕（1）　会話の中の［　(あ)　］と［　(い)　］に当てはまる文章を答えなさい。

（2）　①か②の図のどちらかについて、その計測結果を示すグラフを次の**ア**〜**エ**の中から一つ選び、記号で答えなさい。ただし、①と②のます目は**図2**のます目と同じ大きさを表すものとします。

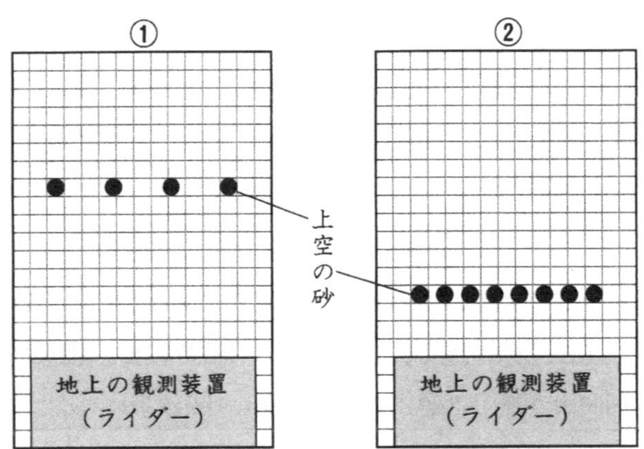

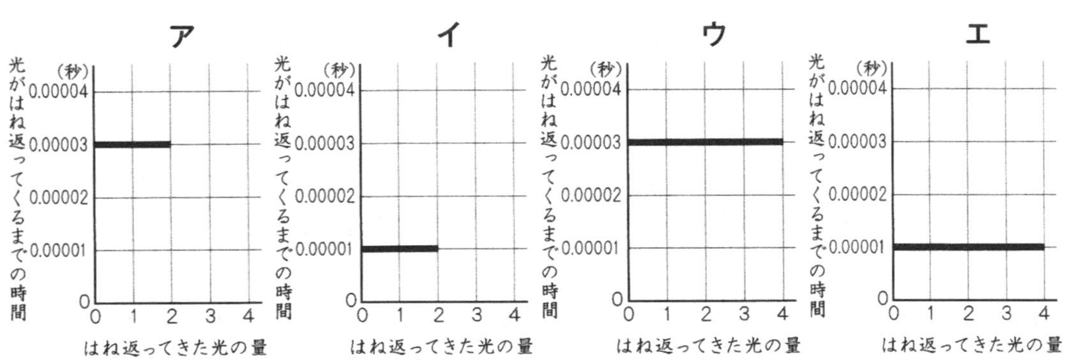

太　郎：黄砂という現象はどのようにして起こるのですか。

先　生：**図3**を見ると黄砂が起こる様子が分かりますよ。

太　郎：なるほど。**図3**のようにして運ばれた砂の一部が日本付近に落ちてくるのですね。

花　子：黄砂は春に起こることが多いと思うのですが、他の季節には起こらないのですか。

先　生：**図4**を見ると、日本で黄砂が観測された日数が、春に多く、夏になると少なくなっていることが分かりますね。

図3　黄砂（こうさ）が起こる様子

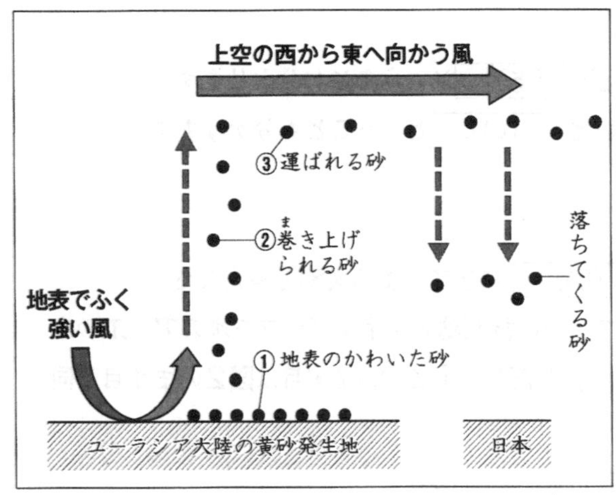

図4　日本で黄砂が観測された平均日数

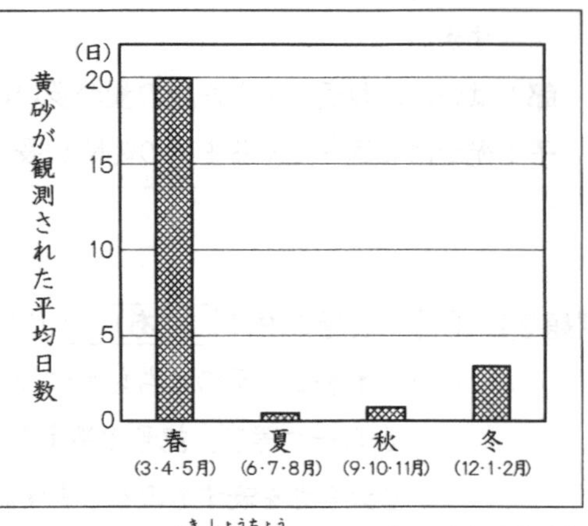

（気象庁（きしょうちょう）ホームページより作成）

太　郎：どうして夏になると黄砂が観測された日数は少なくなっているのですか。

先　生：では、日本で黄砂が観測された日数にえいきょうをあたえる要因を、次の三つにしぼって考えてみましょう。

> **〔三つの要因〕**
> ①　黄砂発生地（ユーラシア大陸のある地域（ちいき））の地表にあるかわいた砂の量。（**図3**①）
> ②　黄砂発生地の地表でふく強い風で、巻（ま）き上げられる砂の量。（**図3**②）
> ③　上空の西から東へ向かう風で、運ばれる砂の量。（**図3**③）

花　子：黄砂発生地の気象や上空の風について、季節によるちがいを調べれば、黄砂が観測された日数が夏になると少なくなっている理由が分かりそうですね。

太　郎：図書室で調べてみよう。

二人は図書室で見つけた資料をもとに、春（3月～5月）・夏（6月～8月）・秋（9月～11月）・冬（12月～翌年（よくねん）2月）の季節ごとに平均を求めてグラフを作りました。

太　郎：**図5**は黄砂発生地の平均月降水量（へいきんつきこうすいりょう）で、**図6**は黄砂発生地の平均の積雪の深さです。このグラフでは春にも積雪があるけれども、実際に雪があるのは春の初めだけです。

花　子：黄砂発生地で、地表の砂を巻き上げるくらい強い風がふいた回数の平均をまとめたものが**図7**です。また、上空の西から東へ向かう風の平均の速さをまとめたものが**図8**です。風の秒速の数値が大きいほど風が強いことを示します。

先　生：二人がまとめたグラフから、日本で黄砂が観測された日数が、春に比べて夏になると少なくなっている理由が説明できそうですね。

図5　黄砂発生地の平均月降水量

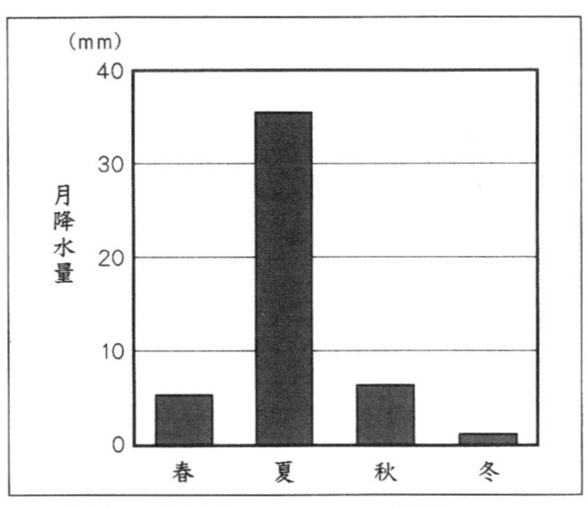

(鳥取大学乾燥地研究センター監修
「黄砂―健康・生活環境への影響と対策」より作成)

図6　黄砂発生地の平均の積雪の深さ

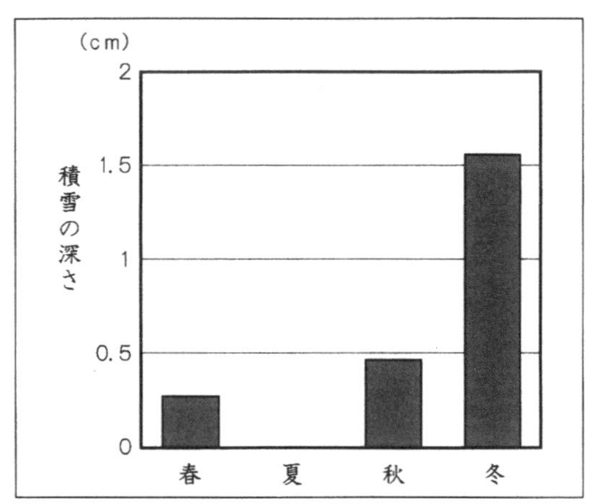

(鳥取大学乾燥地研究センター監修
「黄砂―健康・生活環境への影響と対策」より作成)

図7　黄砂発生地の地表でふく強い風の平均観測回数
(風の強さは1日に8回、3時間おきに観測している。)

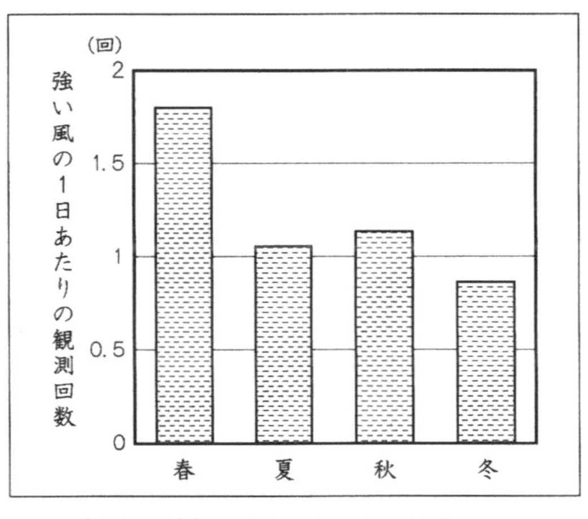

(鳥取大学乾燥地研究センター監修
「黄砂―健康・生活環境への影響と対策」より作成)

図8　上空の西から東へ向かう風の平均の速さ
(秒速を1秒間に進むきょり（m）で表している。)

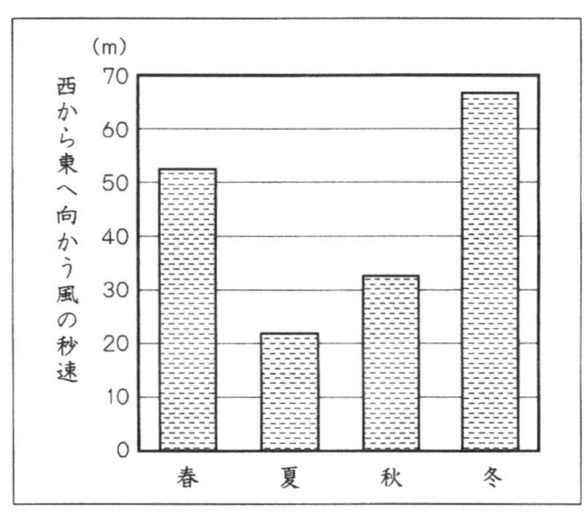

(気象庁ホームページより作成)

〔問題3〕　**図5～図8**の中から二つを選び、日本で黄砂が観測された日数が、春に比べて夏になると少なくなっている理由として考えられることを、それぞれ**〔三つの要因〕**①～③のうちの一つと関連付けて説明しなさい。